Berensmeyer (Hrsg.)
Mystik und Medien

Reihe

Mystik und Moderne

Herausgegeben von

K. Ludwig Pfeiffer
Klaus Vondung

Band IV

Mystik und Medien

Mystik und Medien

Erfahrung – Bild – Theorie

Herausgegeben von

Ingo Berensmeyer

unter Mitarbeit von

Martin Spies

Wilhelm Fink

Umschlagabbildung:
Fraktal „Mystik" von Jürgen Hochwald

Bibliografische Information der Deutschen Bibliothek

Die Deutsche Bibliothek verzeichnet diese Publikation in der Deutschen Na-
tionalbibliografie; detaillierte bibliografische Daten sind im Internet über
http://dnb.ddb.de abrufbar.

© 2008 Wilhelm Fink Verlag, München
(Wilhelm Fink GmbH & Co. Verlags-KG, Jühenplatz 1, D-33098 Paderborn)

Internet: www.fink.de

Einbandgestaltung: Evelyn Ziegler, München
Herstellung: Ferdinand Schöningh GmbH & Co. KG, Paderborn

ISBN 978-7705-4677-0

Inhalt

INGO BERENSMEYER
Mystik und Medien. Zur Einleitung in diesen Band 7

KLAUS VONDUNG
Mystik und Mythos 17

MARTIN ANDREE
Medien, Mystik, Medienmystik. Die Phantasmen der Präsenz und
der *unio mystica* als medientheoretische Fundamentalprobleme 31

PETER FUCHS
Die Modernität der Mystik und die Modernität der Theorie.
Anmerkungen zu einer überaus seltsamen Affinität 55

ERNST PETER FISCHER
Über Kreativität in der Wissenschaft. Innere Bilder bei
Heisenberg und Pauli 77

INGO BERENSMEYER
Thomas Hobbes und die Macht der inneren Bilder 87

ROGER LÜDEKE
Politische Mystik. William Blakes *America* 111

BENJAMIN BIEBUYCK
Von der Mystik der enthüllenden Fülle zum Mysterium der
befehlenden Leere. Mittelbarkeit und Unmittelbarkeit in
Friedrich Nietzsches Sprachphilosophie 133

MARC JONGEN
Die zweiten Hieroglyphen. Entwurf einer Theorie der
Hyperbilder 151

OSWALD SCHWEMMER
Die Grenzen der Begriffe und der Sinn der Bilder 173

ARTUR R. BOELDERL
Experimentelle Bild-Gewalt. Mystik und Medien im
20. Jahrhundert 193

CAI WERNTGEN
Neuro-Iconography? Anmerkungen zum Bildkult im Zeitalter
bildgebender Verfahren 211

Personenregister 233

Über die Autoren 236

Ingo Berensmeyer

Mystik und Medien:
Zur Einleitung in diesen Band

Von 2003 bis 2006 beschäftigte sich eine Forschergruppe an der Universität Siegen und der University of Florida, gefördert von der VolkswagenStiftung im Rahmen des Programms „Schlüsselthemen der Geisteswissenschaften", mit inhaltlichen und strukturellen Verknüpfungen zwischen Mystik und Moderne. Dies ist der nunmehr vierte Band einer Reihe, in der die Ergebnisse dieser Forschungen der Öffentlichkeit zugänglich gemacht werden.

Analogien zwischen als ‚mystisch' zu bezeichnenden Weltbildern und Kernbereichen moderner Wissenschaft und Kultur lassen sich von der Kosmologie über die Biowissenschaften bis hin zur Computertechnologie nachweisen; sie zeigen sich in holistischen Weltbildern, in Spekulationen über die Vereinigung des Bewußtseins mit dem Datenuniversum des Cyberspace und über eine transhumane Existenz der künftigen Menschheit, aber auch in der neurowissenschaftlichen Analyse subjektiver Erfahrung. Zentrales Element des hier veranschlagten Mystikbegriffs ist die Konstruktion von *Einheit* im Blick auf die Phänomene und Instrumente des Erlebens und Erkennens. Bei allen Unterschieden im einzelnen finden wir in den meisten uns bekannten Formen von Mystik eine gemeinsame Basis in dieser Grundannahme einer Einheit von Erlebendem und Erlebtem, von Subjekt und Objekt der Erkenntnis, sei es die Einheit von Mensch und Natur, die Einheit von Mensch und Welt oder gar die Einheit von Mensch und Gott bzw. dem Absoluten. Solche fundamentalen Einheitsvorstellungen verbinden die Mystiken unterschiedlicher Religionen und Kulturen von der neuplatonischen Tradition über den Buddhismus zur christlichen Mystik der frühen Neuzeit bis hin zur Naturmystik des 17. und 18. Jahrhunderts. Allerdings stand für das Forschungsprojekt nicht der Nachweis direkter Kontinuitätslinien zwischen mystischen ‚Residuen' und modernen gesellschaftlichen, kulturellen und wissenschaftlichen Sachverhalten und Denkweisen im Vordergrund, sondern es sollten grundlegende strukturelle Äquivalenzen aufgezeigt werden.

Im ersten Band unserer Reihe, *Jenseits der entzauberten Welt*, ging es um eine grundsätzliche Revision des gemeinhin eher rationalistisch-

cartesisch gefaßten Modernebegriffs: Durch das Aufspüren mystischer
Denktraditionen und Denkfiguren innerhalb der Moderne – gerade in
vorgeblich ‚mystikfreien' Zonen des wissenschaftlichen, philosophischen und politischen Denkens – galt es nachzuweisen, daß wir es in
der Moderne keineswegs per definitionem mit einer ‚entzauberten
Welt' zu tun haben, sondern daß „auch in der gegenwärtigen Physik,
den Biowissenschaften und der Computerwissenschaft – soweit sie
Welt- und Menschenbilder entwerfen – inhaltliche, strukturelle und
sprachliche Äquivalenzen mit mystischen Deutungen zu finden sind".[1]
Hat die Moderne, zu der wir auch unsere eigene Gegenwart noch rechnen, eine mystische Tiefenstruktur? Die beiden Folgebände haben mit
dieser Fragestellung insbesondere die imaginativen und imaginären
Dimensionen der Computertechnik und Kybernetik untersucht
(*Cybermystik*, 2006) sowie einigen mystik-analogen oder mystik-affinen Konstruktionen in den Neuro- und Kognitionswissenschaften
nachgespürt (*Biomystik*, 2007). Dabei ist immer deutlicher geworden,
daß der Erfahrungsbegriff zum einen, der Bildbegriff zum anderen
jeweils entscheidende Schnittstellen zwischen den Bereichen der
Mystik und der modernen Welt bilden.[2]

   Aus diesem Grund widmet sich der vorliegende Band dem Themenkomplex ‚Mystik und Moderne' vorrangig aus dem Blickwinkel der
Medien- und Bildwissenschaft. Er trägt damit dem gerade in unserer
Gegenwart gesteigerten Problembewußtsein Rechnung, daß die Kommunikation von Erfahrung – auch und insbesondere die Kommunikation einer als mystisch erlebten und empfundenen Erfahrung von
Transzendenz und All-Einheit – niemals unvermittelt und unmittelbar
vonstatten gehen kann, sondern stets auf Formen der medialen Vermittlung angewiesen ist. Erfahrung, im emphatischen, zumal mystischen Sinn, hat einen radikalen Ereignischarakter; sie ist ein Emer-
genzphänomen, dessen anthropologischer Kern sich gegen begriffliche
Festlegungen wie ‚subjektiv' oder ‚objektiv', ‚innerlich' oder ‚äußerlich'
sperrt. Der emphatisch verwendete Erfahrungsbegriff markiert mithin
eine epistemologische Grenze: Es gibt keinen Standpunkt jenseits der
Erfahrung selbst, von dem aus sie beobachtet und beurteilt werden
könnte; auch die Erfahrung selbst kann sich nicht begreifen, ohne
zugleich ihren Erfahrungscharakter einzubüßen. Will der Mystiker sein

---

1 Klaus Vondung u. K. Ludwig Pfeiffer, „Einleitung", in: *Jenseits der entzauberten Welt.
   Naturwissenschaft und Mystik in der Moderne,* hg. v. Klaus Vondung u. K. Ludwig
   Pfeiffer, München 2006, S. 7-16, hier: S. 9.
2 Siehe Luca Di Blasi (Hg.), *Cybermystik,* München 2006; Christoph F. E. Holzhey
   (Hg.), *Biomystik. Natur – Gehirn – Geist,* München 2007.

Erleben einer radikalen Verschmelzung von Ich und Welt anderen mitteilen, muß er dies mit den Mitteln der Kommunikation, zumeist im Medium der Sprache realisieren. Kommunikation aber ist gerade nicht Kommunion, sondern beinhaltet immer auch Formen der Distanzierung, der Differenz und Interferenz zwischen ihren Teilnehmern und den Elementen und Operationen der Kommunikation selbst. Mitteilbarkeit impliziert Mittelbarkeit. Dieses Vermittlungsproblem und das Wissen um die damit verbundenen Paradoxien und Dissonanzen teilen etwa die mittelalterlichen Mystiker, die ihre Erfahrungen ja im Medium der Schrift festhielten oder festhalten ließen, mit modernen Neurowissenschaftlern, Physikern und Künstlern. Der psychische, möglicherweise enzephalographisch meßbare ‚andere Zustand' (Musil), der mit einer solchen privilegierten Präsenzerfahrung einhergeht, ist flüchtig und transitorisch. Der passagere Erlebnisinhalt als solcher läßt sich nicht festhalten, nur phänomenologisch, auf den Pfaden der Indirektheit, beschreiben und umkreisen: in (Sprach-)Bildern, Metaphern, Figuren, Analogien. Um kommunikabel zu werden, muß die mystische Erfahrung ‚ins Bild gesetzt werden'. Sie führt dabei die jeweils vorherrschenden Leitmedien, von der Handschrift zur Photographie und vom Buchdruck zu den bildgebenden Verfahren der modernen Neurowissenschaften, mit geradezu systematischer Konsequenz an ihre Leistungsgrenzen heran. So stößt uns die Mystik nicht nur – mit Ludwig Wittgensteins Schweigegebot – auf ein kommunikationstheoretisches Grundproblem des Unaussprechlichen[3] oder – im systemtheoretischen Vokabular – auf die Beobachtung des Unbeobachtbaren, sondern auf Herausforderungen moderner avancierter Theoriebildung selbst: Herausforderungen, die Mystik (im hier verstandenden Sinn als Grenzfall von Erfahrung, Kommunikation und Theoriebildung) überhaupt erst sichtbar werden läßt.

Diesen Herausforderungen möchte sich der vorliegende Band stellen. Seine Absicht kann nicht in einer umfassenden und erschöpfenden Behandlung des Themenbereichs ‚Mystik und Medien' liegen, sondern allenfalls in der Markierung eines bisher wenig beachteten Forschungsfeldes, das – soviel kann immerhin als sicher gelten – in den kommenden Jahren die Medientheorie, Bildwissenschaft und Philosophie weiter beschäftigen wird. Der Beitrag von Klaus Vondung widmet sich den

---

3 Zwei der drei wohl berühmtesten Sätze des *Tractatus*: „Es gibt allerdings Unaussprechliches. Dies *zeigt* sich, es ist das Mystische" (6.522) und „Wovon man nicht sprechen kann, darüber muß man schweigen" (7). Siehe Ludwig Wittgenstein, *Tractatus logico-philosophicus. Tagebücher 1914-1916. Philosophische Untersuchungen* (Werkausgabe Band I), 12. Aufl., Frankfurt a. M. 1999, S. 85.

unterschiedlichen Aussageweisen bzw. (mit Ernst Cassirer gesprochen) ,Symbolformen' von Mystik und Mythos. Es geht dabei um die Notwendigkeit, mystische Dimensionen des Erlebens in narrative Formen zu bringen, um sie mitteilbar zu machen. Am Beispiel des Mythos von der Geburt des Eros in Platons *Symposion* zeigt Vondung, daß man der mystischen Erfahrung in der ,Sprache der Liebe' (Roland Barthes) zwar nahekommen, sie letztlich aber nicht in Worte fassen und sprachlich vermitteln kann. Eine *via negativa* zur mystischen Erfahrung läßt sich im Medium der Sprache nur durch den Gebrauch von Paradoxien und Bildern entwickeln, die die Vollkommenheit und zugleich Unverfügbarkeit der Wirklichkeit annähernd erfassen sollen. Auch die moderne Physik, so Vondung mit Bezug auf Werner Heisenberg, Carl Friedrich von Weizsäcker und Wolfgang Pauli, bleibt auf Bilder, Gleichnisse und Paradoxien als Ausdrucksmedien des Unsagbaren angewiesen. Stellt die *unio mystica,* wie MARTIN ANDREE in seinem Beitrag deutlich macht, ein medientheoretisches Fundamentalproblem dar, so sind auch moderne Medientheorien (von Heider zu Luhmann und von McLuhan bis Gumbrecht), in ihren Grundzügen von einer mystik-analogen Frage nach den „Phantasmen der Präsenz" geprägt – was erst in jüngster Zeit auch in der Theoriebildung selbst berücksichtigt und reflektiert wird. Andree konstatiert in der emphatischen Kommunikation der Mystiker eine grundlegende Paradoxie der „Selbstüberschreitung von Medialität in der Medialität", die er anhand von Luhmanns Theorie der symbolisch generalisierten Kommunikationsmedien rekonstruiert. Das mystische Paradigma emphatischer Kommunikation erscheint aus dieser Perspektive nicht mehr als ein Sonderfall der Kommunikation, sondern als ein historisch konstantes „Radikal von Rezeptionsformen", das sich durch eine „Archäologie der Medienwirkung" rekonstruieren läßt.

Noch einen Schritt weiter geht der Systemtheoretiker PETER FUCHS, indem er sich der „überaus seltsamen Affinität" zwischen Mystik und Theorie stellt und eindrucksvoll belegt, daß moderne Theoriebildung „mitten hineinführt in das, was die zentralen ... Denkfiguren der Mystik waren und heute Denkfiguren avancierter Theorie sind". Hierzu zählt auf der medialen Seite der sprachlichen Vermittlung das, was Fuchs als „Chiffren der Unnennbarkeit" bezeichnet. Aber auch die Theoriebildung nach Bielefelder Art gerät, wenn man sie weit genug vorantreibt, in Referentialitäts- und Zuschreibungsprobleme, die innerhalb der Theorie selbst fast unausweichlich zur Frage nach der Möglichkeit ihrer „Selbstüberschreitung" (Andree) führen. Dies zeigt Fuchs an der paradoxen Instanz des „immanent transzendenten" Beobachters und der systemtheoretischen Frage nach dem Grund des Bewußtseins, für die er mystische Analoga etwa bei Meister Eckhart aufweisen kann. In Fuchs' theorie-optimistischer Lesart dient Mystik dabei als Startpunkt für ein neuartiges „Denken der Differenz", das es ermöglichen könnte, den „Zwängen des Mediums" einer subjektgebundenen Sprache zu entkommen und „subjektfreie Aussagen zu formulieren".

Natürlich weiß aber auch Fuchs um die Zähigkeit und Widerständigkeit des Medialen, die in der Sprache immer dann bemerkbar werden, wenn es zu Störungen oder „Formkatastrophen" kommt, die ‚das Medium zeigen'. Mystik erscheint als ein solcher Grenz- und Testfall, der auf die Medialität des Mediums Sprache aufmerksam macht. Dies wiederum wirft die Frage auf, ob es einer Theorie wie der Systemtheorie (aber auch etwa den Neurowissenschaften, wenn sie auf sprachliche Beschreibungen ihres Gegenstandsbereichs angewiesen sind) je wird gelingen können, andere als mystisch vorkonturierte Lösungen für sprachliche Widerstände zu finden.

Bilder, sowohl im Sinne konkreter bildlicher Darstellungen als auch im Sinne sprachlicher Figuren, Symbole und Metaphern, spielen in der Beschreibung mystischer Erfahrungen eine zentrale Rolle. Sie erfüllen damit in der mystischen Tradition eine wichtige Funktion der Rezeptionslenkung, der Erkenntnis- und Erlebnissteigerung. Welchen Erkenntniswert können Bilder in der Moderne beanspruchen? Spätestens mit dem vielbeschworenen *visual, pictorial, iconic* oder *imagic turn* in den Kulturwissenschaften seit den 1990er Jahren und der anhaltenden Konjunktur der Bildwissenschaften sind die epistemischen Konturen von Bildern zu einem geisteswissenschaftlichen Schlüsselthema geworden, das die disziplinären Grenzen der traditionellen Kunstgeschichte sprengt.[4] Aber auch in der Wissenschaftsgeschichte hat das Interesse an Bildern merklich zugenommen: Zahlreiche Bildwissenschaftler sehen das Bild nicht mehr als ergänzendes Supplement oder als Illustration, sondern als selbständigen Beitrag zur wissenschaftlichen Erkenntnis etwa bei Galilei oder Darwin.[5] Doch nicht nur das Bild als

4   Siehe hierzu Doris Bachmann-Medick, „Iconic Turn", in: dies., *Cultural Turns. Neuorientierungen in den Kulturwissenschaften*, Reinbek bei Hamburg 2006, S. 329-80; vgl. Gottfried Boehm (Hg.), *Was ist ein Bild?*, München 1994; W. J. T. Mitchell, „The Pictorial Turn", in: ders., *Picture Theory. Essays on Verbal and Visual Representation*, Chicago 1994. S. 11-34; Ferdinand Fellmann, *Symbolischer Pragmatismus. Hermeneutik nach Dilthey*, Hamburg 1991, S. 26 („imagic turn"); Hans Belting, *Bild-Anthropologie. Entwürfe für eine Bildwissenschaft*, München 2001; Klaus Sachs-Hombach (Hg.), *Bildwissenschaft. Disziplinen, Themen, Methoden*, Frankfurt a. M. 2005.

5   Siehe z. B. Horst Bredekamp, *Galilei der Künstler. Der Mond, die Sonne, die Hand*, Berlin 2007; Julia Voss, *Darwins Bilder. Ansichten der Evolutionstheorie 1837-1874*, Frankfurt a. M. 2007.

Gegenstand fordert die moderne Medientheorie zum Nachdenken über unterschiedliche Sehweisen und über die Reichweite und Leistungen von Begriffen gegenüber visuellen Zuständlichkeiten heraus; auch und gerade das ‚Bild im Kopf‘ gehört zu den interessanten Schnittfeldern und Berührungspunkten zwischen Mystik und Moderne, gilt doch das Gehirn manchem Hirnforscher als eine Art bilderzeugende Maschine, gleichsam als realer ‚Bildspender‘ für die hirneigene Selbstbeschreibungsmetapher. Einige Beiträge dieses Bandes widmen sich daher den unterschiedlichen Funktionen von „inneren Bildern"[6]. Der Wissenschaftshistoriker ERNST PETER FISCHER betrachtet sie in seinem Beitrag für diesen Band als Motivkräfte für wissenschaftliche Kreativität, die über das Normalmaß von Alltagsroutinen hinausgeht; bei Kepler und Heisenberg, bei Einstein und Pauli lassen sich, so Fischer, Erkenntnisvorgänge beobachten, die an mystische Erfahrungen erinnern. Höhere wissenschaftliche Einsichten kommen dann zustande, „wenn die äußeren Bilder der Wahrnehmung mit den inneren Bildern übereinstimmen".

Diese Übereinstimmung oder Nichtübereinstimmung zwischen inneren und äußeren Bildern wird als erkenntnistheoretisches Problem in der frühen Neuzeit virulent, nachdem es in der philosophischen und religiösen Tradition des Abendlandes zwar angelegt, aber in seiner Tragweite noch nicht erfaßt worden war. Mein eigener Beitrag untersucht die politischen und ästhetischen Implikationen des frühneuzeitlichen Umgangs mit Bildern und Texten am Beispiel von Thomas Hobbes, den man vielleicht etwas schalkhaft, aber nicht ganz ohne Grund als den Niklas Luhmann des 17. Jahrhunderts bezeichnen könnte. Auch Hobbes’ Gesellschaftstheorie ruht auf einer nicht immer deutlich wahrgenommenen Theorie der Medialität. Seine Bild- und Wahrnehmungstheorie zeigt sogar deutliche Spuren der mystischen, hermetischen und neuplatonischen Tradition. Die von Fuchs zur Umschreibung des systemtheoretischen Beobachters zitierten *imagines agentes* der klassischen Rhetorik spielen auch bei Hobbes eine wichtige Rolle, wenngleich ihre Verwendung bei ihm weitaus stärker, als es der modernen Systemtheorie lieb sein kann, auf körperliche Wirkungen textueller und bildlicher Rezeptionsvorgänge abzielen.

Hobbes’ Kopplung der medientheoretisch ‚kühlen‘ (und coolen) Analyse der Phantasmata der Wahrnehmung mit der medientheoretisch

---

6   Siehe Gerald Hüther, *Die Macht der inneren Bilder. Wie Visionen das Gehirn, den Menschen und die Welt verändern*, 3. Aufl., Göttingen 2006; ders. „Die Macht der inneren Bilder", in: Holzhey (Hg.), *Biomystik* (wie Anm. 2), S. 155-69.

‚heißen' Bilderflut der Phantasie ist ein in seiner epistemologischen und ästhetischen Bedeutung für die Moderne immer noch unterschätztes Ereignis. Ähnlich steht es, zumindest in Deutschland, mit dem visionären dichterischen und graphischen Werk William Blakes. Roger Lüdeke wendet sich in seinem Beitrag dem Zusammenhang poet(olog)ischer, politischer und religiöser Aspekte bei Blake zu. Hier erscheinen die inneren Bilder als unerschöpfliches ‚Magma' des Imaginären für eine politische Mystik und deren visionäre Bildgestaltung, die Lüdeke mithilfe unterscheidungstheoretischer Leitdifferenzen in den Blick nimmt. Seine Lektüre von Blakes *America* zeigt nicht nur, wie Blake den Leser zu einer intermedialen Erfahrung führt (indem er ihn dazu anregt, gleichsam durch die Bilder hindurch zu *lesen* und durch die Texte hindurch zu *sehen*); sie zeigt auch, daß und wie im späten 18. Jahrhundert, nach der französischen und amerikanischen Revolution, Dichtung und Kunst die (nur teilweise durch ‚politische Theologie' kompensierten) strukturellen Legitimationsdefizite politischer Systembildungen readressieren und „im Sinne einer *Konter-Mystifikation* auf die poetische Restitution einer *Beobachtung des Unbeobachtbaren*" zielen konnten.

Dieser genuin romantische Zug ließe sich auch in Deutschland vom 18. Jahrhundert an weiterverfolgen, von Hölderlin bis zu Handke und Sloterdijk. Er wird jedoch, wie Benjamin Biebuyck am Beispiel der Sprachphilosophie Nietzsches darlegt, bereits im 19. Jahrhundert konterkariert. Bei Nietzsche, so Biebuyck, fungiert das figürliche Sprechen in narrativen Bildern zusehends weniger als Evokationsmedium einer „enthüllenden Fülle", sondern wird zu einem performativen und injunktiven Medium der Selbstautorisierung und Selbstbefreiung von Autor und Lesern. Die hinter der narrativen ‚Maske' aufscheinende Leere wird zu einem Bild der eigenwilligen ‚Hintergedanklichkeit' der Nietzscheschen Philosophie, die nicht mehr auf eine *unio mystica* abzielt, sondern auf eine produktive Entfaltung des eigenen Willens zur Macht.

Marc Jongens „Entwurf einer Theorie der Hyperbilder" setzt mit einer klassisch-phänomenologischen Charakterisierung des Denkens in Bildern (am Beispiel Plotins) ein und schlägt über Heidegger bis zu Gotthard Günthers und Vilém Flussers Entwürfen von ‚Hyperbildlichkeit' einen großen geistesgeschichtlichen Bogen. Jongen stellt die Frage nach dem Stellenwert von Bildern im philosophischen und naturwissenschaftlich-technischen Denken der Moderne und entwirft anhand der Kybernetik und transklassischen Logik Gotthard Günthers, unter Zuhilfenahme der ‚Technobilder' Flussers, eine Theorie der

Hyperbilder als „Bilder von Begriffen", die – analog zur mystischen Innenschau der Vergangenheit – ein adäquates, kongeniales modernes Denkmedium darstellen.

Von den inneren Bildern sind wir damit bei der Problematik der Bildwerdung, Bildgebung und Abbildbarkeit von (nicht nur mystischer) Erfahrung angelangt. Eine weitere Herausforderung, die Mystik und Medien(theorie) gemeinsam haben, ist das Problem der mangelnden Adressierbarkeit und Referentialisierbarkeit mitunter sehr konkreter Wahrnehmungs- und Erlebensmodalitäten (‚Präsenz', ‚Bewußtheit', ‚Aufmerksamkeit', *claritas*), die sich eben nur selten auf bestimmte Medien(konstellationen) oder Erfahrungskontexte stabil zurechnen lassen, aber gleichwohl in mediale Formen gegossen, ‚medialisiert' werden müssen, um überhaupt kommunikabel zu werden. Aus kulturanthropologischer Perspektive erscheinen die konkreten historischen Formen der Medialisierung von Erfahrung variabel, während der anthropologische Hintergrund über lange Zeiträume hinweg (relativ) konstant bleibt.[7] Dieser Befund mag auch erklären, warum es ein bestimmtes Bildrepertoire der Mystik gibt, das in höchst unterschiedlichen Kulturen und Epochen virulent bleibt, obwohl sich Kulturtechniken und Gesellschaftsstrukturen radikal verändert haben und weiter verändern: von der tribalen zur funktional differenzierten Weltgesellschaft, von der Höhlenmalerei zum Blog. Dieses Repertoire betrifft nicht nur den ‚Inhalt' der Bilder, sondern auch den Umgang mit ihnen und die Reflexion über sie: Welchen ikonologischen Status haben zum Beispiel die bildgebenden Verfahren in der Biomedizin und den Neurowissenschaften (CT, MRI, fMRI u. a.), wenn in der öffentlichen Wahrnehmung dieser Bilder der Aspekt ihrer künstlichen Herstellung – ihrer *Medialität* – weit zurücktritt hinter den Eindruck ihres Realismus, ihrer *Authentizität* als unmittelbare Abbilder kognitiver Prozesse im Gehirn?[8] Ist ein solcher Glaube an die Bilder im Zeitalter ihrer digitalen Manipulierbarkeit nicht paradox, und läßt dieser Bildgebrauch sich nicht vergleichen mit der kultischen Verehrung von Ikonen und ‚nichtgemachten' Bildern (Acheiropoieta) in religiösen Traditionen? Was sehen wir eigentlich, wenn wir solche Bilder sehen? Und was geschieht

---

7   Siehe hierzu K. Ludwig Pfeiffer, *Das Mediale und das Imaginäre. Dimensionen kulturanthropologischer Medientheorie*, Frankfurt a. M. 1999.

8   Zu den technischen Aspekten der unterschiedlichen bildgebenden Verfahren und zu den Folgen dieser Verschleierung des Konstruktionsprozesses und seiner Kontingenzen siehe Britta Schinzel, „Körperbilder in der Biomedizin", in: *KörperKonzepte/ Concepts du corps*, hg. v. Franziska Frei Gerlach et al., Münster/New York/München/Berlin 2003, S. 245-64.

mit unserer Wahrnehmung, wenn die Kunst sich der bildgebenden Verfahren annimmt und sie in andere Kontexte – eben in Kunst – überführt und reflektiert?

Die aufklärerische Funktion eines künstlerischen Bild- und Zeichengebrauchs stellt Oswald Schwemmer heraus, der von den Grenzen des begrifflichen Denkens in Mystik und Philosophie handelt und den ‚Sinn der Bilder‘ (im konkreten Fall die Kunst Sigmar Polkes) darin begründet sieht, eine „Kritik des Sehens durch das Bild" zu leisten. Artur R. Boelderl und Cai Werntgen hingegen kommen, aus jeweils unterschiedlicher theoretischer Perspektive, zu einer deutlich weniger optimistischen Einschätzung der Rolle moderner Kunst im Zusammenhang mit mystischer Erfahrung und ihren bildtheoretischen Implikationen. Für Boelderl läßt Georges Batailles Begriff der inneren Erfahrung wenig Raum für künstlerische oder intellektuelle Distanzierungsformen, sondern ermöglicht dem Subjekt im Exzeß des Schreckens angesichts der Kontemplation unsagbarer Grausamkeit (festgehalten im Medium der Photographie einer brutalen Hinrichtung) eine ekstatische Rückkehr zum Nullpunkt der „ungreifbaren Realität" – wiederum eine der klassischen Mystik analoge moderne Denkfigur. Das Bild, so Boelderl in seiner Analyse, ist für Bataille nicht Mittel zur Reflexion, sondern zur Steigerung, ja „Übersteigerung" von Wirklichkeit. Wie Boelderl zu Recht hervorhebt, läßt sich eine solche Authentizitätszurechnung dem Bild gegenüber heute, angesichts der unbegrenzten Manipulationsmöglichkeiten von Bildern und der durch diese ausgelösten „Krise der Bildreferentialität", nicht mehr aufrechterhalten.

Zu einem ähnlichen Schluß gelangt auch Cai Werntgen. Er hebt die fundamentale Kontinuität zwischen Acheiropoieta und moderner Neuro-Ikonographie hervor, deren komplexe Verwicklung die Gegenwartskunst zwar noch produktiv für sich nutzbar macht, aber weniger kritisch durchbricht als in einem rückläufigen „strategischen Anachronismus" begleitet. Im gegenwärtigen ‚neuro-ikonographischen‘ Umgang mit den Bildern findet Werntgen auf der einen Seite die ‚moderne‘, ironische und nicht-naive Reflexion von Komplexität (die Schwemmer in der Gegenwartskunst bei Polke realisiert sieht), auf der anderen Seite aber konstatiert er die Resistenz des auratischen Begehrens nach emphatischer, nichtmedialer Präsenz. Zwischen diesen beiden Polen bewegen sich, in zum Teil sehr unterschiedlichen Terminologien und Denktraditionen, die meisten Beiträge dieses Bandes zum Themenkomplex ‚Mystik und Medien‘. In der emphatischen Kommunikation der Moderne über sich selbst, die von den künstlerischen Avantgarden

und den politischen Totalitarismen des frühen 20. Jahrhunderts weiter-
gewandert ist und heute in Teilen der Lebenswissenschaften und der
Informatik ein neues Zuhause gefunden hat, finden sich sehr alte
Grundstrukturen der Medialität wieder, die ein Plotin oder ein Meister
Eckhart unschwer nachvollziehen könnte. Dieser Band ist ein erster
Schritt zu ihrer archäologischen Bergung.

Die hier versammelten Beiträge beruhen zum Teil auf Vorträgen
einer Tagung zum Thema „Erfahrung und Bild in Mystik und Wissenschaft", die – organisiert vom Siegener Forschungsprojekt „Mystik und
Moderne", gefördert von der VolkswagenStiftung und in Zusammenarbeit mit der Udo Keller Stiftung Forum Humanun – vom 24. bis 27.
August 2006 im Tübinger Studienhaus der Udo Keller Stiftung statt-
fand. Etwa die Hälfte der Beiträge wurde eigens für diesen Band
geschrieben. Der Druck dieses Bandes wurde gefördert durch die Udo
Keller Stiftung Forum Humanum und die Universität Siegen. Die Reihe
„Mystik und Moderne" geht aus einem gleichnamigen Forschungsprojekt hervor, das von der VolkswagenStiftung im Rahmen des Programms „Schlüsselthemen der Geisteswissenschaften" gefördert wurde.

KLAUS VONDUNG

Mystik und Mythos

1955 fand in Mainz ein hochkarätig besetzter internationaler Gelehrtenkongreß zum Thema „Europa – Erbe und Aufgabe" statt. Der einzige Naturwissenschaftler unter den Referenten war Wolfgang Pauli, Nobelpreisträger für Physik des Jahres 1945; sein Vortrag hatte den Titel „Die Wissenschaft und das abendländische Denken". Pauli ging aus von der These, die Geistigkeit des Abendlandes sei von zwei „Grundhaltungen" bestimmt, und das „Schicksal des Abendlandes" sei es, „diese beiden Grundhaltungen, die kritisch rationale, verstehen wollende auf der einen Seite und die mystisch irrationale, das erlösende Einheitserlebnis suchende auf der anderen Seite immer wieder in Verbindung miteinander zu bringen".[1]

Von den Versuchen, eine solche „Synthese der wissenschaftlichen und der mystischen Grundhaltung zu erzielen", hob er zwei besonders hervor. Der erste begann in seinen Augen mit Pythagoras, setzte sich bei Platon fort, dann im Neuplatonismus, der wiederum in der frühchristlichen Theologie und in der mittelalterlichen Mystik aufgenommen wurde; letzte Spuren dieser Traditionslinie sah er noch bei Galilei und Kepler. Erst mit Descartes und Newton sei die „Spaltung des Weltbildes in die rationale und die religiöse Seite" konsequent erfolgt und damit auch die Tür geöffnet worden für die Entwicklung der Naturwissenschaften im modernen Sinn. – Der zweite Versuch einer Synthese, den Pauli nannte, war derjenige der Alchemie und der hermetischen Philosophie; doch auch hier seien die Gegensätze wieder auseinandergefallen: in die wissenschaftliche Chemie auf der einen Seite und die religiöse Mystik auf der anderen.[2]

Pauli vertrat in seinem Vortrag die Auffassung, man müsse das Gegensatzpaar von ‚rational' und ‚mystisch' als „komplementär" anerkennen. Er griff damit bewußt den Begriff auf, den Niels Bohr in der Quantenphysik für die Gegensatzpaare Teilchen–Welle und Ort–Bewegungsgröße eingeführt hatte, und er deutete damit an (ohne

---

1 Wolfgang Pauli, „Die Wissenschaft und das abendländische Denken," in: *Europa – Erbe und Aufgabe. Internationaler Gelehrtenkongress Mainz 1955*, hg. v. Martin Göhring, Wiesbaden 1956, S. 772.
2 Ebd., S. 72, 75, 77.

dies allerdings auszusprechen), daß mit der Quantenphysik der dritte
Versuch einer „Synthese der wissenschaftlichen und der mystischen
Grundhaltung" begonnen haben könnte.[3] Jedenfalls schloß er seinen
Vortrag mit dem Satz: „Entgegen der strengen Einteilung der Aktivitäten des menschlichen Geistes in getrennte Departemente seit dem
17. Jahrhundert, halte ich aber die Zielvorstellung einer Überwindung
der Gegensätze, zu der auch eine sowohl das rationale Verstehen wie
das mystische Einheitserlebnis umfassende Synthese gehört, für den
ausgesprochenen oder unausgesprochenen Mythos unserer eigenen,
heutigen Zeit."[4]

Daß mystische Einheitserlebnisse und rationales Verstehen keine
Gegensätze sein müssen, daß vielmehr Elemente des Mystischen in
unterschiedlicher Weise in den Wissenschaften der Moderne präsent
sein können, dies hat die Reihe *Mystik und Moderne* in zahlreichen Beispielen vor Augen geführt und damit als – zumindest partiell – vorhanden gezeigt, was Pauli als Zielvorstellung bezeichnete. Die Synthese der
Gegensätze nannte Pauli den „Mythos" unserer Zeit. Es ist nicht ganz
klar, was er damit meinte, vielleicht etwas in der Art, was Jean-François
Lyotard sehr viel später eine „große Erzählung" nannte, also einen Sinn-
entwurf von geschichtsphilosophischer Dimension.[5] Jedenfalls brachte
Pauli damit den Begriff des ‚Mythos' in unmittelbare Nähe zu demje-
nigen der ‚Mystik'; und diese begriffliche Nähe läßt sich auch in anderen Kontexten beobachten, bis hin zu dem Punkt, daß Mystik und
Mythos gelegentlich miteinander verwechselt werden.

Offensichtlich sind Mystik und Mythos nicht dasselbe, es sind unterschiedliche Aussageweisen oder – um mit Cassirer zu sprechen – Symbolformen;[6] andererseits gibt es in der Tat Berührungen. Es empfiehlt
sich daher, etwas Klarheit in die Beziehungen zwischen Mystik und
Mythos zu bringen, vor allem auch im Blick auf das Verhältnis, in dem
Mystik und Mythos in der Moderne und zumal in den modernen Wissenschaften erscheinen. Der historische Rückblick, der gleichwohl als
erstes erforderlich ist, lenkt das Augenmerk zunächst auf einen grund-
sätzlichen Unterschied zwischen Mystik und Mythos. Der Mythos
nämlich in seiner ursprünglichen Gestalt, d. h. als Symbolform der kos-

---

3   Ebd., S. 78, vgl. S. 72.
4   Ebd., S. 79.
5   Jean-François Lyotard, *La condition postmoderne: rapport sur le savoir*, Paris 1979,
    bes. S. 54 ff., 63 ff., 98; deutsche Übers.: *Das postmoderne Wissen. Ein Bericht*, Graz
    1986, bes. S. 96 ff., 112 ff., 175.
6   Ernst Cassirer, *Gesammelte Werke. Hamburger Ausgabe*, hg. v. Birgit Recki, Bd. 12:
    Philosophie der symbolischen Formen, 2. Teil: *Das mythische Denken*, Hamburg 2002,
    v. a. S. 47 ff., 275 ff.

mologischen Gesellschaften, impliziert ein noch undifferenziertes, kompaktes Verständnis des Kosmos als Götter, Menschen und Natur umfassende Ganzheit. Die Mystik hingegen – so der erste Eindruck – setzt die Trennung zwischen Transzendenz (bzw. Gott, bzw. Nirwana) und der diesseitigen Realität einschließlich des Menschen voraus; sie kann demnach erst nach entsprechenden Differenzierungen in Philosophie oder revelatorischen Religionen erscheinen. Der Mensch der kosmologischen Zivilisationen, der noch im Mythos lebte, konnte die Einheit mit dem allumfassenden Kosmos im Ritual des Kults erfahren. Wenn jedoch der Seinsgrund in das Jenseits der seienden Dinge entwichen ist, kann die Kluft allenfalls in der Erfahrung der *unio mystica* überwunden werden.

Doch es gibt, wie schon angedeutet, Berührungen zwischen Mystik und Mythos. Viele Mystiker bedienten sich mythologischer Figuren oder – allgemeiner – des mythischen Erzählens, um ihre Erfahrungen auszulegen oder ihr Weltbild zu erklären. Offensichtlich erschien ihnen dies als ein angemessener oder – vielleicht besser – als der am ehesten angemessene Explikationsmodus für ihre Erfahrungsexegesen. Der Luzifer-Mythos z. B. spielte eine wichtige Rolle bei den Mystikern des 16. und 17. Jahrhunderts, die durch Neuplatonismus oder Hermetik beeinflußt waren: Johann Arnd, Jakob Böhme, Georg von Welling, Samuel Richter.[7] Je intensiver die mystische Erfahrung der vollkommenen Wirklichkeit war, desto dringlicher stellte sich die Frage, wie das Böse in die Welt gekommen ist und wie es mit der Güte Gottes, mit der Vollkommenheit des Seinsgrundes vereinbar sei. Der Mythos von Luzifer, dem abgefallenen Engel, hatte den Vorzug, eine Antwort ‚im Bild‘, in einer Geschichte außerhalb rationalen Argumentierens zu bieten. Welche Faszination von dieser Antwort ausging, läßt sich noch bei Goethe nachvollziehen. Zwischen seinen Studienaufenthalten in Leipzig und Straßburg erkrankte Goethe lebensbedrohlich und wurde durch einen hermetischen Arzt geheilt. Vielleicht hatte er in diesem Zusammenhang, prädisponiert auch durch den Umgang mit dem pietistischen Fräulein von Klettenberg, eine mystische Erfahrung. In jedem Fall aber beschäftigte er sich damals eingehend mit Neuplatonismus, Hermetik, Mystik und Kabbala; und er entwarf – nach den einschlägigen Vorbildern – seinen eigenen Luzifer-Mythos, den er in *Dichtung und Wahrheit* ausführlich wiedergibt.[8]

---

7 Rolf Christian Zimmermann, *Das Weltbild des jungen Goethe*, Bd. 1: *Elemente und Fundamente*, München 1969, S. 128 ff., 185 ff.
8 Johann Wolfgang Goethe, *Aus meinem Leben. Dichtung und Wahrheit*, in: *Goethes Werke. Hamburger Ausgabe in 14 Bänden*, hg. v. Erich Trunz, Bd. 9, München 1981,

Der Luzifer-Mythos kann eigentlich nur im Kontext der umfassenderen Schöpfungsgeschichte erzählt werden. Am eindrücklichsten führt dies Jakob Böhmes erstes und wirkmächtigstes Buch vor Augen; schon der Titel kündigt dies an: *Aurora, oder Morgenröthe im Aufgang / das ist: Die Wurtzel oder Mutter der Philosophiae, Astrologiae und Theologiae, aus rechtem Grunde / oder Beschreibung der Natur / Wie alles gewesen / und im Anfang worden ist: wie die Natur und Elementa creatürlich worden sind / auch von beyden Qualitäten, Bösen und Guten; etc.*[9] Böhme bedient sich also – über den Luzifer-Mythos hinaus – zur Explikation seiner ,Theosophie' der Urform des Mythos schlechthin: der Kosmogonie.

Die mythische Urform der Kosmogonie, wie sie im alten Orient – in Mesopotamien und Ägypten – beobachtet werden kann, ist die Erzählung vom Ursprung von allem, dem Kosmos, d. h. der Welt mit Himmel und Erde einschließlich der Götter, der Menschen und der menschlichen Gesellschaft. Da die mythischen Erzählungen hierbei eine Abfolge einhalten oder unterschiedliche Akzente setzen, hat man zwischen Kosmogonie im engeren Sinn sowie Theogonie und Anthropogonie unterschieden und diese drei Typen des Mythos als die ordnungsstiftenden Symbolfomen der Selbstauslegung kosmologischer Gesellschaften bezeichnet.

Einen vierten Typ des kosmologischen Mythos beschrieb Eric Voegelin 1960 unter der Bezeichnung ,Historiogenesis'.[10] Bis dahin war die Auffassung verbreitet, in kosmologischen Gesellschaften habe ein ausschließlich zyklisches Zeitbewußtsein geherrscht, und die Vorstellung von Geschichte als eines unilinearen und womöglich zielgerichteten Prozesses habe sich erst in Israel entwickelt, als mit dem Exodus aus Ägypten zugleich ein Exodus aus der Welt des Mythos in die Geschichte erfolgt sei. Entgegen dieser Auffassung stellte Voegelin fest, daß von der sumerischen Königsliste um 2050 v. Chr. über ägyptische

---

S. 350-353. – Siehe auch meinen Aufsatz „Von der Naturmystik zur Biomystik", in: *Biomystik. Natur – Gehirn – Geist* (Mystik und Moderne, Bd. 3), hg. v. Christoph F. E. Holzhey, München 2007, S. 24-39.

9 Jacob Böhme, *Sämtliche Schriften*, Faksimile-Neudruck der Ausgabe von 1730 in elf Bänden, neu hg. v. Will-Erich Peuckert, 1. Bd., Stuttgart 1955.

10 Zuerst als Aufsatz: Eric Voegelin, „Historiogenesis", in: *Philosophisches Jahrbuch*, 68. Jg. (1960), S. 419-46; wiederabgedruckt in ders., *Anamnesis. Zur Theorie der Geschichte und Politik*, München 1966, S. 79-116; erweiterte englischsprachige Fassung als Teil von: ders., *Order and History*, vol. IV: *The Ecumenic Age*, Baton Rouge 1974, S. 59-113; deutsche Übers. dieser Fassung in: ders., *Ordnung und Geschichte*, Bd. VIII: *Das Ökumenische Zeitalter. Die Legitimität der Antike*, München 2004, S. 85-149.

Königslisten bis hin zur spätbabylonischen Konstruktion des Berossos (um 270 v. Chr.) unilineare Konstrukte der Geschichte von einem gött-lich-kosmischen Ursprung der Geschichte über Halbgötter oder Heroen und – zum Teil fiktiven – Königen bis zur Gegenwart des Autors vorgenommen wurden.[11] Gleichsam in Parenthese merkte Voe-gelin an, daß die Methoden des historiogenetischen Mythos, nämlich die „Methoden der Auswahl und Auslassung von Stoffen wie auch ihrer zeitlichen Umordnung mit dem Zweck, eine Bedeutungslinie aus einem Feld hervortreten zu lassen, das tatsächlich mehrere solcher Linien ent-hält", auch noch in den Geschichtsphilosophien des 18. und 19. Jahr-hunderts beobachtet werden können und daß insofern der kosmologi-sche Mythos keineswegs mit den antiken Zivilisationen untergegangen sei.[12]

Die Geschichtsphilosophien der Moderne, die einen unilinearen, progressiven Verlauf der Geschichte zeichnen, tun dies nach dem Muster einer Heilsgeschichte, wie sie das Alte Testament für die Zeit vom Exodus über den Bund mit Jahwe am Sinai, über die Landnahme und das Königtum Davids bis zum Tempelbau unter Salomon zeichnet. Die israelische Heilsgeschichte hat neben dem empirischen Geschichts-verständnis der *res gestae*, wie es zuerst von Herodot und Thukydides entwickelt wurde, unsere abendländische Vorstellung von Geschichte geprägt. Seit einiger Zeit nun mehren sich die Zweifel an der Historizi-tät der israelischen Heilsgeschichte. Daß Moses eine historische Gestalt gewesen sei und daß so etwas wie der Exodus einer zahlenmäßig erheb-lichen proto-israelischen Volksgruppe aus Ägypten stattgefunden habe, hält man schon seit längerem für höchst unwahrscheinlich. Neuere Ausgrabungen in Israel haben keinerlei Anzeichen für eine gewaltsame Landnahme oder für ein davidisches und salomonisches Großreich gefunden. Für das 10. Jahrhundert, in das die Herrschaft Davids und Salomos üblicherweise gelegt wird, konnte man lediglich verstreute dörfliche Siedlungen im Bergland Palästinas nachweisen. Israel Finkel-stein, Direktor des Archäologischen Instituts der Universität Tel Aviv, und der Archäologe Neil Asher Silberman haben daraus den provozie-renden Schluß gezogen, daß es keine Eroberung Jerichos durch Josua, keinen David und keinen Salomo gegeben hat.[13]

11　Auch die Adamitentafel der Genesis gehört zu diesem Typus, allerdings wird hier die Geschlechterfolge von Adam bis Noah und dann weiter bis Moses nicht durch Könige, sondern durch die Patriarchen hergestellt.

12　Voegelin, *Das Ökumenische Zeitalter. Die Legitimität der Antike* (wie Anm. 10), S. 22.

13　Israel Finkelstein u. Neil A. Silberman, *Keine Posaunen vor Jericho. Die archäologi-sche Wahrheit über die Bibel*, München 2004.

Es spricht alles dafür, daß die Heilsgeschichte Israels ebenfalls ein Mythos ist, in Anfängen vielleicht schon unter König Josia von Juda Ende des 7. Jahrhunderts konstruiert, um die Flüchtlinge aus dem von den Assyrern eroberten Nord-Staat Israel mit der eigenen Bevölkerung zu einen und zur Wiedereroberung Israels zu motivieren, spätestens aber während des babylonischen Exils, um Identität in der Diaspora – der ,Verstreuung' – zu stiften und die Hoffnung zu begründen, der die Propheten Hesekiel und Deuterojesaja Ausdruck verliehen, der Hoffnung nämlich auf eine erneuerte Heilsgeschichte, auf einen zweiten Exodus, einen neuen Bund mit Jahwe, die Rekonstitution eines vereinigten Reiches Juda-Israel und die Erneuerung der davidischen Dynastie. Ich unterscheide diesen Mythos vom historiogenetischen, obwohl er mit diesem verwandt ist, und schlage vor, ihn ,Ethnogonie' zu nennen, denn dieser Mythos hat den Zweck, die Einheit und Identität eines Volks, einer Nation zu stiften.

Die Klassifizierung der israelischen Heilsgeschichte als Mythos berührt nicht die Einschätzung des Dornbusch-Berichts im Buch *Exodus* als eines symbolischen Bruchs mit dem kosmologischen Mythos. In der Tat wird mit der Offenbarung des transzendenten Gottes im brennenden Dornbusch eine irreversible Scheidelinie gegenüber allen ,kosmischen' Göttern gezogen. Für die Einschätzung dieses symbolischen Bruchs, d. h. der neuen Qualität revelatorischer Symbolik, ist es letztlich von sekundärer Bedeutung, wann die zugrundeliegende Erfahrungsexegese erfolgt ist und ob der entsprechende Bericht erst während des babylonischen Exils schriftlich fixiert wurde. Dies gilt nicht in gleichem Maße für die Konstruktion der ,Heilsgeschichte', die ja nicht nur Aussagen macht über das neue Verhältnis des transzendenten Gottes zu seinem auserwählten Volk, sondern auch über den äußeren, politischen ,Erfolg' Israels. Jedenfalls zeigt die israelische Heilsgeschichte, daß auch in diesem Fall eine differenzierte Symbolik, die revelatorische, mit der kompakten des Mythos verquickt auftreten kann.

Auch der ,ethnogonische' Mythos lebt in der Moderne fort, als Ursprungsmythos von Nationen. 1998 zeigte das Deutsche Historische Museum in Berlin eine große Ausstellung zum Thema „Mythen der Nationen", in der die Gründungsmythen fast aller europäischer Nationen und der Vereinigten Staaten vor Augen geführt und in umfangreichen Katalogbänden beschrieben und analysiert wurden.[14] In fast allen Fällen war das Ergebnis, daß den nationalen Mythen zwar in der Regel

---

14 Monika Flacke (Hg.), *Mythen der Nationen. Ein europäisches Panorama*, Berlin 1998; Rainer Rother (Hg.), *Mythen der Nationen. Völker im Film*, Berlin 1998.

historische Ereignisse zugrundeliegen, diese Ereignisse aber immer in Mythen verwandelt, d. h. zu bestimmtem Zweck umerzählt wurden und dies oft sehr schnell, wie z. B. im Fall der Vereinigten Staaten. Zweck dieser modernen ethnogonischen Mythen war stets, nationale Identität zu stiften und gesellschaftlichen Konsens herzustellen.

Wir können demnach als erste Ergebnisse festhalten, daß die Erscheinungsformen des Mythos schon in der Antike außerordentlich vielgestaltig waren, daß sich die Symbolform des kosmologischen Mythos – als Kosmogonie, Historiogenesis oder als Ethnogonie – von der Antike bis in die Moderne fortsetzt, vor allem aber daß es zwischen der kompakten Symbolform des kosmologischen Mythos und den differenzierten Symbolformen der Offenbarungsreligion und der Philosophie keine scharfe historische Zäsur gibt – deshalb auch nicht zwischen Mythos und Mystik –, sondern Übergänge, ‚Überlappungen' in beide Richtungen der Zeitachse. Zwischen den kompakten und differenzierten Symbolformen muß außerdem kein unüberwindlicher Gegensatz bestehen; sie können sich durchaus miteinander verbinden, wie der ethnogonische Mythos der israelischen Heilsgeschichte ebenso zeigt wie die mystische Kosmogonie Jakob Böhmes oder die historiogenetische Konstruktion in modernen Geschichtsphilosophien. Wie sich Mythos und Mystik in der Moderne auch noch auf einer Ebene verbinden können, die man mit Mircea Eliade als „dégradation du symbole" bezeichnen kann,[15] läßt sich am Beispiel Alfred Rosenbergs sehen.[16] Der ‚Chefideologe' des Nationalsozialismus glaubte aus seiner völkisch-rassistischen Interpretation Meister Eckharts eine neue „deutsche Mystik" entwickeln zu können, die er als den *Mythus des 20. Jahrhunderts* anpries.[17]

Die bisher genannten Mythen lassen sich alle der Kategorie der „großen Erzählungen" zuordnen. Neben ihnen gab es in der Antike und gibt es bis heute die ‚kleinen Mythen', die Roland Barthes für die Moderne „Mythen des Alltags" genannt hat. Barthes zufolge gibt es keine inhaltlichen Grenzen des Mythos. „Alles kann also Mythos werden? Ich glaube, ja."[18] Warum dies so ist, hat interessanterweise der

15 Mircea Eliade, „La coincidentia oppositorum et le mystère de la totalité", in: *Eranos-Jahrbuch*, Bd. 27, Zürich 1958, S. 195-236, 216.

16 Siehe meinen Aufsatz „Gibt es gute und schlechte Mystik?" in: *Jenseits der entzauberten Welt. Naturwissenschaft und Mystik in der Moderne* (Mystik und Moderne, Bd. 2), hg. v. Klaus Vondung u. K. Ludwig Pfeiffer, München 2006, S. 157 ff.

17 Alfred Rosenberg, *Der Mythus des 20. Jahrhunderts. Eine Wertung der seelisch-geistigen Gestaltenkämpfe unserer Zeit*, 17.-20. Aufl., München 1934 (zuerst 1930), S. 216.

18 Roland Barthes, *Mythen des Alltags*, 2. Aufl., Frankfurt a. M. 1970, S. 85.

Physiker Carl Friedrich von Weizsäcker plausibel beschrieben. In gewisser Weise nämlich, so meint er, seien die einfachsten Vokabeln, die wir benützen, wenn wir unsere Umwelt beschreiben, „immer schon eine Mythologisierung. Jeder Versuch, den umgangssprachlichen Vokabeln des Alltags auf den Grund zu gehen, zeigt, daß wir gar nicht gewußt haben, wovon wir geredet haben. Gleichwohl können wir sehr wohl davon reden. Das ist sozusagen der *kleine Mythos des Alltags.*"[19]

Weizsäcker formulierte auch eine allgemeine, aber treffende Definition des Mythos: „Der Mythos zeigt den Zusammenhang der Dinge, indem er eine Geschichte erzählt."[20] Und wenn wir diese Definition auf manche Aussageweisen der Mystik beziehen, könnten wir sagen: In bestimmten Fällen läßt sich der „Zusammenhang der Dinge", wie er in der mystischen Erfahrung manifest wird, nur dadurch zum Ausdruck bringen, daß man eine Geschichte erzählt. Ein Virtuose im Erzählen solcher Mythen war Platon, der damit einen besonderen Typus des Mythos schuf, den ‚philosophischen Mythos'.

Platon gilt vielen als ‚mystischer Philosoph'. Direkt und indirekt hat er auf die abendländische mystische Tradition gewirkt, über den älteren und mittleren Platonismus auf Plotin, der selbst von mehreren mystischen Erfahrungen berichtete. Und der Neuplatonismus Plotins, hauptsächlich vermittelt durch Porphyrius, hat die Mystik des Mittelalters und der frühen Neuzeit massiv beeinflußt. Die Bedeutung Platons in dieser Traditionslinie war z. B. auch – wie eingangs erwähnt – dem Physiker Wolfgang Pauli bewußt; und in wissenschaftlichen Werken zur Mystik spielt Platon in der Regel eine wichtige Rolle.[21] Die mystische Qualität Platons wird zum einen mit seiner ‚ungeschriebenen Lehre' in Verbindung gebracht, von der man annimmt, daß er sie nur mündlich in der Akademie verbreitet habe und die man glaubt, aus Verweisen des Aristoteles und späterer Platonisten erschließen zu können.[22] Zentral für die Unterstellung dieser mystischen Qualität ist die Akzentuierung des ‚Einen' (*hen*) als Äquivalent des ‚Guten' (*agathon*), auf die Aristoteles hinweist und die man in den Dialogen so nicht fin-

---

19 Carl Friedrich von Weizsäcker, *Zeit und Wissen*, München/Wien 1992, S. 444 (Kursive im Original).

20 Ebd., S. 438.

21 Siehe z. B. Karl Albert, *Einführung in die philosophische Mystik*, Darmstadt 1996; Alois M. Haas, *Mystik im Kontext*, München 2004.

22 Konrad Gaiser, *Platons ungeschriebene Lehre. Studien zur systematischen und geschichtlichen Begründung der Wissenschaften in der Platonischen Schule*, Stuttgart 1963; Jürgen Wippern (Hg.), *Das Problem der ungeschriebenen Lehre Platons. Beiträge zum Verständnis der platonischen Prinzipienlehre*, Darmstadt 1972.

det.[23] Zum andern aber wird durchaus auch Platons Lehre, wie sie in den Dialogen überliefert ist, eine mystische Qualität zugesprochen, und zwar nicht zuletzt aufgrund der von Platon erzählten Mythen.

Platon war ein entschiedener Gegner der alten kosmologischen Mythen, die seit Homer und Hesiod literarisch umgearbeitet, weitererzählt und ausgeschmückt worden waren bis zu dem Punkt, daß die Götter sich schlimmer verhielten als die Menschen, intrigierten und betrogen, Ehebruch begingen und vergewaltigten. An die Stelle des Mythos setzte er die neue Wahrheit der Philosophie. Gleichwohl erfand er auch neue Mythen, offensichtlich um die von ihm entdeckte neue Wahrheit über die Beziehung des Menschen zum Göttlichen vor dogmatischer Verhärtung durch begriffliche Terminologie zu schützen. Und diese Mythen nun stehen in engster Beziehung zu dem, was man mystische Erfahrungsexegese nennen kann; sie sind nicht nur bildliche Einkleidung einer Lehre, die man auch anders zum Ausdruck bringen könnte, sondern sind die Erfahrungsauslegung selbst.

Ich will dies an einem Beispiel deutlich machen, an dem Mythos von der Geburt des Eros, den Platon im *Symposion* erzählt oder besser: erzählen läßt. Denn Platon läßt den Mythos – und das ist nicht ohne Bedeutung – durch den Mund des Sokrates von der Seherin Diotima erzählen; Seherinnen aber – so heißt es an anderer Stelle – sind durch göttliche Gunst ausgezeichnet.[24] Die Erzählung selbst scheint dem Muster eines theogonischen Mythos zu folgen; erzählt wird von der Geburt und dem Wesen des Eros, der in Diotimas Erzählung allerdings kein Gott ist – ein wichtiger Unterschied zum traditionellen Mythos. Eros ist nämlich der Sohn des Poros (wörtliche Bedeutung: reich an Hilfs- und Geldmitteln, an Kenntnis von Mitteln und Wegen) und der Penia (d. h. Armut, Mangel, Not).

Als Aphrodite geboren war, da hielten die Götter ein Festmahl, mit ihnen auch Poros, der Sohn der Metis (Klugheit). Wie nun das Mahl zu Ende war, kam, um beim Schmause zu betteln, Penia und stand an der Tür. Da ging Poros, trunken vom Nektar – denn Wein gab es noch nicht – hinaus in den Garten des Zeus und fiel alsbald in schweren Schlaf. Penia nun kam es in ihrer Dürftigkeit in den Sinn, sich von Poros ein Kind zeugen zu lassen; so legte sie sich zu ihm und empfing den Eros. [...] Als des Poros und der Penia Sohn aber befindet sich Eros in solcherlei Umständen: Zuerst ist er immer arm und bei weitem nicht fein und schön, wie die meisten glauben, vielmehr rauh, unansehnlich, unbeschuht, ohne Behausung, auf

---

23 Aristoteles, *Metaphysik*, 1, 988a 10 f.; 988 b 4-5.
24 Platon, *Phaidros*, 244a-245c, 265ab.

dem Boden immer umherliegend und unbedeckt, schläft vor den Türen und auf den Straßen im Freien und ist der Natur seiner Mutter gemäß immer der Dürftigkeit Genosse. Und nach seinem Vater wiederum stellt er dem Guten und Schönen nach, ist tapfer, keck und rüstig, ein gewaltiger Jäger, allzeit irgend Ränke schmiedend, nach Einsicht strebend, sinnreich, sein ganzes Leben lang philosophierend, [...] und weder wie ein Unsterblicher geartet noch wie ein Sterblicher, bald an demselben Tage blühend und gedeihend, wenn es ihm gut geht, bald auch hinsterbend, doch aber wieder auflebend nach seines Vaters Natur. Was er sich aber schafft, geht ihm immer wieder fort, so daß Eros nie weder arm ist noch reich und auch zwischen Weisheit und Unverstand immer in der Mitte steht.[25]

Das Wort ‚zwischen' (*metaxy*) im letzten Satz taucht in der Erzählung Diotimas immer wieder auf und erfährt eine geradezu symbolische Aufladung. Eros, so Diotima, ist kein Gott, sondern ein „großer Daimon", der charakterisiert ist durch sein ‚Zwischen-Sein' zwischen Schönem und Häßlichen, zwischen Weisheit und Ignoranz; er ist „ein Mittleres zwischen Sterblichem und Unsterblichem", „denn alles Dämonische ist mitten zwischen Gottheit und Mensch".[26] Durch die Vermittlung des Dämonischen aber werde die Annäherung an Gott möglich: „Denn Gott naht nicht unmittelbar dem Menschen, sondern durch diese Vermittlung des Dämonischen vollzieht sich aller Umgang und alle Zwiesprache der Götter mit den Menschen, im Wachen sowohl wie im Traum."[27] Die Kraft also, mit der sich der Mensch dem Göttlichen nähern kann, identifiziert Platon mit Liebe, und er scheut sich nicht, Assoziationen zur sexuellen Liebesvereinigung zu ermöglichen, wenn er Diotima „das traurig-liebende Suchen des Mangels nach der Fülle und das rauschhafte Eindringen des Reichtums in die Armut"[28] beim Fest der Aphrodite schildern läßt.

Die irdische Liebe ist die Modellerfahrung einer Annäherung an das Göttliche, einer *unio mystica*. Sie ist zugleich Quelle der Bilder und Metaphern, mit denen die mystische Erfahrung der Annäherung an das Göttliche, der Vereinigung mit dem Absoluten zum Ausdruck gebracht wird. Beispiele lassen sich bei vielen Mystikern und Mystikerinnen finden, bei Teresa von Avila, bei Catharina Regina von Greiffenberg, selbst

---

25 Platon, *Symposion*, 203 c-e. (Die Übersetzungen aus dem *Symposion* folgen z. T. Schleiermacher, z. T. der neueren Übers. von Ute Schmidt-Berger: Platon, *Das Trinkgelage oder Über den Eros*, Frankfurt a. M. 1985.)

26 Ebd., 202d.

27 Ebd., 203a.

28 Voegelin, *Anamnesis* (wie Anm. 10), S. 267.

noch bei Ernesto Cardenal.[29] Annemarie Schimmel hat darauf hingewiesen, daß das Bild der Liebesvereinigung für mystisches Erleben auch
von Plotin und von muslimischen Mystikern verwendet wurde und
sogar schon in den Upanishaden auftaucht: „Wie einer, von einem
geliebten Weibe umschlungen, kein Bewußtsein hat von dem, was innen
und außen ist, so hat auch der Geist, der vom erkennenden Selbst umschlungen ist, kein Bewußtsein von dem, was innen und außen ist."[30]
Die Auflösung der Individualität, das Aufgehen in einer überindivi-
duellen Ganzheit und die Ekstase als Erfahrungsmodus läßt die Liebesvereinigung der mystischen Einheitserfahrung analog erscheinen.
Aber nicht nur Modellerfahrung und Metaphernlieferant ist die Liebesvereinigung; in der ekstatischen Liebesvereinigung mag offenbar ein
Abglanz mystischer Vereinigung mit dem Absoluten aufscheinen. Platon verglich die ‚Verzückung' der Liebenden mit der ‚Verzückung' von
Seherinnen wie derjenigen von Delphi oder Cumae, und er betonte, daß
die ‚Verzückung' der einen wie der anderen „göttlich" sei.[31]
In der Sprache der Liebe kommt man demnach der mystischen
Erfahrung allenfalls nahe. Letztlich aber ist auch sie unzureichend. Im
Grunde genommen kann das Mysterium der mystischen Erfahrung
nicht mitgeteilt werden, denn Worte sind gegenstandsförmig und scheinen Objekte zu bezeichnen, während die wahre und vollkommene
Wirklichkeit der mystischen Erfahrung kein ‚Objekt' ist und mit
begrifflicher Sprache nicht ‚gefaßt' werden kann. Gleichwohl versuchten Mystiker immer wieder, das eigentlich Unsagbare der mystischen
Erfahrung sprachlich zu vermitteln. Doch mit Blick auf die ‚Gegen-
standsförmigkeit' der Worte schufen sie – zumindest die philosophisch
versierten unter ihnen – Distanz zwischen ihren Erfahrungen und der
Sprache ihrer Erfahrungsexegesen, z. B. durch den Gebrauch von Paradoxien, wie sie besonders Meister Eckhart liebte: „Da hörte ich ohne
Laut, da sah ich ohne Licht, da roch ich ohne Bewegen, da schmeckte
ich, was nicht war, da spürte ich das, was nicht bestand. Dann wurde
mein Herz grundlos, meine Seele lieblos, mein Geist formlos und meine
Natur wesenlos."[32] Durch Paradoxien soll die höhere Wahrheit der
vollkommenen Wirklichkeit ausgedrückt werden, eine Wahrheit, die
alle Gegensätze übersteigt und verdinglichendes Denken transzendiert.

29 Siehe meinen Aufsatz „Mystische Liebe im Cyberspace", in: *Cybermystik* (Mystik
   und Moderne, Bd. 2), hg. v. Luca Di Blasi, München 2006, S. 125-139.
30 Annemarie Schimmel, Artikel „Ekstase", in: *Die Religion in Geschichte und Gegenwart*, 3. Aufl., Bd. 2, Tübingen 1986, Sp. 411.
31 Platon, *Phaidros*, 244a-245c, 265ab.
32 Zitiert nach Schimmel, Artikel „Ekstase".

Einen etwas anderen Weg wählte der ‚philosophische Mystiker‘
Nikolaus von Kues; auch er war sich der Begrenztheit sprachlicher
Ausdrucksmöglichkeiten bewußt. Eine annäherungsweise Möglichkeit,
gleichwohl über die mystische „Schau der absoluten Wahrheit" sprechen zu können,[33] sah er in der ‚Bildhaftigkeit‘ sowohl des Geistes wie
der Sprache. Der menschliche Geist, so Nikolaus, ist dem göttlichen
analog, ist ein „Abbild" des unendlichen Geistes, kann sich dem „Urbild" nähern und ihm ähnlich werden. Und in wiederum analoger
Weise kann über den Inhalt der mystischen Schau gesprochen werden
(obwohl ein genaues Benennen mit Namen nicht möglich ist), wobei
eben bewußt bleiben muß, daß die gleichwohl gebrauchten „Namen"
nur „Abbilder" des eigentlich Unsagbaren sind: „Deshalb ist ein Ding,
wie es unter einen Namen fällt, Abbild seines unsagbaren eigentümlichen und entsprechenden Urbildes."[34]

Es ist interessant, daß es gerade in der modernen Physik ähnliche
Versprachlichungsprobleme gibt. Werner Heisenberg war wohl derjenige Physiker, der diesen Problemen die differenziertesten Reflexionen
gewidmet hat. Er ging aus von der Feststellung, daß die moderne Physik in Bereiche der Natur vorgedrungen ist, „die unseren Sinnen nicht
mehr unmittelbar zugänglich sind". In Zusammenhängen, „die in der
Quantentheorie analysiert und mathematisch dargestellt worden sind",
versage demzufolge auch „die gewöhnliche Sprache oder die Sprache
der klassischen Physik".[35] Das Problem der Versprachlichung sieht
Heisenberg – im Grunde genommen ganz ähnlich wie Nikolaus von
Kues – begründet in dem, was man das ‚Erfahrungssubstrat‘ nennen
könnte: „Wir haben uns jetzt daran gewöhnt, daß die Welt nicht ‚wirklich‘ so ist, wie es uns die gewöhnlichen Begriffe glaubhaft machen, daß
wir uns also in neuen Erfahrungsbereichen auf Paradoxien gefaßt
machen müssen."[36] Und diese Tatsache hat zur Folge, daß sich auch die
Sprache (außerhalb der „mathematischen Kunstsprache") paradoxer
Formen bedienen muß. Es hat sich eine Redeweise herausgebildet, „in
der man zur Beschreibung der kleinsten Teile der Materie abwechselnd
verschiedene, einander widersprechende anschauliche Bilder verwendet [...], so daß erst durch das Spielen mit den verschiedenen Bildern

---

33 Nicolai de Cusa, *Idiota de mente* / Nikolaus von Kues, *Der Laie über den Geist*, lateinisch-deutsch, neu übers. u. hg. v. Renate Steiger, Hamburg 1995, S. 63.
34 Ebd., S. 21, vgl. S. 11, 31, 55, 63.
35 Werner Heisenberg, „Sprache und Wirklichkeit in der modernen Physik", in: ders.,
   Schritte über Grenzen. Gesammelte Reden und Aufsätze, 4. Aufl. München 1977,
   S. 166, 171.
36 Ebd., S. 169.

schließlich eine angemessene Beschreibung des Vorgangs erreicht wird."[37] An anderer Stelle ergänzte Heisenberg die Charakterisierung dieser Redeweise „mit Bildern und Gleichnissen" durch die Bemerkung: „fast wie in der religiösen Sprache".[38]

Bilder und Gleichnisse, Paradoxien und auch Mythen – dies sind die sprachlichen Mittel, mit deren Hilfe Mystiker seit jeher das eigentlich Unsagbare ihrer Erfahrungen zum Ausdruck gebracht haben. Und die moderne Physik, die sich der ‚Wirklichkeit' nicht mehr ganz so sicher ist, gebraucht ebenfalls diese Mittel – auch die des Mythos. Carl Friedrich von Weizsäcker sah eine unmittelbare Parallele im Modus des ‚mythischen Erzählens' zwischen antiker Kosmogonie und moderner physikalischer Kosmologie; er konstatierte: „Der heutige Weltentstehungsmythos ist der Urknall." Er kleide sich in diese Form der Erzählung, weil er „der Entstehungsmythos der Welt im Zeitalter der Atombombe" sei.[39] Weizsäcker, der übrigens auch von einer „mystischen Erfahrung" berichtet,[40] erfand selbst mythische Bilder für seine Theorien, z. B. das des „Gartens" für die Evolution.[41]

Einen groß angelegten Mythos, der den Eindruck erweckt, im Sinne Paulis tatsächlich eine Synthese von Wissenschaft und Mystik zu erzielen, entwarf der Physiker Frank J. Tipler mit seiner „Omegapunkt-Theorie".[42] Es handelt sich bei dieser Theorie nicht um einen Weltentstehungsmythos, sondern um einen zukunftsorientierten Mythos, gewissermaßen um einen ‚eschatologischen Mythos'. Tipler erzählt nämlich die künftige Geschichte des Universums und der Menschheit (die sich über das ganze Universum ausbreiten wird) bis hin zum „Omegapunkt", in dem das Universum und mit ihm alle Menschen, die je gelebt haben, zur Erlösung kommen. Synonyme für den Omegapunkt sind „universeller Geist", „Transzendenz" oder auch „Gott".[43] Als Synthese von Wissenschaft und einer – wie Pauli formulierte – mystischen, d. h. „das erlösende Einheitserlebnis suchenden" Grundhaltung erscheint Tiplers Mythos dadurch, daß ein voluminöser

---

37 Ebd., S. 172 f. – Vgl. Werner Heisenberg, *Der Teil und das Ganze. Gespräche im Umkreis der Atomphysik*, München 1969, S. 285; siehe hierzu auch meinen Aufsatz „Von der Naturmystik zur Biomystik" (wie Anm. 8), S. 38.

38 Werner Heisenberg, „Naturwissenschaftliche und religiöse Wahrheit", in: ders., *Schritte über Grenzen*, S. 349.

39 von Weizsäcker, *Zeit und Wissen* (wie Anm. 19), S. 434.

40 Ebd., S. 447.

41 Ebd., S. 494.

42 Frank J. Tipler, *Die Physik der Unsterblichkeit. Moderne Kosmologie, Gott und die Auferstehung der Toten*, München 1994.

43 Ebd., passim, besonders S. 24, 200-203, 233, 268.

Anhang seines Buchs in der (von Heisenberg so genannten) „mathematischen Kunstsprache" geschrieben ist, die eigentlich nur die Physiker verstehen; während das mythische Erzählen vom Ende der Welt, von Gott und der Auferstehung der Toten jeder versteht. Ob Tiplers eschatologischer Mythos (dies sei in Parenthese doch noch angemerkt) allerdings dem entspricht, was Pauli von der Überwindung der Gegensätze zwischen rationalem Verstehen und mystischem Einheitserlebnis erhoffte, ist zweifelhaft.

Wie dem auch sei: Enge Beziehungen gibt es – in vielfältiger Weise, wie zu sehen war – zwischen Mystik und Mythos, ob nun in der religiösen oder philosophischen Mystik Mythen erscheinen oder in der modernen Physik Spuren des Mystischen und mit ihnen Bilder, die an Mythen erinnern, oder regelrechte mythische Erzählungen. In jedem Fall allerdings hat der Mythos – aus Sicht der Mystik – dienende Funktion, ist Explikationsmodus. Andererseits mag – wie Platons philosophische Mythen zeigen – diesem Explikationsmodus großes, an Eigenständigkeit grenzendes Gewicht zukommen, insofern das, was im Mythos erzählt wird, auf keine andere Weise adäquat zum Ausdruck gebracht werden kann.

MARTIN ANDREE

Medien, Mystik, Medienmystik: Die Phantasmen der Präsenz und der *unio mystica* als medientheoretische Fundamentalprobleme

Ob man sich dem Thema ‚Mystik' von phänomenologischer, anthropologischer, ontologischer oder theologischer Seite nähert, ändert letztlich nichts an dem Befund, daß im Kern des mystischen Konzepts eine *unio mystica* steht, eine ‚Vereinigung' unaufhebbarer Dichotomien: „Mystisches Sprechen kommt von der *unio* her und führt auf sie hin."[1] Die aufzuhebenden Oppositionen dieser Vereinigung lassen sich zwar auf unterschiedliche Weise formatieren, etwa als Subjekt versus Objekt, als Mensch versus Gott, als Sprache versus Erfahrung, die unterliegende Logik der *unio* bleibt dagegen konstant.

Das Modell der *unio mystica* gerät jedoch in Turbulenzen, sobald aktuelle poststrukturalistische Theoriedesigns in Anschlag gebracht werden. Unabhängig davon, ob man diskursanalytisch, dekonstruktivistisch oder systemtheoretisch arbeitet, droht dem Konzept der *unio* der Kollaps, wenn das theoretische Dispositiv auf die Beobachtung ausschließlich diskursiver bzw. binnensystemischer Realitäten umschaltet. Denn die poststrukturalistische Epistemologie des Zeichens beweist auf immer neue Weise die Absenz des Signifikats: Grundmodell ist das bereits bei Peirce angelegte Theorem der unbegrenzten Semiose, bei Derrida auskomponiert zur Bewegung einer unendlichen Ableitung flottierender Signifikanten, der *différance*.

In dieser Optik implodiert die mystische *unio*, was nicht heißt, daß man nicht trotzdem die ‚Strategien' mystischer Texte diskursiv erforschen könnte. So haben vor allem literaturwissenschaftliche Arbeiten die wiederkehrenden literischen Muster und Topoi des Textgenres herausgearbeitet.[2] Fraglich ist jedoch, ob man tatsächlich „den Blick weni-

---

1 Walter Haug, „Zur Grundlegung einer Theorie mystischen Sprechens", in: *Abendländische Mystik im Mittelalter. Symposion Kloster Engelberg 1984*, hg. v. Kurt Ruh, Stuttgart 1984, S. 494-508, S. 504.

2 Vgl. z. B. Ursula Peters, *Religiöse Erfahrung als literarisches Faktum. Zur Vorgeschichte und Genese frauenmystischer Texte des 13. und 14. Jahrhunderts*, Tübingen 1988; Susanne Bürkle, *Literatur im Kloster*, Tübingen/Basel 1991.

ger auf den Akt der Verschriftlichung religiöser Erfahrung" lenken und
stattdessen den „literarischen Charakter dieser Werke" scharfstellen
soll.[3] Denn hier endet die Textanalyse darin, den Textmittelpunkt, die
unio mystica bzw. die unmittelbare, den Text tranzendierende Erfahrung, auszublenden.

Das kann man machen, aber man benimmt sich dann der Möglichkeit, die mystischen Texte und das ihnen unterliegende medientheoretische Fundamentalproblem ernstzunehmen, das heißt, ihre unaufhör-
lichen Narrationen über die Verwandlungen von Signifikanten in
Signifikate als Testfall für Theorien zu verwenden, die genau das
Gegenteil behaupten, daß nämlich Diskurse und Systeme ihre Rationalität ausschließlich aus sich selbst heraus, nicht jedoch durch den Rekurs
auf außersystemische ‚Wirklichkeiten' konstruieren.

Das Problemfeld läßt sich schnell exemplarisch entfalten. Tatsächlich
entwickeln mystische Texte immer wieder aufs neue implizite Theorien
von ‚emphatischen Zeichen', die zugleich ‚nur' Zeichen sind als auch
ihre Zeichenhaftigkeit sprengen und somit ausgreifen auf außerdiskur-
sive transzendentale Signifikate. Ich verwende den Begriff der Emphase
somit umfassender als in der Rhetorik,[4] wichtiger ist mir die etymolo-
gische Verwandtschaft zu griechisch *phainein* [~ sichtbar machen, sehen
lassen], dem Wort, von dem sich ‚Phänomen' herleitet, sowie zu griechisch *emphainein* [~ aufzeigen, sichtbar machen].[5] Ein *emphatisches
Zeichen* wäre demnach im engeren Sinne ein *Zeichen, das in sich das
Phänomen sichtbar macht*, im weiteren Sinne jedoch jedes Zeichen, welches vorgibt, ‚mehr' zu sein als ‚bloß' ein Zeichen.

Als Beispiel sei eine Passage aus der *Vita* des Heinrich Seuse herangezogen:

> Eins tages [...] kam [er] in ein minneklich betrahtunge und sprach also:
> „ach, zarter got, wan könd ich etwas minnezeichens erdenken, daz ein
> ewiges minnezeichen weri enzwischan mir und dir zu einem urkúnde, daz
> ich din und du mins herzens ewigú minne bist, daz kein vergessen niemer
> me verdilgen möhti!" In diesem inbrünstigen ernste warf er vornan sinen

---

3   Peters, *Religiöse Erfahrung als literarisches Faktum* (wie Anm. 2), S. 192.
4   Siehe dazu Thomas Schirren, „Emphase", in: *Historisches Wörterbuch der Rhetorik*,
    hg. v. Gerd Ueding, Bd. 2, Darmstadt 1994, Sp. 1121-1123; sowie Georg Michel,
    „Emphase", in: *Reallexikon der deutschen Literaturwissenschaft*, Neubearbeitung des
    Reallexikons der deutschen Literaturgeschichte, hg. v. Klaus Weimar et al., Bd. 1, Ber-
    lin/New York 1997, S. 441-443.
5   Siehe dazu Friedrich Kluge, „Emphase", in: *Etymologisches Wörterbuch der deutschen
    Sprache*, bearb. von Elmar Seebold et al., 22. Aufl., Berlin/New York 1989, S. 177.

schapren [Schulterkleid] auf und zerlies [freimachen] vornan sinen buosen, und nam einen grifel in die hand und sach sin herz an und sprach:
„ach gewaltiger got, nu gib mir hút kraft und macht ze vollbringen min
begirde, wan du muost hút in den grund mins herzens gesmelzet werden.“
Und vie an und stach dar mit dem grifel [!] in daz flaisch ob dem herzen
die richti, und stach also hin und her und auf und ab, unz [bis] er den
namen IHS eben uf sin herz gezeichent. Von den scharpfen stichen wiel
daz bluot vast uss dem fleische und ran úber den lip abe in den buosen.
Daz was im als minneklich an ze sehent von der fúrinen minne, daz er dez
smerzen nit vil ahtete. Do er dis getet, do gie er also verserte und bluotige
uss der cell uf die cancell under das crucifixus und knúwet nider und
sprach: „eya, herr mine und mins herzens einigú minne, nu luog an mins
herzens grossen begirde! Herr, ich enkann noch enmag dich nit fúrbaz in
mich gedruken; owe herr, ich bite dich, daz du es volbringest und daz du
dich nu fúrbaz in den grund mins herzens drukest und dinen heiligen
namen in mich also zeichenst, daz du uss minem herzen niemer me
gescheidest.“[6] (15 f.)

Das ‚emphatische Zeichen‘ ist in diesem Falle die Jesus bezeichnende
Signatur ‚IHS‘, die Seuse hier auf spektakuläre Weise mit einem stähler-
nen Griffel auf sein Herz tätowiert. Dabei wird durch die Einschreibung des Zentralsignifikats ‚IHS‘ auf das Herz eine *ewigú* Verbindung
hergestellt zwischen dem Zentrum des Rezipienten und dem Zentrum
der Heiligen Schrift. Rezipient und Zeichen sind jetzt *unmittelbar* miteinander verbunden. Zugleich ist der *Schmerz* der Einschreibung in den
Körper[7] der körperliche Bürge dieses Interfaces zwischen Signifikant
und Signifikat: „Schmerz ist [...] eine Weise des unmittelbaren Verste-
hens im *(Nichtmehr-) Medium der Leiblichkeit*.“[8] Das Körperzeichen
stellt die dauerhafte und unmittelbare Präsenz Jesu in Aussicht. Das
gelingt – die Herzensschrift strahlt wenig später ein wunderbares Licht
aus und bestätigt so die erreichte Gottunmittelbarkeit:

---

6 Heinrich Seuse, *Deutsche Schriften*, hg. v. Karl Bihlmeyer, Stuttgart 1907, S. 15 f., im
   folgenden im Fließtext zitiert.
7 Dies impliziert ‚archaische‘ Vorstellungen: „Die frühesten Zeugnisse der Signifikation
   verraten nämlich ein Vermögen, [...] den Schmerz des Materials zu empfinden, in das
   sich die Zeichen einschreiben.“ Vgl. Dietmar Kamper, „‚Der Geist tötet, aber der
   Buchstabe macht lebendig.‘ Zeichen als Narben“, in: *Schrift*, (Materialität der Zeichen
   A, 12), hg. v. Hans Ulrich Gumbrecht u. K. Ludwig Pfeiffer, München 1993, S. 193-
   200, hier S. 194.
8 Heiko Christians, *Über den Schmerz. Eine Untersuchung von Gemeinplätzen*, Berlin 1995, S. 35. Das Kapitel „Medialität“ (S. 15-47) untersucht den intrinsischen Zusammenhang zwischen dem *Schmerz* als Textgröße und der Herstellung von *Unmittelbarkeit*.

Eins males na meti, do er von sinem gebet kom, do gie er in sin cell und sass also uf sinen stuol, und nam der altveter buoch under sin hobt zuo einem kússin. In dem entsank er in sich selb und ducht in, daz neiswas liehtes us drungi von sinem herzen, und er luogte dar: do erschein uf sinem herzen ein guldin krúz [...]. Also nam der diener sin kapen und schluog si über daz herz und meinde, daz er daz usbrehend klar lieht gern heti bedecket, daz ez nieman moehti han gesehen. Do brunnen die usdringent glenz als wúnneklich, wie vast er sú barg, daz es nit half von ire kreftigen schonheit. (17)

Die so entwickelte ‚Szene' einer ‚emphatischen Kommunikation' ist vor allem dehalb so faszinierend, weil sie offensichtlich existierende Topoi aus der christlichen Tradition aufgreift, adaptiert und für eigene Zwecke weiterentwickelt. Frappierend ist etwa die unendliche Verschärfung der biblischen Topik der ‚Herzensschrift'.[9] Zugleich wird aber auch die Johannestheologie den eigenen Zwecken angepaßt. Wenn etwa der Beginn des Johannesevangeliums die Konzeption eines die Medialität überschreitenden, göttlich-absoluten *logos* entwirft und zugleich Jesus als Figur darstellt, in der genau dieser transzendentale *logos* ‚Fleisch geworden' sein soll, dann entwickelt dieses Modell der ‚Inkarnation' eine implizite Medientheorie, welche sowohl die ‚Zeichenhaftigkeit' als auch die Überschreitung derselben Zeichenhaftigkeit möglich macht; es wird hier zugleich eine Grenze gezogen als auch gezeigt, wie man auf die andere Seite hinüber gelangt. Seuses Tätowierung positioniert sich dazu als Umkehrfunktion, als ‚Exkarnation' (A. Assmann):[10] Hier wird nicht der absolute *logos* Fleisch, sondern das Fleisch verwandelt sich in ein ‚emphatisches Zeichen', welches dann zugleich die Präsenz des transzendentalen Signifikats bewirkt; denn in einer anderen Vision zeigt sich später in Seuses transparentem Brustkorb die „Ewige Weisheit", die nun zusammen mit seiner Seele sein Herz bewohnt: „Geswind sah er dar und sah, daz der lip ob sinem herzen ward als luter als ein kri-

---

9 Vgl. vor allem Jer 31, 33 (in der Septuaginta 38, 33); ferner Dtn 6, 6; 11, 18; 30, 14; vgl. zum Topos Manfred Schneider, *Die erkaltete Herzensschrift. Der autobiographische Text im 20. Jahrhundert*, München/Wien 1986. Vgl. auch Seuses Verweis auf die Ignatius-Legende im 11. Brief des *Briebüchleins*: „Und der hailig Ignatius, do der in sinem grosen lidene als Jesus emzklich nannde und er gefraget ward, war umb er daz tete, do entwurt er und sprach, daz Jesus in sinem herzen gescriben were. Do man in ertotet und sú im von wunder sin herz uf schniten, do funden sú mit guldinen buochstaben allenthalb dar inne geschriben: Jesus, Jesus, Jesus." Vgl. Seuse, *Deutsche Schriften* (wie Anm. 6), S. 392 f.

10 Vgl. Aleida Assmann, „Exkarnation. Gedanken zur Grenze zwischen Körper und Schrift" in: *Raum und Verfahren* (Interventionen 2), hg. v. Jörg Huber u. Alois Martin Müller, Basel/Frankfurt a. M. 1993, S. 133-155.

stalle, und sah enmiten in dem herzen ruoweklich sizen die ewigen wisheit in minneklicher gestalt, und bi dem sass des dieners sele in himelscher senung." (20)

Und die Dispersion des transzendentalen Signifikats schreitet fort: Eine ‚geistliche Tochter' Seuses bemerkt den ‚unmittelbaren' Zugang Seuses zu Jesus:

> in einem guoten andaht do nate si den selben namen Jesus mit roter siden uf ein kleines tuechli in dieser gestalt: IHS, den si ir selben wolte heinlich tragen. Und machete do dez selben namen glich unzallichen vil namen und schuof, daz der diener die namen alle uf sin herz bloss leit und sú mit einem goetlichen segen sinen geischlichen kinden hin und her sante. Und ir ward kund getan von gote: wer den namen also bi im truege und im teglich ze eren ein Pater noster sprech, dem woelte got hie guetlich tuon und woelti in begnaden an siner jungsten hinvart. (154 f.)

Auf diese Weise ergibt sich eine ‚wunderbare Vermehrung' der emphatischen Zeichen: Die mit der IHS-Signatur versehenen Tücher legt Seuse auf sein gezeichnetes Herz, in dem Gott wohnt, und infolgedessen werden die Tücher mit dem transzendentalen Signifikat ‚aufgeladen' (sie entsprechen auf diese Weise der Struktur mittelalterlicher Berührungsreliquien), und die mystische Präsenz wird erneut auf dem Wege einer Vision bestätigt.

Es hat dabei den Anschein, als seien die mystischen Narrationen über die *unio mystica* zwischen dem Charismatiker und Gott zugleich immer schon unterwandert von einer Erzählung über eine ganz andere, nämlich mediale *unio mystica*: die mystische Vereinigung von Signifikant und Signifikat – und genau in diesem Sinne spreche ich hier von ‚Medienmystik'. So ließe sich auch die mystische Spreng-Metaphorik als medientheoretische Selbstbeschreibung umdeuten: Mystik wäre dann ein Diskurs, der die Sprengung von Diskursivität anstrebt.

Mystische Texte besitzen ihnen unterliegende, implizite Theorien der Medialität, die sich genau dadurch auszeichnen, daß sie auf immer neue Weise infragestellen, was außerhalb der Mystik niemand bezweifeln würde: daß Zeichen und Medien eben immer nur ‚bloß' Zeichen und Medien sein können. Es ergibt sich die Suggestion zweier Sprachzustände: In dem ‚emphatischen' Zustand ist die Sprache etwa von Gott, erfüllt, wirksam, transparent, lebendig, ‚mehr' als Sprache; in dem anderen, instrumentellen Zustand bleibt sie dagegen ‚bloß' Sprache:

> Glücklich der, dessen Lehrmeisterin die Wahrheit ist, und zwar sie selbst in ihrer Unverfälschtheit und ohne das Mittel vergänglicher Zeichen und

Worte! [...] was kümmern wir uns um Gattungen und Begriffe? Wem das ewige Wort zu Herzen spricht, für den ist die Menge der Lehrmeinungen überflüssig. Es strömt uns doch alles von dem einen Wort zu, und alles gibt Zeugnis von dem einen Wort; ‚In Ihm ist der Anfang‘, und so spricht es auch zu uns. [...] Oft bin ich überdrüssig des vielen Lesens und Hörens; in Dir ist ja alles begriffen. [...] Du allein sprich zu mir![11]

Erstaunlich ist nicht nur die ubiquitäre Ablehnung der Medialität gegenüber einem konkurrierenden Konzept einer ‚Medialitätsüberschreitung‘; erstaunlich ist zugleich, daß solche Konzepte der Medialitätsüberschreitung eben doch immer nur in Medien formuliert werden (wobei man andererseits fragen möchte: wo sonst?). Es ist letztlich eine Paradoxie: die Selbstüberschreitung von Medialiät in der Medialität.

Offen bleibt, *auf welche Weise* Diskurse das Phantasma der ‚emphatischen Kommunikation‘ erzeugen. Tatsächlich verhält sich der Code ‚emphatisch‘ versus ‚nicht emphatisch‘ ähnlich den von Luhmann beschriebenen *symbolisch generalisierten Kommunikationsmedien*,[12] das heißt, es handelt sich um Katalysatoren, mit denen sich Systeme selbst strukturieren und Erwartbarkeit erzeugen. In unserem Fall entscheidet die Frage, welche Seite des Codes man einer Kommunikation zugrundelegt, zugleich über die ‚Zugehörigkeit‘ zum emphatischen, etwa mystischen, Diskurs.

Dementsprechend lassen sich auch ‚Programme‘ der emphatischen Kommunikation beschreiben, also Kriterien, die festlegen, unter welchen Bedingungen einer Kommunikation die positive bzw. negative Seite zugrundegelegt wird. Diese Problematik habe ich in der *Archäologie der Medienwirkung* ausführlich beschrieben;[13] die fünf Programme, welche die emphatische Kommunikation konditionieren, lauten *Geheimnis, Unmittelbarkeit, Ursprung, Authentizität* und *Ähnlicheit*. Faszinierend ist dabei, daß sich jedes einzelne Programm als Ableitung des Basistheorems, der *paradoxalen Selbstüberschreitung von*

---

11 Thomas von Kempen, *Nachfolge Christi*, übers. v. Hermann Endrös, Frankfurt a. M. 1957, S. 41 f.

12 Vgl. u. a. Niklas Luhmann, „Einführende Bemerkungen zu einer Theorie symbolisch generalisierter Kommunikationsmedien", in: ders., *Soziologische Aufklärung*, Bd. 2, Opladen 1973, S. 172-192; ders., *Die Wissenschaft der Gesellschaft*, Frankfurt a. M. 1992, S. 172-208; ders., *Die Gesellschaft der Gesellschaft*, Frankfurt a. M. 1997, S. 316-412; ders., *Soziale Systeme. Grundriß einer allgemeinen Theorie*, Frankfurt a. M. 1984, S. 222 ff.

13 Verf., *Archäologie der Medienwirkung. Faszinationstypen von der Antike bis heute (Simulation, Spannung, Fiktionalität, Authentizität, Unmittelbarkeit, Geheimnis, Ursprung)*, München 2005.

Medialität, erweisen wird. Jedes Programm erzeugt ein eigenes und spezifisches Phantasma der Überschreitung:

1. *Geheimnisse* werden kommuniziert und ‚sprengen' zugleich die Kommunikation, weil sie die Möglichkeiten der Darstellung ‚überschreiten'; sie werden ausgesprochen und sind zugleich ‚unaussprechlich'.
2. *Unmittelbare* Kommunikationen kommunizieren ‚direkt', also ohne Zuhilfenahme eines Mediums (~ ‚un-mittelbar').
3. Das *ursprüngliche* Zeichen überschreitet die Kommunikation in zeitlicher Hinsicht. Weil es *vor* allen Ableitungen plaziert ist, ist es als einziges *nicht deriviert*.
4. Normale Zeichen sind bloß gemacht oder gar gefälscht; dagegen profiliert sich das *authentische* Zeichen als nicht ‚gemacht', nicht ‚hergestellt', als *echt*.
5. *Ähnliche* Zeichen bzw. Texte durchstreichen die Medialität durch die *Simulation* des Gegenstands (so daß sie am Ende keine Zeichen mehr sind, sondern die ‚Illusion' der Präsenz erzeugen).

Diese Programme arbeiten wie Zahnräder einer Maschine zusammen, um emphatische Kommunikationen zu erzeugen; das läßt sich am Beispiel mystischer Texte schnell zeigen.

1.

Am offensichtlichsten ist die außerordentliche Rolle des Geheimnisses[14] in der mystischen Kommunikation, es ist letztlich geradezu das Markenzeichen dieses Genres, rekurriert der Begriff ‚Mystik' doch etymologisch auf das griechische *mysterion*, welches nur Eingeweihten zugänglich ist.[15] Das Geheimnis ist kommunikationstheoretisch eine Aporie:[16] Es ist unkommunizierbar, aber genau dies wird immer wieder kommuniziert; nichts ist so beredt wie die Programmatik des Geheimnisses. Das Geheimnis lockt seine Rezipienten durch eine aus-

---

14 Vgl. Verf., *Archäologie der Medienwirkung* (wie Anm. 13), S. 156-334.
15 Vgl. Louis Bouyer, „Mystisch.' Zur Geschichte eines Wortes", in: *Das Mysterium und die Mystik. Beiträge zu einer Theologie der christlichen Gotteserfahrung*, hg. v. Josef Sudbrack, Würzburg 1974, S. 57-75.
16 Vgl. dazu Peter Fuchs, „Vom schweigenden Ausflug ins Abstrakte. Zur Ausdifferenzierung der modernen Lyrik", in: Niklas Luhmann u. Peter Fuchs, *Reden und Schweigen*, Frankfurt a. M. 1989, S. 138-177, hier S. 164 u. ö.

geklügelte Konfiguration von Schleiern und Schwellen an, die den Zugang limitieren. Aufgrund des Verlangens nach der ‚Aufdeckung' des Geheimnisses besitzt das Geheimnis eine inhärente Asymmetrie, die durch Tabus oder Grade der ‚Einweihung' stabilisiert wird. Dabei verweist das Geheimnis stets auf etwas die Kommunikation ‚Überschreitendes', es überschreitet die Kommunikation jedoch nie.

In der Mystik ist das Geheimnis allgegenwärtig durch den ‚Unsagbarkeitstopos'. Zur ersten ‚Entrückung' und ‚himmlischen Schau' heißt es in Seuses ‚Vita' (natürlich in Anlehnung an die paulinische Protomystik aus 2 Kor 12, 2-4): „do wart sin sel verzuket in dem libe neiss uss dem libe. Da sah er und horte, daz allen zungen unsprechlich ist: es waz formlos und wiselos und hate doch aller formen und wisen froedenrichen lust in ime."[17] Das Geheimnis ist stets unsagbar, aber genau das wird eben immer wieder aufs neue in der Kommunikation gesagt. Jacob Böhmes Offenbarung der göttlichen Geheimnisse durchläuft hunderte Seiten, und bricht bezeichnenderweise kurz vor der absoluten Erleuchtung ab: „Ich bescheide den Gott liebenden Leser, daß dies Buch ‚Morgenröte' nicht ist vollendet worden, denn der Teufel gedachte Feierabend damit zu machen, weil er sah, daß der Tag darinnen wollte anbrechen."[18]

Die Konzeption des ‚unaussprechlichen Geheimnisses' legt auch das Gegenmodell eines ‚absoluten Texts' nahe. Wer die himmlischen Visionen wiedergeben wollte, der müßte einen solchen ‚absoluten Text' verfassen, der in seiner Absolutheit eben kein Text mehr wäre; in Rulman Merswins *Büchlein von den vier Jahren seines anfangenden Lebens* heißt es:

> der ich nút alle geschriben kuonde noch muethe, wanne ich ir alle nút zuo worten bringen muethe, wann ir gar fil ueber alle minne sinneliche vir numft was; her umbe so kuonde ich noch vir muethe es mit allen minen sinnen nút zuobringen, also das ich van diseme aller ersten jore me geschribben muethe, und ich wenne es wol und gloube es ouch rechte wol, und wer es also gesin, das ich diese grosen ueber natturlichen wnderlichen wnder alle geschriben muethe haben, so gloube ich das wol, das kein messebuoch so gross si[19]

---

17 Seuse, *Deutsche Schriften* (wie Anm. 6), S. 10.
18 Jacob Böhme, *Aurora oder Morgenröte im Aufgang*, hg. v. Gerhard Wehr, Frankfurt a. M. 1992, S. 523.
19 Philipp Strauch (Hg.), *Merswins Vier anfangende Jahre. Des Gottesfreundes Fünfmannenbuch (Die sogenannten Autographa)* (Schriften aus der Gottesfreund-Literatur, 2), Halle 1927, S. 14.

Eine konsequentere Art, das Unausprechliche nicht auszusprechen, besteht darin, ‚einfach zu schweigen‘,[20] und genau darin liegt die Affinität der Mystik zur ‚negativen Theologie‘ begründet. Eine zentrale Stelle dazu ist die berühmte ‚Vision von Ostia‘ des Augustinus:

> Brächte es einer dahin, daß ihm alles Getöse der Sinnlichkeit schwände [*sileat*], daß ihm schwänden [*sileant*] alle Inbilder von Erde, Wasser, Luft, daß ihm schwände [*sileant*] auch das Himmelsgewölbe und selbst die Seele gegen sich verstumme [*sileat*] und selbstvergessen über sich hinausschritte [*transeat*], daß ihm verstummten [*sileant*] die Träume und die Kundgaben der Phantasie, daß jede Art Sprache, jede Art Zeichen und alles, was in Flüchtigkeit sich ereignet, ihm völlig verstummte [*sileat*][...]. Wenn also nach diesem Wort das All in Schweigen versänke [*taceant*], weil es sein Lauschen zu dem erhoben hat, der es erschaffen, und wenn nun er allein spräche [...], ist nicht dies es, was da gesagt ist: „Geh ein in die Freude deines Herrn?"[21]

Die *unio mystica* mit Gott ist hier gebunden an das Schweigen: Die absolute Beendigung aller Kommunikation, das *silere*, bedeutet zugleich das Anbrechen der absoluten Kommunikation, und trotzdem muß auch das wieder kommuniziert werden; „und was mir ouch [...] wie neiswas gar usser mosen suese wort zuo mir sprechende werde; abber was das lieht und das umbe fuerdes was und der suesen worte, das weis ich nut, got der weis es wol, wanne es ueber alle mine sinneliche vir numft was."[22]

2.

Mystik basiert aber nicht nur primär auf der Programmatik des Geheimnisses, sondern ebeno auf derjenigen der Unmittelbarkeit. Seit der Adaption des Begriffs durch das Christentum bezeichnet *mystikos* die Vorstellung einer *unmittelbaren* Schau des Göttlichen. Alle Mystik operiert im Phantasma, das Göttliche direkt und ohne Zwischenschaltung eines Zeichenmediums zu *erfahren* und zu *erleben*, sie ist bereits bei Origenes „unmittelbare, erfahrungsmäßige Gotteser-

---

20 Vgl. auch Niklas Luhmann, „Reden und Schweigen", in: Luhmann u. Fuchs, *Reden und Schweigen* (wie Anm. 16), S. 7-20.

21 Aurelius Augustinus, *Bekenntnisse*, Lateinisch und deutsch, übers. v. Joseph Bernhard, Frankfurt a. M. 1987, S. 465/467 [IX, 10].

22 Strauch, *Merswins Vier anfangende Jahre* (wie Anm. 19), S. 4 f.

kenntnis".[23] Medientheoretisch ist die Unmittelbarkeit eine ähnliche
Paradoxie wie das Geheimnis, sie ist die Figur der Überschreitung von
Medialität schlechthin. Ihre Aura basiert darauf, daß sie *im-mediatus*
ist, also vorgibt, nicht in Form eines Mediums vorzuliegen. In mystischen Texten macht sich dies etwa dadurch bemerkbar, daß ständig die
Unterscheidung zwischen medial vermittelter Kommunikation und
dem ,direkten Kontakt' mit Gott sabotiert wird.

Das ist bereits in den biblischen Texten der Fall, wo besondere Eingeweihte in einen bevorzugten, ,direkten' Kontakt zu den göttlichen
Botschaften treten; die Propheten etwa rezipieren den absoluten *logos*
des göttlichen Geistes, der sie als als Atem, als Hauch befällt – hebräisch
rûah, griechisch *pneuma*, lateinisch *spiritus* genannt. Über dieses Modell
kann man dann ,Unmittelbarkeit' durch die *Identität* des göttlichen
(aussendenden) und des menschlichen (rezipierenden) Geistes behaupten; dies wird man später ,Kongenialität' nennen. Meister Eckhart
beschreibt dieses unmittelbare Verstehen wie folgt:

> In disem worte sprichet der vater mînen und dînen und eines ieclîchen
> menschen geist glîch deme selben worte. In dem selben sprechenne bistû
> und ich ein nâtûrlich sun gotes als daz selbe wort. Wan ich als ê sprach,
> daz der vater niht bekennet dan diz selbe wort und sich selben und alle
> gotlîche nâtûre und alliu dinc in disem selben worte und allez, daz er
> dinne kennet, daz ist glîch dem worte und ist daz selbe wort nâtûrlich in
> der wârheit.[24]

Der göttliche *logos* und der innere *logos* des Rezipienten verschmelzen
dabei zu einer hermeneutischen *unio mystica*, der Mensch schwingt sich
auf zu Gott, im gottunmittelbaren Verstehen der Kongenialität ver-
schmilzt er mit Jesus als dem ,fleischgewordenen Wort'. Eckhart
gelangt dabei zu prägnanten Bildern der Kongenialität. Eine Abwand-
lung des augustinischen *abditum mentis* ist etwa der ,Seelengrund' oder
,Gottesgrund', eine Variation ist das berühmte ,Seelenfünklein', das
vünkelîn oder *scintillae animae*.[25]

23 Bouyer, „„Mystisch.' Zur Geschichte eines Wortes" (wie Anm. 15), S. 68. Vgl. auch
   die ebenso kompakte wie präzise Darstellung von Alois Maria Haas, „Was ist
   Mystik?", in: *Abendländische Mystik im Mittelalter* (wie Anm. 1), S. 319-341.
24 Meister Eckhart, *Meister Eckhart*, hg. v. Franz Pfeiffer, 4. Aufl., Göttingen 1924
   [1857], S. 286.
25 Vgl. Josef Quint, „Mystik und Sprache. Ihr Verhältnis zueinander, insbesondere in der
   spekulativen Mystik Meister Eckharts", in: *Deutsche Vierteljahrsschrift für Literaturwissenschaft und Geistesgeschichte* 27, 1953, S. 48-76, hier S. 69 ff.; sowie Paul
   Wyser, „Taulers Terminologie vom Seelengrund", in: *Altdeutsche und altniederländi-
   sche Mystik*, hg. v. Kurt Ruh, Darmstadt 1964, S. 324-352.

Neben diesen ‚hermeneutischen', die Rezeption betreffenden Konzeptionen mystischer Gottunmittelbarkeit finden sich in der Mystik natürlich die spektakulären Ausprägungen. Der Name ‚Jesus', den Seuse auf sein Herz tätowiert, gehört ebenso hierher wie das Nagelkreuz, welches er an anderer Stelle auf seinen Rücken spannt: Der reale körperliche Schmerz durch die Einschreibung emphatischer Zeichen ist dem Phantomschmerz des abwesenden Signifikats vorzuziehen.

Die prägnantesten Ausformungen einer unmittelbaren Gotteserfahrung finden sich in den frauenmystischen Texten, welche im Kielwasser von Bernhard von Clairvaux' Predigten über das Hohelied die Erlebnisse einer erotisch geschilderten *unio mystica* mit Gott schildern.[26] Die Gottunmittelbarkeit, formal vor allem durch das Konzept eines Dialogs der Seele mit Gott gestaltet,[27] führt einerseits zu einer langen Reihe von Berichten über Jenseitsvisionen[28] und kulminiert in Höhepunkten mystischer Hochzeitslager mit Gott-Christus:

So gat dú allerliebste zuo dem allerschönsten in die verholnen kammeren der unsúnlichen gotheit. Da vindet si der minne bette und minnen gelas, von gotte unmenschliche bereit. So sprichet únser herre:

[Gott:]	‚Stant, vrouwe sele!'
[Seele:]	‚Was gebútest du, herre?'
[Gott:]	‚Ir sönt úch usziehen!'
[Seele:]	‚Herre, wie sol mir denne geschehen?'
[Gott:]	Frouw sele, ir sint so sere genatúrt in mich, das zwúschend úch und mit nihtes mag sin.' [...]
[Seele:]	Herre, nu bin ich ein nakent sele und du in dir selben ein wolgezieret got.' [...]

So geschihet da ein selig stilli nach ir beider willen.
Er gibet sich ir und si git sich ime.[29]

---

26 Vgl. neben dem Hohelied als Quelle auch 2 Korinther 11, 2 sowie Epheser 5, 31 f.

27 Vgl. u. a. Walter Haug, „Das Gespräch mit dem unvergleichlichen Partner. Der mystische Dialog bei Mechthild von Magedburg als Paradigma für eine personale Gesprächsstruktur", in: *Das Gespräch* (Poetik und Hermeneutik, 11), hg. v. Karlheinz Stierle u. Rainer Warning, München 1984, S. 251-279; Elizabeth A. Andersen, *The Voices of Mechthild of Magdeburg*, Oxford et al. 2000.

28 Eine systematische Übersicht bietet Katharina Bochsler, ‚*Ich han da inne ungehörtú ding gesehen.' Die Jenseitsvisionen Mechthilds von Magdeburg in der Tradition der mittelalterlichen Visionsliteratur*, Bern et al. 1997.

29 Mechthild von Magdeburg, *Das fließende Licht der Gottheit*, Nach der Einsiedler Handschrift in kritischen Vergleich mit der gesamten Überlieferung, hg. v. Hans Neumann, Bd. 1, München/Zürich 1990, S. 31 f.

Das brautmystische Erlebnis erfährt Gott hier in der höchstmöglichen Unmittelbarkeit, in der geschlechtlichen Vereinigung, in der mitunter kaum gezügelte Leidenschaft mitschwingen kann: „Ie sin lust me wahset, ie ir brutloft grösser wirt. / Ie das minne bet enger wirt, ie die umbehalsunge naher gat", heißt es an einer Stelle[30], an einer anderen:
„Eya herre, minne mich sere und minne mich dike und minne mich lange!"[31]

3.

Das dritte Programm, mit dessen Hilfe sich der mystische Diskurs selbst konditioniert, ist das des Ursprungs. Der Ursprung ist die temporalisierte Fassung der Selbstüberschreitung der Medialität, er bezeichnet hier alle Größen, die ‚vor' aller Ableitung, Störung und ‚Dekadenz' des Medialen liegen. Der *arche* als auratischer, un-bedingter und un-vermittelter Anfangspunkt entspricht erneut die Position des transzendentalen Signifikats.[32] So erklärt sich, warum die Mystiker eine wahre Verehrung des Ursprungs üben; ein Beispiel wäre das berühmte ‚Senfkorn-Lied', das im Umkreis von Meister Eckhart im 14. Jahrhundert entstanden ist; darin findet sich die folgende Passage:

In dem begin
hô uber sin
ist ie daz wort.
ô rîcher hort,
da ie begin begin gebâr!
ô vader brust,
ûz der mit lust,
daz wort ie vlôz!
Doch hat der schôz
daz wort behalden, das ist wâr.[33]

---

30 Ebd., S. 17.
31 Ebd., S. 20.
32 Vgl. Jacques Derrida, *Grammatologie*, übers. v. Hans-Jörg Rheinberger u. Hanns Zischler, Frankfurt a. M. 1994 [1967], S. 456.
33 Ediert in Kurt Ruh, *Meister Eckhart. Theologe, Prediger, Mystiker*, München 1985, S. 47-49; Übersetzung: „Im Anfang / hoch über Verstehn / ist je das Wort. / O reicher Schatz, / wo Anfang Anfang stets gebar! / O Vaterbrust, / aus der mit Lust / das Wort stets floß! / Doch hat der Schoß / das Wort bewahrt, das ist wahrhaft so"; vgl. zur Textgestalt ders.: „Textkritik zum Mystikerlied ‚Granum Sinapsis'", in: *Festschrift für Josef Quint*, hg. v. Hugo Moser u. Rudolf Schützeichel, Bonn 1964, S. 169- 186.

Im Rückgriff auf das berühmte Vor-Wort (im übrigen ebenfalls eine Figur des Ursprungs) aus dem Johannes-Evangelium wird hier die Essenz des mystischen Geheimnisses in den Ursprung verlegt: Der absolute und vorgängige göttliche *logos* erscheint als Anbeginn allen Seins, dynamische Kraft allen Werdens, zugleich aber auch als Quelle aller anderen, nachfolgenden Worte.

Es entspricht dieser Logik, wenn die Mystiker ihre unmittelbare Schau der göttlichen Offenbarungen zugleich als ,Rückkehr zum Ursprung' konzipieren, in den Worten Seuses: „Kanst nu mit einem gelúterten ogen hin bliken und schowen des obersten guotes lútersten guetekait [...], so siehst du die úberswenken, úbernaturlichen entgiessunge dez wortes uss dem vater, von des geberene und sprechen ellú ding werdent her fúr gesprochen und gegeben."(179)

Da die Rückkehr zum Ursprung zugleich das Ziel mystischen Strebens ist, erhält dieser Diskurs eine archäo-teleologische Struktur: Der Mystiker muß auf eine doppelte Weise zum Ursprung vordringen, er muß seine Seele in einen ursprünglich-einfältigen Zustand zurückversetzen, denn nur so kann er den vorgängigen göttlichen *logos* restituieren. Für Rulman Merswin stellt sich dies folgendermaßen dar:

> es ist nút also derliche noch also lihtekliche widder in den eewigen ursprung zuo kuomende, also fil einfeltiger menschen wennet, wanne wissent fur wol, also gar luoter und also klor des menschen selle usser irme uorsprunge geflossen ist, rehte in aller wise also luoter und also rehte clor, also muos die selle e widder umbe werden, obbe das si iemer dar zuo kuomen muoge, das si widder in den eewigen ursprung kuomen muege.[34]

4.

Die Programmatik der *Authentizität* steht in einem direkten Zusammenhang mit derjenigen des Ursprungs: Eine Steigerung des Alters entspricht zugleich auch ein Zugewinn an Authentizität. Schon im Lateinischen bezeichnet *authenticum* das „Original einer Handschrift im Gegensatz zum *exemplarium*".[35] In diesem Sinne wäre der Begriff des *Originals* dann zwischen dem *Ursprung* und der *Authentizität* zu positionieren: Das Original ist sowohl anfänglich als auch *echt*.

---

34 Strauch, *Merswins Vier anfangende Jahre* (wie Anm. 19), S. 26 f.
35 K. Röttgers u. R. Fabian, „Authentisch", in: *Historisches Wörterbuch der Philosophie*, hg. v. Joachim Ritter, Bd. 1, Darmstadt 1971, Sp. 691-692, hier Sp. 691.

Einen trennschärferen Zugang zum Feld des Authentischen jenseits des Synonyms der *Echtheit* bietet jedoch die Reflexion über die Opposition des Begriffs: Ein wichtiger Gegensatz zur Authentizität ist die *Fälschung*. Während dort der Betrug lauert, bietet die Authentizität durch ihre Ursprünglichkeit, ihre Echtheit einen Ausweg. Denn bei den Fälschungen handelt es sich um künstlich hergestellte *Fetisch-Zeichen*[36], es sind also ‚gemachte' Zeichen, ‚Fabrikate'.[37] Dagegen ist das Authentische ‚nicht gemacht'. Demgemäß erweist sich die Paradoxie der Authentizität als strukturell äquivalent zu den bisher beschriebenen Programmatiken, sie ist lediglich eine neue Schattierung im Versuch der Überwindung der Medialität, es geht hier um ein aporetisches „*Verhältnis von Darstellungsunabhängigkeit und Darstellung*"[38] – auch die authentischen Zeichen lassen sich nur paradox definieren als *nicht hergestellte Fabrikationen*.

Während in späteren Zeiten die Autorfunktion die Echtheit verbürgen wird (im Sinne: ein ‚echer Picasso'), verhält es sich im mystischen Kontext exakt umgekehrt. Eine autonome Autorschaft wäre hier anmaßende Konkurrenz zur göttlichen Heilswahrheit, hier profilieren sich Texte gerade dadurch, daß sie von Gott autorisiert sind. Nicht nur die inspirierte Heilige Schrift hat „Gott zum Urheber",[39] auch die Mystiker reklamieren dies für ihre Texte. Seuse etwa reproduziert ebenfalls ganz neutral Botschaften und Visionen „nach der wise, als sú ime dez ersten von gote inluhten".[40]

Hier kommt auch ein weiterer mystischer Topos zum Tragen, derjenige der *Einfalt* oder der *humilitas* der mystischen Verfasser. Wie viele Mystikerinnen zeichnet sich auch die Begine Mechthild von Magde-

---

36 In seinem etymologischen Nucleus bezeichnet Fetisch (ursprünglich abgeleitet aus portugiesisch *feitiço* ‚das Gemachte') den ‚Zauber', welche Eingeborene Talismanen, Amuletten etc. zusprechen; so Thomas Sebeok, „Fetish", in: ders., *A Sign is just a Sign*, Bloomington, Indianapolis 1991, S. 116-127, hier S. 116 f.

37 Vgl. auch Vilém Flusser, „Die Fabrik", in: ders., *Medienkultur*, Frankfurt a. M. 1997, S. 164-171.

38 Christian Strub, „Trockene Rede über mögliche Ordnungen der Authentizität", in: *Authentizität als Darstellung*, hg. v. Jan Berg, Hans-Otto Hügel u. Hajo Kurzenberger, Hildesheim 1997, S. 7-17, hier S. 8.

39 Karl Rahner, *Über die Schriftinspiration*, Freiburg i. Br. et al. 1958, S. 18.

40 Die Stelle lautet vollständig: „Was aber daz selb buechli und etlichú me siner buecher nu lange in verren und in nahen landen von mengerley unkunnenden schribern und schriberin ungantzlich abgeschriben sind, daz ieder man dur zuo leite und dur von nam nach sinem sinne, dar umb hat sú der diener der ewigen wisheit [=Seuse] hie zuo samen gesezzet und wol gerihtet, daz man ein gereht exemplar vinde nach der wise, als sú ime dez ersten von gote inluhten"; vgl. Seuse, *Deutsche Schriften* (wie Anm. 6), S. 4.

burg durch ein reines und einfaches Gemüt aus, was ein lateinisches Vorwort betont: „Als Zeugnis für die Wahrheit dieses Buches muß dem frommen Sinn der Gläubigen die aufrichtige Frömmigkeit und Taubeneinfalt derjenigen, der wir diese Schrift verdanken." Der Text fährt später fort: „Die Offenbarungen und Gesichte, die der allmächtige Gott sich würdigt, seinen Auserwählten mitzuteilen, gründen und beginnen in der Einfalt des Glaubens. [...] Nur vor solchen sind die himmlischen Geheimnisse offen".[41] Es scheint gerade diese *Einfalt* zu sein, welche Vorstellungen einer besonders aufnahmebereiten Empfindlichkeit und der bloß passiven Aufnahme und Wiedergabe transzendentaler Mitteilungen verstärkt.

So empfängt Mechthild den Text *Das fließende Licht der Gottheit* (~ 1250-1282) direkt von Gott. Bereits in der Eingangspassage wird Gott als Autor vorgestellt („,Eya herre got, wer hat dis buoch gemachet?' ,Ich han es gemachet'"); immer wieder wird die Gottunmittelbarkeit des Textes bestätigt („Alsust ist dis buoch minnenklich von gotte har komen und ist us menschlichen sinnen nit genomen.").[42] Immer wieder reimprägniert der Text die Grundkonstellation der Schreibsituation: Die Einfalt der Seele, die Gnade der direkten Kommunikation mit Gott, welche zunächst geheimgehalten wird und erst durch einen (mitunter göttlichen) Schreibbefehl und die diesseitige Legitimation durch den Beichtvater (ein Topos der frauenmystischen Literatur)[43] in einen Text gegossen wird. Zentral ist, daß der Text in letzter Konsequenz direkt von Gott stammt. Rulman Merswin, so die Suggestion des Textes, war daher eine mögliche Verbreitung seiner Autobiographie sehr unangenehm: „dis is mit gar swere [...], wanne es ist min nut, es ist gottes."[44]

---

41 Mechthild von Magdeburg, *Das fließende Licht der Gottheit,* hg. v. Margot Schmidt, Einsiedeln et al. 1955, S. 48; im Original heißt es: „Sufficere debet omnino pro testimonio veritatis piorum credulati fidelium ejus, per quam hac scriptura innotuit, sincera devotio et simplicitas columbina [...] [/] Revelationes et visiones, quas omnipotens Deus electis suis mainfestare dignatur, fidei simplicitas in ipsis fundat et inchoat [...] Talibus namque patent secreta coelestia [...]"; abgedruckt in *Revelationes Gertrudianae ac Mechthildianae,* hg. v. den Benediktinern von Solesmes, Bd. 1, Paris 1877, S. 436 f.

42 Mechthild von Magdeburg, *Das fließende Licht der Gottheit* (wie Anm. 29), Bd. 1, S. 5, 17.

43 Stellennachweise zum Schreibgebot finden sich u. a. in der Anthologie von Margot Schmidt (Hg.), *Mechthild von Magdeburg. ,Ich tanze, wenn du mich führst',* Freiburg i. Br. 1988, S. 53 ff.; vgl. zum Motiv des Seelsorgers im Umkreis frauenmystischer Visionsliteratur Peters, *Religiöse Erfahrung als literarisches Faktum* (wie Anm. 2), S. 101-188; Bürkle, *Literatur im Kloster* (wie Anm. 2), S. 193 ff.; sowie Siegfried Ringler, *Viten- und Offenbarungsliteratur in Frauenklöstern des Mittelalters. Quellen und Studien,* Zürich/München 1980, S. 175 ff.

44 Strauch, *Merswins Vier anfangende Jahre* (wie Anm. 19), S. 22 f.

In diesem Sinne wäre der Text im eigentlichen Sinne *nicht gemacht* – eine Vorstellung, welche sich mit der Ableitung des Wortes *authentisch* aus *auto-entes*, ‚das Selbstvollendende‘, in Bezug setzen läßt.[45] Solche nicht-gemachten Zeichen lassen sich noch genauer als *Acheiropoietai* bezeichnen.[46] Ich verwende den Begriff hier im gebräuchlichen Sinne[47] als Bezeichnung aller Zeichen, welche mit dem Anspruch auftreten, nicht von Menschenhand hergestellt worden zu sein (*a-cheiro-poietos* ~ nicht-von-Hand-gemacht; analog: *non manu-factum*); es handelt sich dabei um Radikale des Authentischen, etwa *ungemalte Bilder* (zum Beispiel das Schweißtuch Christi) oder *ungeschriebene Texte* (zum Beispiel die mosaischen Gesetzestafeln).

Inhaltlich positionieren sich die mystischen Texte also als ‚Acheiropoietai‘, da sie ‚direkt von Gott‘ stammen und somit im eigentlichen Sinne ‚nicht gemacht‘ sind; zugleich müssen sie jedoch auch ihre Echtheit als authentisches Dokument unter Beweis stellen, wofür oft atemberaubende Rahmenkonstruktionen von Gewährsmännern, Beichtvätern, Bürgen, Gottesfreunden und Herausgebern elaboriert werden, welche die Authentizität des Texts bezeugen und verbürgen. Ein schönes Beispiel ist das *Büchlein von den vier Jahren seines anfangenden Lebens* des Rulman Merswin. Dem Text wird nicht nur ein Herausgeberkommentar vorangestellt:

> Dis kleine sexternelin bappires mit den ahte blettern ist daz selbselbe buoch Ruolman Merswines, unsers stifters eigene hant, alse er es selber schreip und schriben muoste von den ersten vier ioren sines anevohenden lebendes uz gehorsame gottes und sinde heimelichen gesellen, dez lieben frúnt gottes in Oberlant, alse es die bruodere sante Johans orden fundent nach Ruolemannes tode hinder ime geschriben ligende, in eime beslossen kensterlin [Kästchen] und sin eigen silberin ingesigel ussewendig an dem coopertorio [Einband] hangende, umbe sant Marien Magdalenen dag anno dni M.CCCC.lxxxij.“[48]

---

45 Eleonore Kalisch, „Aspekte einer Begriffs- und Problemgeschichte von Authentizität und Darstellung“, in: *Inszenierung von Authentizität*, hg. v. Erika Fischer-Lichte u. Isabel Pflug, Tübingen/Basel 2000, S. 31-44, hier S. 32.

46 Vgl. K. Schneider, „Acheiropoietos“, in: *Reallexikon für Antike und Christentum. Sachwörterbuch zur Auseinandersetzung des Christentums mit der antiken Welt*, hg. v. Theodor Klauser, Bd. 1, Stuttgart 1950, Sp. 68-72. Siehe auch den Beitrag von Cai Werntgen in diesem Band.

47 Vgl. zur Begriffsverwendung in der Antike vor allem Ernst von Dobschütz, *Christusbilder. Untersuchungen zur christlichen Legende*, Leipzig 1899, S. 37 ff.; sowie die umfangreichen Belegstellen im Anhang, S. 118*-122*.

48 Strauch, *Merswins Vier anfangende Jahre* (wie Anm. 19), S. 1.

Aber damit nicht genug: Merswin beginnt seine Lebensbeschreibung, indem er die Formeln der mittelalterlichen Urkunde verwendet:

> Allen den si kuont geton, die dis buechelin lesent oder herent lesen, was her an geschribben stot, das es also ist und luoter worheit ist, und das behebe ich bi der guengensten ferthe, also ich usser der zit geschiden bin; und zuo eime gerehten geworen worzeihen so sol men finden hangende min eigin ingesigel an einem riemen an dieseme buochelin. // In gottes namen Amen. Alle liebe criston menschen, ir sullent vir wor wissende sin, das es beschah also desselben jores, da man zallete von gottes geburt mcc jor xl jor und vii jor, do beschach es in dem selben jore also, das ich, Ruoleman Merswin, aller koufmannschaft und allen dem gewinne uorloup gab ...“[49]

Der Text beginnt also mit notariellen Formeln, die den Zeitgenossen aus rechtskräftigen Urkunden bekannt sind; das Eingangsprotokoll weist die Grußformel aus (*salutatio*), die Anrufung Gottes (*invocatio*), die Nennung des Namens Ausstellers (*intitulatio*), und auratisiert sich auf diese Weise als ,echt', nicht zuletzt durch die auffällige, ebenfalls der rechtlichen Beglaubigung entlehnten Beurkundung dieses Texts durch das angehängte wächserne Siegel des Verfassers; es wirkt wie ein Testament. Es entspricht dieser Logik, wenn der Redaktor den testamentarischen Charakter des Dokuments herausstreicht und seinen Verbleib im Straßburger Johanniterhaus ,Zum Grünen Wörth' anmahnt: „so soellent dise zwei bappirine buochere, der erste stam und ursprung, ire eigene hant und ir selbes geschrift, uf diser hofestat zuo dem Gruenenwerde bliben und gar erwirdeclich gehalten werden glich einem heiltuome. In der selben meinunge sú ouch in dis briefbuechelin gebunden sint zuo eime ewigen urkunde“.[50] Der Text, so die Suggestion, ist *ursprünglich*, von Merswins ,eigener Hand', und somit zugleich authentisch – was ihn zum ,heiltuom' einer mystischen Kultgemeinschaft qualifiziert.

5.

Das fünfte und letzte Programm, mit dem die Mystik ihre emphatischen Kommunikationen konditioniert, ist die Ähnlichkeit; unter diesem Titel verstehe ich alle kommunikativen Formen, die auf dem Wege

---

49 Ebd., S. 3.
50 Ebd., S. 2.

der Simulation eine Ähnlichkeitsbeziehung zwischen Zeichen und Bezeichnetem suggerieren. Im Extremfall, so verspricht es die Programmatik der Ähnlichkeit, wird das Zeichen seinem Gegenstand so ähnlich, daß rezipientenseitig eine Illusion entsteht, die ‚virtuelle Welt‘ also mit der Realität ‚verwechselt‘ wird.

Im mystischen Kontext finden sich solche Rezeptionsweisen vor allem im Umfeld der ‚Erbauungslektüre‘ sowie der meditatio, der geistlichen ‚Betrachtung‘. Hier führt die Anschaulichkeit der Erzählung das innere Auge de Rezipienten ‚näher und näher‘ an das Heilsgeschehen heran. In den *Meditationes vitae Christi*,[51] die lange Zeit Bonaventura zugeschrieben wurden, wird der Leser ständig ermahnt, er solle das Geschehen wie in einer Vision *sehen*. „Beachte [*attende*] hier und erinnere dich [...], daß du dich nämlich befleißigen sollst, bei allem, was gesprochen wird oder geschieht, wie gegenwärtig zu sein [*te exhibere presentem*]. Stelle dir also hier Gott den Herrn vor, und blicke ihn an, so gut du es vermagst [*imagineris et aspicias*]“, heißt es etwa (9 / lat. 19).

Die erfolgreiche, ‚imaginative‘ *Betrachtung* übersetzt das Gelesene in ein sinnlich-konkretes Bild, in ein *imago*.[52] Die *meditatio* gelingt also erst dann, wenn die *Anschaulichkeit* des Textes durch den Rezipienten in eine *bildliche Vorstellung* überführt wird, wenn die *Betrachtung* mit dem *inneren Auge* erfolgt, wenn der Text zur *Vision* wird. Das Kapitel im Mittelpunkt der Betrachtungen der Passion Christi, also das Zentrum des Zentrums, beginnt: „Sei geistigerweise mit gespanntester Aufmerksamkeit zugegen; betrachte alles, was gegen deinen Herrn gesagt und an ihm verübt wird, oder was von ihm geschieht und gesagt wird [*Hiis autem toto mentis intuitu te presentem exhibeas et intuere diligenter cuncta*]. Sieh mit den Augen des Geistes [*Videas igitur oculis mentis*], wie einige mit der Aufpflanzung des Kreuzes sich beschäftigen“ (196 / lat. 270).

---

51 Der lateinische Text ist durch eine neue kritische Ausgabe verfügbar: Pseudo-Bonaventura [Iohannis de Caulibus]: *Meditaciones Vite Christi*, (Corpvs Christinaorvm, Continuatio Mediaeualis, 153), hg. v. M. Stallings-Taney, Turnholti 1997. Ich zitiere aus Pseudo-Bonaventura, *Die Betrachtungen über das Leben Christi*, übers. v. Johann Jakob Hansen, Paderborn 1896, hier S. 191 (im folgenden im Fließtext zitiert, zuerst die deutsche, dann die lateinische Ausgabe). Als Vergleichstext habe ich eine ältere Übersetzung herangezogen: Pseudo-Bonaventura, *Das Leben Christi*, Wien 1836.

52 In diesem Sinne handelt es sich um eine Vorstufe der modernen *Imagination*, welcher jedoch allenfalls Anschaulichkeit, nicht hingegen der Status des Fiktiv-Imaginären zukommt; vgl. Denise Despres, *Ghostly Sights. Visual Meditation in Late-Medieval Culture*, Norman 1989, S. 29.

Der Rezipient betritt dabei den Text „like an actor assuming a role in a drama".[53] Heinrich Seuse jedenfalls setzt die biblische Passion performativ um, als quasi-reales ‚enactment':

> Hie vie er an, daz er alle nehte na der meti [...] sich erbrach [in sich hervorrief] in ein cristfoermig mitliden alles des, daz sin herr und sin got Cristus vor hate geliten. [...] Er vie es an mit ime an dem jungsten nahtmale und leid sich mit ime von stat zuo stat, unz daz er in brachte fúr Pylatus. Ze jungst [zuletzt] nam er in vor gerihte also verteilten [den Verurteilten], und gieng mit im us den ellenden crúzgang, den er tet von dem rihthus unz under den galgen.[54]

Bemerkenswert ist, wie dem Christus der Heiligen Schrift hier eine phantomhafte Wirklichkeit verliehen wird, und vor allem, wie jeder Vorbehalt des medialen ‚Als ob' annulliert wird: Schritt für Schritt vollzieht Seuse mit ihm gemeinsam die Passion, als spiele sie sich in einem Drama ab:

> so knúwet er nider [...] und ruoft in an und bat in, daz er nit ane in in den tod giengi, daz er in mit liessi [...] Dar na knúwet er anderest nider also gekerte gen dem tore und enphie das krúz mit dem vers: O crux ave, spes unica [Kreuz, einz'ge Hoffnung, sei gegrüßt] etc und liess es och fúr gan. Denn knúwet er nider gen der zarten muoter, die man in grundlosem herzeleid da hin fúr in fuorte, und nam war, wie kleglich si sich gehuob und der heissen trehen und ellenden súfzen und ir trureklichen geberde, und meinde [ehrte] sú mit einem Salve Regina und kuste ir fuostapfen. Dar na stuond er geswind uf und trat sinem herren bald na, unz daz er an sin seiten kom. Und daz bild waz im etwen als gegenwúrtig, reht als ob er liplich an sinder siten giengi [...]. So er also kom under daz krúz [...], da knúwet er nider in dem anschowene dez abziehens siner kleider und des grimmen annegelens sind herren an das krúz: so nam er aber ein disciplin und negelt sich mit herzklicher begirde zuo sinem herren an sin krúzz. (35)

Die Betrachtung der biblischen Passion beginnt also in der visionären ‚Imagination', in dem Phantasma der Präsenz, und endet in der totalen *imitatio*[55] durch die Selbstgeißelung – er ‚nagelt sich zu Jesus ans Kreuz'. Die Realität des biblischen Textes wird also gewissermaßen ‚hergestellt', bis Text und Wirklichkeit am Ende ineinander übergehen. An einer späteren Stelle heißt es nach einer der vielen Selbstgeißelungen

---

53 Ebd., S. 30.
54 Seuse, *Deutsche Schriften* (wie Anm. 6), S. 34, im folgenden im Fließtext zitiert.
55 Die Thematik der *imitatio* medialer Vorbilder im Kontext der hier vorgestellten Theo-

Seuses: „Do er also bluotende da stuond und sich selber an sach, daz waz der jemerlichest anblik, daz er in dik gelichte in etliche wise der geschoewde, als do man den geminten Cristus fleischlich geislete" (43). Das *telos* der mystischen ‚Lektüre der Ähnlichkeit' ist die *imitatio christi*, und angeblich hat Gott selbst einem Gottesfreund eröffnet, daß er sich Seuse zu diesem Zweck auserwählt habe: „„do han ich in mir userwelt, daz er in soelicher lidender wise na minem einbornen sun gebildet werde'" (70); der Mystiker soll „dem schoenen klaren spiegel Cristus si vil dest glicher werden" (92). Trotzdem ist dies gleichsam nur der erste Schritt, denn letztlich dominiert in der Mystik dann doch die Programmatik des Geheimnisses: „Ein mitelloses schowen der blossen gotheit, daz ist rehtú lutrú warheit ane allen zwivel; und ein iekliche vision, so si ie vernúnftiger und bildloser ist und dr selben blosser schowung ie glicher ist, so si ie edler ist." (183) Die komplementär zum Geheimnis gelagerte Programmatik der Ähnlichkeit wird hier gewissermaßen vom mystischen Mysterium in Form einer Paradoxie desavouiert: Wenn man die „bildlose gotheit" (174) unmittelbar schauen will, dann ist die ‚bildlose' Vision zugleich die ‚ähnlichste'. Deshalb lautet eine der vielen Anleitungen zum mystischen Stufenweg auch: „Ein gelassener mensch muoss entbildet werden von der creatur, gebildet werden mit Cristo, und úberbildet in der gotheit." (168)

Somit ergeben sich fünf Programme, welche die mystische Kommunikation steuern: Geheimnis, Unmittelbarkeit, Ursprung, Authentizität, Ähnlichkeit. Sie alle liefern innerhalb des Kommunikationsgeschehens Kriterien, nach denen rezipientenseitig immer wieder aufs neue entschieden wird, ob es sich im konkreten Fall um ‚mystische Kommunikation' handelt oder nicht. Denn letztlich ist jede Kommunikation immer nur ein Angebot, welches Rezipienten annehmen oder ablehnen können: Ich kann etwa behaupten, dieser Stein dort sei heilig, aber man wird mir erst dann glauben, wenn ich die Behautung durch eine ausgeklügelte Narration unterlege, etwa daß Gott selbst diesen Stein vom Himmel herabgeworfen hat, daß er den mythischen Ursprung eines göttlichen Bundes bezeugt, daß der Ort dieses Steins geheiligt ist, weil sich dort göttliche Offenbarungen abspielen, weswegen auch nur Eingeweihte Zugang zu ihm haben und so fort.

Das Beispiel verdeutlicht zugleich, daß es ziemlich sinnlos ist, davon auszugehen, daß es so etwas wie Mystik jenseits der jeweiligen medialen Aktualität ‚gibt'. Es wäre ähnlich sinnlos, beweisen zu wollen, daß

---

rie ist erschlossen in Verf., *Wenn Texte töten. Über Werther, Medienwirkung und Mediengewalt*, München 2006, vor allem S. 172-221.

mein Stein ‚tatsächlich' heilig ist oder nicht. Man muß dagegen den Ansatz desontologisieren, also fragen, *wie es dazu kommt*, daß ein Stein für bestimmte Gruppen von Rezipienten heilig *wird*, das heißt, man muß auf einen konsequent operationalen Ansatz umstellen;[56] hier gäbe es gewissermaßen nur noch ‚Zeichen im mystischen Zustand' (von daher ist die Rede von ‚emphatischen Zeichen' im eigentlichen Sinne ungenau, strenggenommen gibt es allenfalls einen emphatischen Zeichengebrauch), beziehungsweise ‚mystische Lektüren'. Ein Beispiel wäre das Verstehen des mystischen Zeichens[57] der Eucharistie, welches im ‚emphatischen Zustand' eben nicht mehr als Brot, sondern als Präsenz Jesu Christi rezipiert wird. Bei Théodore de Bèze (1519-1605) findet sich dazu die folgende Überlegung. Bei ‚normaler Verwendung', so heißt es, sind

> Brot und Wein da, um davon zu leben; diesen Dingen wird aber in den Sakramenten ein noch weitaus anderer Zweck hinzugefügt, daß nämlich unseren Augen unterbreitet werde, wie das Geheimnis unserer Erlösung beschaffen ist, was wir auch gleich erklären werden. Es ist insoweit erfreulich, daß den Menschen die Gleichnisse der heiligen Sakramente gezeigt werden. Um den Verstand nicht im Unklaren zu lassen, sprechen wir vom Wachs, das von irgendeinem Fürsten oder Magistrat ein Zeichen eingedrückt bekommt, welches eine öffentliche Urkunde bestätigt. Dieses Wachs unterscheidet sich in Natur und Substanz in nichts von beliebigem Wachs, im Gebrauch hingegen unterscheidet es sich bei weitem und auf geheimnisvolle Art: Das geht soweit, daß sich, wer ein so zu verwendendes Wachszeichen schlecht fälscht, eines sehr schweren Verbrechens schuldig macht.[58]

---

56 Vgl. zu diesem Ansatz das Kapitel „Lesen als Operation" in Verf., *Wenn Texte töten* (wie Anm. 55), S. 26-48.

57 Die Christuswirklichkeit in der Hostie, also der ‚liturgische' Aspekt, gehört Bouyer zufolge zu den prägenden Textumfeldern der Genese des mystischen Konzepts im Christentum; vgl. Bouyer, „‚Mystisch.' Zur Geschichte eines Wortes" (wie Anm. 15), S. 64-73.

58 Die Transkription des mir vorliegenden Originaldrucks lautet: „Est enim aqua, si naturalem vsum spectes, ad abluendas corporis sordes comparata: panis autem & vinum ad hanc sustinemdam vitam: quae res in Sacramentis longè alium in finem adhibentur, nempe vt nostrae salutis mysteria velut nostris oculis subiiciant, sicut mox explicabimus. Quòd si libet quibusdam humanis similitudinibus res istas tam sacras illustrare, non dissimilem rationem esse dicemus cerae, quae vel principis vel ciuitatis alicuius impresso signo adhiberi solet publicis instrumentis confirmandis, vtpote quae natura vel substantia nihil à quauis cera differat, sed vsu longè latéque dissideat: adeò vt qui cereum eiusmodi signum corruperit, capitali laesae maiestatis crimine teneatur." Vgl. Théodore de Bèze, *Tractationum Theologicarum* [...], Bd. 1, 2. Aufl., Genf 1576, S. 27 [*Confessio Christianae fidei, & eiusdem collatio cum Papisticis haeresibus*, 1570].

Interessant ist, wie sehr die Passage ein Bewußtsein vom unterschiedlichen operationalen Zeichen*gebrauch* verrät. Wie kategorisch der ‚heilige‘ und der ‚normale‘ Zeichengebrauch voneinander zu unterscheiden sind, wird auch daran deutlich, daß der Text das ‚schwere Verbrechen‘ einer *falschen* Lektüre heiliger Zeichen mit dem Begriff *crimen laesae maiestatis* bezeichnet.[59] Das heißt: Wer das heilige Zeichen der Hostie operational falsch rezipiert, wird als Ketzer gebrandmarkt – die *emphatische* Rezeption des eucharistischen Mysteriums wird hier zu einer Frage um Leben oder Tod.

Der gewählte theoretische Ansatz, bei der Analyse ‚emphatischer Kommunikationen‘ (unter gewissen heuristischen Einschränkungen) auf das Theorem der ‚symbolisch generalisierten Kommunikationsmedien‘ zurückzugreifen, besitzt erstens den großen Vorteil, daß sich auf diese Weise auf Basis eines aktuellen, zeitgemäß-progressiven konstruktivistischen Theoriedesigns die Gesamtheit all jener Phänomene beschreiben läßt, deren zentrale Problemfelder (Präsenz / *unio mystica*) sich bislang außerhalb der Sichtweite dieser Theorien befanden.[60] Damit ist nicht nur bewiesen, daß das konstruktivistische Paradigma für solche mediale Realitäten beschreibungsfähig ist (und, vor allem, beschreibungsfähiger als alle existierenden Alternativen).

Es ist zweitens noch mehr erreicht. Die medial erzeugten Phantasmen der Präsenz sind bislang vor allem durch dekonstruktivistische Analysen behandelt worden, die dann zeigen konnten, daß es sich hierbei ‚bloß‘ um diskursiv erzeugte Fiktionen handelt; hinter allen falschen Versprechungen der Präsenz ließ man am Ende stets nur die eine Wahrheit der flottierenden Signifikanten bestehen. Diese Analyse ist ebenso treffend wie, auf Dauer, ermüdend: Man ‚entlarvte‘ immer wieder aufs

---

59 Dabei handelte es sich ursprünglich um einen Rechtsterminus aus der römischen Kaiserzeit, der die Beleidigung des Herrschers unter Strafe stellt. Im Hochmittelalter wird er seit der Rezeption des römischen Rechts auch zur Bezeichnung von Gotteslästerern benutzt. Er dient seitdem als Kardinalvorwurf an alle Ketzer, Hexen und sonstige Abweichler vom ‚wahren Glauben‘.

60 Neben der Mystik sind die *Simulation* und die angrenzenden medientheoretischen Themenfelder (Bild, Mimesis, Realismus, Illusion etc.) die wichtigsten Herausforderungen für die poststrukturalistische Epistemologie des Zeichens; vgl. Verf., „Simulation und Präsenz. Mimesis, Illusion und der Tod des Signifikats am Beispiel zweier Tristantexte", in: *Weimarer Beiträge* 52, 2006, S. 485-508. Einen konstruktivistischen Ansatz bei der Erforschung der Mystik verfolgt auch Steven T. Katz; vgl. ders., „The ‚Conservative‘ Character of Mystical Experience", in: *Mysticism and Religious Traditions*, hg. v. Steven T. Katz, Oxford et al. 1983, S. 3-60; ders., „Language, Epistemology, and Mysticism", in: *Mysticism and Philosophical Analysis*, hg. v. Steven T. Katz, New York 1978, S. 22-74; ders., „Mystical Speech and Mystical Meaning", in: *Mysticism and Language*, hg. v. Steven T. Katz, Oxford et al. 1992, S. 3-41.

neue, daß die Realität des Diskurses, des Texts, der Medialität unhintergehbar war.

Die entscheidenden Anschlußfragen wurden vor lauter ‚Dekonstruktion' nicht mehr gestellt: *Auf welche Weise* erzeugen Diskurse dann ihre jeweils charakteristischen Phantasmen der Präsenz? Welche Programmatiken stützen die kommunikative Konditionierung ‚emphatischer Kommunikationen' im jeweiligen diskursiven Kontext? Welchen Einfluß haben Paradigmawechsel der Medientechnik auf diese Konstanten ‚emphatischer Kommunikation'?

Eine solche Optik bietet dann einen dritten Vorteil: Das mystische Paradigma wäre kein ‚Sonderfall' der Kommunikation mehr. Wenn man Medienwirkung definiert als Phantasma der ‚Selbstüberschreitung von Medialität innerhalb der Medialität', dann ließe sich die Mystik nutzbar machen als Radikal von Rezeptionsformen, aus denen sich andere Diskurse, andere Epochen immer auch ‚nähren':

> Leser! Setze dich neben mich und lies mit mir, denn der Geist, der Abbts Körper überlebt, athmet in seinen Schriften: wisse ihre todten Wörter zur Hülle zu nehmen um denselben zu erblicken, damit er in dich würke, und dich, wie mit einem Hauche, belebe.[61]

In diesem Text von Herder bewirkt eine Hermeneutik in der Ausprägung des 18. Jahrhunderts Präsenzeffekte, die der mystischen Tradition nicht nur ähneln, sondern ganz explizit und offensichtlich mystische Topoi beerben. Aber damit nicht genug; weinen nicht auch wir heute im Kino, als ginge es um unser eigenes Schicksal? Fiebern wir nicht im Roman mit den Helden, als ginge es uns persönlich an den Kragen? Und dies alles, obwohl wir zu jedem Zeitpunkt wissen, daß alles ‚nur ein Film' ist. Auch wir decodieren ständig bloß Zeichen und Bilder, aber wir verhalten uns dabei oft so, als handelte es sich um ‚echte Wirklichkeit': „In den Büchern steckte eine Welt, in die man eintreten konnte, wann immer man wollte. Ich las die Bücher – und kriegte nicht mehr mit, was ringsum geschah. Manchmal wurde mir die gelesene Welt näher als die wirkliche", so beschreibt es ein Leser.[62]

Sind dies nicht prinzipiell alles Fälle von ‚Medienmystik'? Und genau in diesem Aspekt ließe sich eben auch die besondere ‚Modernität

---

61 Johann Gottfried Herder, *Sämmtliche Werke*, hg. v. Bernhard Suphan, Bd. 2, Berlin 1877, S. 254 f.
62 Aussage eines Lesers, zitiert in Erich Schön, „Mentalitätsgeschichte des Leseglücks", in: *Leseglück. Eine vergessene Erfahrung?*, hg. v. Alfred Bellebaum u. Ludwig Muth, Opladen 1996, S. 151-175, hier S. 166 f.

der Mystik' behaupten: als Universalie, die sich innerhalb der abendländischen Tradition auf immer neue Weise durch eine ‚Archäologie der
Medienwirkung' rekonstruieren läßt.[63]

---

63 Verf., *Archäologie der Medienwirkung* (wie Anm. 13).

PETER FUCHS

Die Modernität der Mystik und die Modernität der Theorie – Anmerkungen zu einer überaus seltsamen Affinität

> Ich weiß nicht, was ich bin, ich bin nicht, was ich weiß:
> Ein Ding und nicht ein Ding, ein Stüpfchen und ein
> Kreis.
>
> Angelus Silesius

Mystik und Wissenschaft haben allem Herkommen nach wenig miteinander gemein. Mystische Denk- und Erlebensformen vollziehen sich nicht in der ‚Claritas‘, der Logizität, der Limitationalität von Wissenschaft. Mystik ist, von dort aus gesehen, eine mitunter virtuos paradox gehandhabte Weise des immanenten Umgang mit transzendenten ‚Gegebenheiten‘, eine Domäne der Religion, die sich zwar beobachten läßt etwa von der Soziologie her oder der Psychologie, dies aber unter, wenn man so sagen darf, strengen Hygienebedingungen, die selbst noch die intellektuell (und ‚gemütstechnisch‘) beinahe unvermeidbare Faszination durch jene Formen unter Kontaminationsverdacht halten. Mystik kann und darf wissenschaftlich ernstgenommen werden, aber nicht: als sie selbst, sondern als etwas, das vorkommt wie Regentänze, Modenschauen, Kaninchenzuchtvereine.

Das Verdikt verschärft sich, wenn es um die Programmebene wissenschaftlicher Arbeit geht, um die Ebene der Theorien, die diese Arbeit anleiten. Eine Theorie des Mystischen zu bezichtigen, heißt: sie vernichten wollen. Es muß demnach überraschend wirken, wenn aus einer als brillant, aber als kühl und trocken apostrophierten Theorie (der Systemtheorie der Bielefelder Schule) Nachrichten kommen, die besagen, daß moderne Theoriebildung, wenn sie sich auf Hochabstraktionen einläßt, mitten hineinführt in das, was die zentralen (und wir sagen jetzt: theoretischen) Denkfiguren der Mystik waren und heute Denkfiguren avancierter Theorie sind.[1]

---

1 Siehe zu ersten Kontaktaufnahmen die einschlägigen Aufsätze in: Niklas Luhmann u. Peter Fuchs, *Reden und Schweigen*, Frankfurt a. M. 1989; ferner Peter Fuchs, *Die*

Die folgenden Überlegungen versuchen zu zeigen, daß dies genau der Fall ist: Spitzenprobleme der Mystik sind von der Anlage und vom Argumentationsduktus her auch Spitzenprobleme der Theorie, die ihr zustoßen, wenn sie ihre Grundbegriffe nur hinreichend radikal reflektiert.

I.

Eine sehr bekannte, pseudohermetische Definition Gottes lautet: „Deus est sphaera infinita cuius centrum ubique, circumferentia nusquam."[2] Das klingt so irrwitzig und sinnwidrig, daß es schwerfällt zu glauben, daß dererlei paradoxe Beschreibungen, Unmöglichkeiten, Undinglichkeiten in modernen Theorien eine begriffliche Rolle spielen könnten.[3] Und doch: Im theoretischen Brennpunkt der Systemtheorie, die hier zugrundegelegt ist, steht nicht ein ‚Ding‘, das man ‚System‘ nennen könnte, sondern der genaue und doch sinnwidrige Fall eines ‚Undinges‘[4], das durch die Schlüsseldifferenz von System und Umwelt bezeichnet ist.[5] Allein mit dem Ausdruck ‚Differenz‘ ist schon gesagt, daß sich mit ihr keine Kosmologie, keine Welt, keine ‚Ganzheit‘ entwerfen läßt, in der alles, was ist, enthalten ist in etwas anderem, das wiederum in etwas anderem enthalten ist, keine ‚Ineinandersteckwelt‘, die dann aufginge in einem in nichts mehr ‚gesteck-

---

Metapher des Systems. Studien zu der allgemein leitenden Frage, wie sich der Tänzer vom Tanz unterscheiden lasse, Weilerswist 2001; ders., „Das Fehlen einer Ab-SICHT", in: Beobachtungen des Unbeobachtbaren. Konzepte radikaler Theoriebildung in den Geisteswissenschaften, hg. v. Oliver Jahraus u. Nina Ort, Weilerswist 2000, S. 9-13, und im selben Band: „Vom Unbeobachtbaren", S. 39-71.

2　Diese Definition (Gott ist eine unendliche Kugel, deren Zentrum überall, deren Umfang nirgends ist) findet sich im Buch der vierundzwanzig Philosophen (Liber XXIV philosophorum), das Hermes Trismegistos zugeschrieben wird, eine paradoxe Bestimmung, die auch von Meister Eckhart (Expositio libri Exodi, Nr. II 94, 17-15,3) aufgegriffen wird. Das Buch der 24 Philosophen wurde publiziert von Clemens Bäumker, Beiträge zur Geschichte der Philosophie und Theologie des Mittelalters, Bd. 25, Münster 1928.

3　Bemerkenswert ist immerhin, daß ‚paradigmatische‘ Theorien wie die Quantenmechanik in dieser Hinsicht entschieden weniger schüchtern sind.

4　Mit dem „Unding" zitieren wir auch Maimons Auseinandersetzung mit Kant. Vgl. dazu Nicolai Hartmann, Die Philosophie des deutschen Idealismus, I.Teil, Fichte, Schelling und die Romantik, Berlin/Leipzig 1923, S. 20 f.

5　Deswegen ist der Name ‚Systemtheorie‘ eine gewissermaßen leichtsinnige Abbreviatur. Er müßte ‚System/Umwelt-Theorie‘ lauten.

ten Behältnis' ‚in einem Umgreifenden', das selbst nicht mehr ‚umgriffen' wäre.[6]

Man sieht das deutlich, wenn man darauf achtet, daß die Unterscheidung des Systems die zwischen System und Umwelt ist, aber die Einheit der Differenz durch den ebendieser Differenz entnommenen Ausdruck *System* bezeichnet wird: System = System/Umwelt. Der Systembegriff ist in dieser Bestimmung seltsam verdoppelt. Er taucht vor und nach dem Gleichheitszeichen auf, der Fall eines *re-entry*, eines Wiedereintritts des Unterschiedenen in das Unterschiedene.[7] Der Einheitsbegriff, genau besehen, kann gar nicht die Einheit einer Unterscheidung formulieren, in der er selbst (noch einmal) vorkommt. Oder anders: Diese Einheit ist die *Differenz*, für die das Zeichen der Barre einsteht. Oder schon mystiknäher: Der Grundbegriff der Systemtheorie läuft auf die Markierung eines ‚Schieds', einer ‚Unheit' hinaus.[8]

Das System ist dann nicht: Ort, sondern vielmehr Nicht-Ort (Utopie), es ist nicht eine umrundbare Ausgedehntheit, keine Lage, kein ‚Dieses da' (kein ‚esse hoc et hoc'), dessen man ansichtig werden könnte.[9] Systeme (diese Reproduktionen einer Differenz und eben nicht: eines Dinges) sind auch und gerade im Fall, daß sie im Medium Sinn operieren, komplett ‚unsinnlich'. Sie sind, wenn man auf eine ganz andere Tradition anspielen will, *meta ta physika* und so oder so in der

---

6 Vgl. zur Idee des Umgreifenden die 2. Vorlesung („Das Umgreifende") in: Karl Jaspers, *Vernunft und Existenz* (Aula-Vordraachten der Rijksuniversiteit te Groningen Nr. 1), Groningen 1935, S. 28-49. Siehe zu einem Durchbuchstabieren der Steck- und Hohlraummetapher auch Peter Sloterdijk, *Blasen: Mikrosphärologie* (Sphären, Bd. 1), Frankfurt a. M. 2000, S. 31 ff. et passim.

7 Vgl. zu einem Kalkül, das so zu formulieren gestattet, George Spencer-Brown, *Laws of Form*, 2. Aufl., London 1971, deutsche Übers.: *Gesetze der Form*, Lübeck 1997.

8 Siehe zur Formulierung des ‚Schied' Martin Heidegger, *Unterwegs zur Sprache*, 3. Aufl., Pfullingen 1965, S. 24. Der Raum des ‚Dinges' entsteht dann fast wie aus Verlegenheit, wenn man Zeit einkalkulieren will. Zeit ist die „[...] oscillation between states. The first state, or space, is measured by a distinction between states [...] If a distinction could be made, then it would create a space. [...] Space is only an appearance. It is what would be if there could be a distinction. Similarly, when we get eventually to the creation of time, time is what there would be if there could be an oscillation between states [...] The only change we can produce – when we have only two states – is the crossing from one to another." Vgl. George Spencer-Brown, „Selfreference, Distinctions and Time", in: *Teoria Sociologica* 2-3, 1993/94, S. 47-53, hier S. 51 f. Dinge sind, wie man in der Physik sagen könnte, Oszillatoren. Vgl. Richard P. Feynman et al., *The Feynman Lectures on Physics*, Bd. 1, Cambridge Mass. 1977, Abschnitte 23.1 f.

9 Vgl. zum ‚Dies und das' Karl Albert, „‚Das Sein ist Gott'. Zur philosophischen Mystik Meister Eckharts", in: *Zu Dir hin, Über mystische Lebenserfahrung von Meister Eckhart bis Paul Celan*, hg. v. Wolfgang Böhme, Frankfurt a. M. 1987, S. 65-77.

Welt der alltäglichen Erfahrung nicht repräsentiert.[10] Das System wäre schon aus diesem Grunde kaum geeignet, die Subjekt- oder die Objekt-Stelle eines Satzes (oder auch einer Philosophie) zu besetzen. Mit einem ‚Unding‘ oder – wie wir seit einiger Zeit sagen: mit einem *Unjekt* – läßt sich jedenfalls prima facie wenig anfangen.

System als Differenz ist eher so etwas wie eine Oszillationsanweisung, die dazu nötigt, seriatim die Seiten der Ausgangsunterscheidung zu wechseln: Wer Umwelt sagt, bezeichnet System, und umgekehrt. Er findet sich in einer Bewegung, aus der heraus er dann (als ein Beobachter erster Ordnung, der oszilliert, aber nicht die Oszillation beobachten kann) ‚Dinge‘ projiziert wie das Ding ‚System‘, das Ding ‚Umwelt‘, das Ding ‚Grenze‘ und all die ‚Räumlichkeiten‘, durch die Begriffe wie strukturelle Kopplung, Interpenetration, Geschlossenheit, Offenheit etc. hypostasiert werden in einer Geste der ‚misplaced concreteness‘, die mit dem ‚Denken von Differenz‘ nichts zu tun hat.

Ein Beobachter zweiter Ordnung (der die Unterscheidungen registriert, innerhalb derer ein Beobachter erster Ordnung seine Welt errechnet) hätte dann nur die Wahl, die Dinge System und Umwelt *durchkreuzt* zu schreiben, sie durchzustreichen: S̶y̶s̶t̶e̶m̶ und U̶m̶w̶e̶l̶t̶. Denn er könnte sehen, daß die Rede von *dem* System und *der* Umwelt, als ob es um eine Art ‚Dinge‘ gehe, eine unzulässige Verkürzung darstellt, die durch das Vergessen der ökologischen Differenz und ihrer paradoxen Einheit inszeniert wird. Genau das würde er durch die Durchstreichung, die die Wörter nicht löscht, sondern ihnen nur etwas

---

10 Wir gehen ersichtlich, auch das paßt zum Thema, die *via negationis*. Man kann etwa, um einen Eindruck zu gewinnen, an den mittleren Weg der achtfachen Verneinung der japanischen Sanron-Schule denken, hier zit. nach Lydia Brüll, *Die japanische Philosophie, Eine Einführung*, Darmstadt 1989, S. 30: „Weder Entstehen noch Aufhebung – Weder Vernichtung noch Ewigkeit – Weder Einheit noch Vielheit – Weder Kommen noch Gehen." Und natürlich an die Nirvana-Idee: „Es gibt, ihr Mönche, einen Bereich, wo weder Festes noch Flüssiges ist, weder Hitze noch Bewegung, weder diese Welt noch jene Welt, weder Sonne noch Mond. Das, ihr Mönche, nenne ich weder ein Kommen noch ein Gehen, noch ein Stillestehen, weder ein Geboren-werden noch ein Sterben. Es ist ohne Grundlage, ohne Entwicklung, ohne Stützpunkt." Udana VIII, zit. nach Fritz Kraus, „Erlösung durch Erleuchtung", Einführung zu Daisetz Teitaro Suzuki, *Der Weg zur Erleuchtung, Die Übung des Koan als Mittel, Satori zu verwirklichen oder Erleuchtung zu erlangen*, Baden-Baden o. J., S. 7-28, hier S. 19. Oder: „Ich habe gesehen die Leiber, nicht die Leiber; ich will sagen die Körper, nicht die Körper; ich will sagen die Beiner, nicht die Beiner; ich will sagen den Staub, nicht den Staub ..." formuliert Abraham a Santa Clara, hier zit. nach Hans Waldenfels, „Zen und Philosophie", in: *Zen Buddhism Today, Annual Report of the Kyoto Zen Syposium*, No. 2, 1984 (published by the Kyoto Seminar for Religious Philosophy), S. 1-28, S. 5.

hinzufügt, ausdrücken wollen. Er stieße im selben Moment auch auf die Kontingenz des Unterscheidens selbst.[11]

Unversehens (und wir brauchen die Nähe zur Thematisierungsgeschichte Gottes in der Mystik nicht eigens zu betonen) hat die Systemtheorie ihren Gegenstand verloren. Das System ist das System ist nicht das System ist das System … wäre ein anderer Ausdruck für diesen Ausfall, der eine Katastrophe wäre, wenn nicht diese Wendung (und das heißt ja ursprünglich Katastrophe) es ermöglichte, ja erzwänge, andere Denkmittel heranzuassoziieren als diejenigen, die nur mit einer Ineinandersteck- und Ganzheitswelt und ihren Steck- und Teildingen arbeiten können.

Eines dieser Denkmittel ist bezeichnet durch den Begriff *konditionierte Koproduktion*. Wenn man sagt, das System sei die Differenz *und* die Einheit von System und Umwelt, läßt man sich auf höchst absonderliche Verhältnisse ein. Denn die Einheit einer solchen Differenz ist nicht die EINS des Systems, das als Begriff, der definiert werden soll, in der Unterscheidung, die ihn definiert, wiederum auftaucht, ein logischer Fehler, wie es scheint, der das System, wie wir oben schon bemerkt haben, ins Imaginäre entschwinden läßt.[12] Ein Ding dieser Art kommt in der uns vertrauten Realität nicht vor.[13] Der schwierige Begriff, der darauf reagiert und den wir oben schon mehr oder minder allusiv eingeführt haben, ist eben: *konditionierte Koproduktion*.[14]

---

11 „[...] Die ganze Welt ist nur ein Ding. Welt und Ich sind nur mehr oder weniger willkürliche Zusammenfassungen." Ernst Mach, Notizbuch 23 (26. 1. 1881), in: *Ernst Mach – Werk und Wirkung*, hg. v. Rudolf Haller u. Friedrich Stadler, Wien 1988, S. 178.

12 Es geht natürlich nur in einer klassischen Sicht um einen logischen Fehler, hier aber um die Form des *re-entry*, die Paradoxien geradezu erzwingt – nicht als das Vermeidbare, sondern als das Unvermeidbare, sobald ein Beobachter einen *entry* (d. h. eine erste Unterscheidung) erneut in sich selbst eintreten läßt.

13 Es ist wie das Subjekt bei Jacques Lacan ‚Prozedur' im Reellen, also nicht zu erreichen. Vgl. noch einmal Annette Bitsch, *„always crashing in the same car"*. *Jacques Lacans Mathematik des Unbewußten*, Weimar 2001, S. 14.

14 George Spencer-Brown, *A Lion's Teeth, Löwenzähne*, Lübeck 1995, S. 20: „How we, and all appearance that appears with us, appear to appear is by conditioned coproduction." Vgl. auch ders., *Gesetze der Form* (wie Anm. 7), Vorstellung der internationalen Ausgabe, S. ix f.

II.

Koproduktion ist zunächst das Zentrum oder – vielleicht besser – die Schaltstelle der *Laws of Form* des George Spencer-Brown: „Der gesamte Text der *Laws* kann auf ein Prinzip reduziert werden, welches wie folgt aufgezeichnet werden könnte. Kanon Null (Koproduktion): Was ein Ding ist, und was es nicht ist, sind, in der Form, identisch gleich."[15] Das ist die Behauptung der Einheit einer Zweiheit.[16] Diese Behauptung ist unmittelbar verknotet mit der Vorstellung, daß die Welt, die wir kennen, durch die Operation des Beobachtens entsteht. Denn dieser Satz bezieht sich nicht auf ein Universum, wie es *ist*, sondern auf das Universum und die Universa, die entstehen, wenn beobachtet, also unterschieden und bezeichnet wird. Der Einschub ‚in der Form' referiert auf die Form der Form – das ist die Unterscheidung. „We take as given the idea of distinction and the idea of indication, and that we cannot make an indication without drawing a distinction. We take, therefore, the form of distinction for the form."[17]

Wenn mithin in einer Beobachtung *Koproduktion* bezeichnet ist, wird diese Form unterschieden von: Nichts. Oder anders: Jede Unterscheidung unterscheidet sich als Form (d. h. als Unterscheidung) von Nichts.[18] Die Form der Unterscheidung ist die Unterscheidung selbst,

---

15 Ebd., S. ix. „„Wir' erzeugen eine Existenz, indem wir die Elemente einer dreifachen Identität auseinandernehmen. Die Existenz erlischt, wenn wir sie wieder zusammenfügen. Jede Kennzeichnung impliziert Dualität, wir können kein Ding produzieren, ohne Koproduktion dessen, was es nicht ist, und jede Dualität impliziert Triplizität: Was das Ding ist, was es nicht ist, und die Grenze dazwischen." (S. xviii)

16 Sogar die Behauptung der Einheit einer Dreiheit. Zweiheit ist Dreiheit, ist „the cogenetic triad of components", also eine Simplifikation der Triade x-Grenze-y. So jedenfalls Philip G. Herbst, *Alternatives to Hierarchies*, Leiden 1976, S. 90 f. Vgl. zum Zwei/Drei-Problem auch Robert Venturi, *Komplexität und Widerspruch in der Architektur*, hg. v. Heinrich Klotz, Braunschweig 1978, S. 136 f. Nach Gotthard Günther hätte man es überbietenderweise mit einer proemiellen Relation zu tun, mit einer Vierheit. Siehe etwa David Köpf, „Der Christuslogos und die tellurischen Mächte. Eine kritische Würdigung emergenter kultureller Evolution", in: *Blinde Emergenz?, Interdisziplinäre Beiträge zur Form kultureller Evolution*, hg. v. Thomas Wägenbaur, München/Cambridge Mass. 2000, S. 286-327. Vgl. ferner unter dem Gesichtspunkt heterothetischen Denkens Heinrich Rickert, „Das Eine, die Einheit und die Eins", in: *Logos, Internationale Zeitschrift für Philosophie der Kultur*, Bd. 2, 1911/1912, Tübingen 1912, S. 26-78, hier S. 36 f.

17 Spencer-Brown, *Laws of Form*, London 1969, S. 1.

18 Kein neuer Gedanke. Die Operation ist das Unterscheiden des Ununterschiedenen. Vgl. dazu Önay Sözer, „Selbstbewußtsein und Objekt bei Hegel und Husserl, Anhand des Strukturalismus von R. Jacobson", in: *Hegel-Jahrbuch 1979*, hg. v. W. R. Byer im Auftrag der Hegel-Gesellschaft e.V., Köln 1980, S. 424-34.

gehalten gegen oder projiziert auf ‚emptiness', auf den ‚empty space'.[19]
Oder noch anders: Mit jeder Erzeugung einer Form wird das, was sie
nicht ist, mitproduziert. Konditionierte Koproduktion, das ist für Spencer-Brown der exakte Ausdruck dafür, „wie das scheinbare Universum
sich selbst aus dem Nichts heraus konstruiert." Wann immer *etwas*
beobachtet wird, ist im selben Zuge *etwas*, das es nicht ist, mit-produ-
ziert. Das Bezeichnete (das *Etwas*) gerät in die Sicht um den Preis einer
ungeheuerlichen Ausblendung, die – indem sie eine Partikularität
erscheinen läßt – den ‚Rest' verschwinden macht: „Seine Partikularität
ist der Preis, den wir für seine Sichtbarkeit bezahlen."[20] Das ist der Sinn
der berühmten Formulierung: „Existence is a selective blindness."[21]

Wir müssen jedoch hier nicht den mystischen Abzweigungen folgen,
die Spencer-Brown selbst nahegelegt hat, indem er den *Laws of Form*
sechs chinesische Schriftzeichen vorausgehen läßt, die er aus dem *Dao
de Jing* des Lao-Tse bezieht und die in etwa bedeuten: „Der Anfang von
Himmel und Erde ist namenlos." Für uns wichtig ist allein, daß der
Begriff der konditionierten Koproduktion geeignet erscheint, die Metapher des Systems aufzulösen, die – wenn man Kontakt aufgenommen
hat mit jenem Begriff – plötzlich als Abbreviatur (im nahezu musikalischen Sinne dieses Wortes) begriffen werden kann.

Denn wenn das System (und wir reden hier immer über Sinnsysteme)
Differenz *ist*, dann *ist* es: Nichts.[22] Dann hat es kein ‚Sein'. Dann ist es
nichts ‚Seiendes'.[23] Wir können dann nicht mehr sagen, hier ist das eine,
dort das andere System (so sehr uns die Sprache dazu nötigt), sondern
nur, daß das System (als Wort) dafür einsteht, daß ‚etwas' weder hier noch
dort ist, daß jede Bezeichnung eines ‚hier', eines ‚dort', eines ‚hüben',
eines ‚drüben' die konditionierte Koproduktion *ver-einseitigt*, einschnürt
und in gewisser Weise: vergewaltigt. Und schlimmer noch: Der Beobachter, der diese *Ver-Einseitigung* vornimmt, ist selbst: Resultante desselben Prozesses, wenn und insoweit wir ihn als System denken.

---

19 Eben deswegen kann Spencer-Brown, *A Lion's Teeth, Löwenzähne* (wie Anm. 14),
   S. 14 formulieren: „A Buddha is one, who is enlightened, that is, who *knows* that what
   appears is not anything."
20 Spencer-Brown, *Gesetze der Form* (wie Anm. 7), S. 92.
21 Ebd., S. 191.
22 In gewisser Weise verstoßen wir jetzt (und willentlich) gegen das Parmenidische Verbot. Vgl. Stanley Rosen, „Viel Lärm um Nichts", in: *Allgemeine Zeitschrift für Philosophie*, Jg. 13, 1988, H. 2, S. 1-17, S. 1.
23 Darin sehe ich (wie idiosynkratisch auch immer) den tiefsten Sinn des Satzes: „Soll
   aber der Mensch noch einmal die Nähe des Seins finden, dann muß er zuvor lernen,
   im Namenlosen zu existieren." Martin Heidegger, *Über den Humanismus*, Frankfurt
   a. M. 1949, S. 9.

Das System ist, wenn man es als *eines* markiert, das, was es ist, *per exclusionem*: durch Ausschluß dessen, wodurch es ist, dessen also, was es nicht ist, obwohl dieses *Nicht-ist* kein *Nicht-ist* wäre ohne die Markierung, durch die es in einem Zuge (in der einen Beobachtung) hergestellt wird. Oder – weniger sperrig: Tick ist nur Tick, wenn Tack ist, und Tack ist nur Tack, wenn Tick ist.[24] System ist nur System, wenn Umwelt ist, und Umwelt ist nur Umwelt, wenn System ist. Ohne einander sind beide: Nichts.[25]

Aber auch das ,Ohne einander' führt in die Irre, denn das Korrelat wäre: ,Miteinander', und darin würde stecken: das *eine* und das *andere*. Aber es geht nicht um *dies* und dann *das*, nicht um zwei Begrenztheiten, die ,wechselwirken'. „Ichi soku Issai" – All: das ist Einheit, so formuliert man Differenz und Einheit im Japanischen.[26] Übersetzt auf unsere Fragestellung: Setzt man Kommunikation auf Null, vernichtet man: Bewußtsein; setzt man Bewußtsein auf Null, vernichtet man Kommunikation.[27]

---

24 Spencer-Brown, „Selfreference, Distinctions and Time" (wie Anm. 8), S. 52.

25 Mir scheint, multistabile Kippfiguren sind ein gutes Beispiel. Vgl. Dietmar Hansch, „Psychoenergetik – Neue Perspektiven für die Neuropsychologie. Grundriß einer psychosynergetischen Theorie emotionaler und motivationaler Prozesse", in: *Zeitschrift für Psychologie* 196, 1988, S. 421-36, hier S. 422 f. Vgl. ferner Peter Kruse, „Stabilität – Instabilität – Multistabilität. Selbstorganisation und Selbstreferentialität in kognitiven Systemen", in: *Delfin*, Jg. 6, H. 3, Okt. 1988, S. 35-57. Hier muß auch noch auf Escher verwiesen werden (*The Graphic Works of M.C. Escher*, New York 1971), der dieses Kippen so zum Thema gemacht hat, daß der Versuch, moderne Theorienbildung zu überblicken, auf ihn so wenig verzichten kann wie auf Gödel oder Bach. Siehe jedenfalls Douglas R. Hofstadter, *Gödel, Escher, Bach – ein endloses geflochtenes Band*, Stuttgart 1987.

26 „Der Ausdruck All-Einheit lautet im Japanischen: Ichi soku Issai. Ichi heißt ,Eins', sei es im Sinne des Ganzen, sei es im Sinne des Einzelnen. Issai heißt ,All'. Der Bindestrich entspricht hier dem Wort ,soku'. Es bedeutet: ,das ist'. Ichi soku Issai könnte also übersetzt werden als: ,All: das ist Einheit.' Aber das genaue Verständnis des Wortes ,soku' ist nicht leicht. Denn es enthält die Identität und den Unterschied zumal. Es bindet die völlig verschiedenen, jede logische Beziehung ausschließenden Begriffe als unmittelbar identisch zusammen. Das ,soku' kann insofern als ,dialektisch' verstanden werden. Aber diese Dialektik enthält [...] keine Spur der Vermittlung und der dieser zugrundeliegenden Negativität." Keiji Nishitani, „All-Einheit als eine Frage", in: *All-Einheit. Wege eines Gedankens in Ost und West*, hg. v. Dieter Henrich, Stuttgart 1985, S. 13-21, hier S. 14 f.

27 Wir formulieren parallel zu Paul Valéry, *Cahiers/Hefte* 1, Frankfurt a. M. 1987, S. 523, der sich auf Sprache bezieht. Man könnte einwenden, daß das Bewußtsein auto-agil sei, also auch ohne Kommunikation arbeiten würde, aber wir gehen ja davon aus, daß das Bewußtsein sich aus den Effekten seiner kommunikativen Methexis speist, also immer schon sozial konstituiert ist. Von sich aus ist es wiederum: Nichts.

Vielleicht kann man hier in einer alten Tradition von einer *synousía* sprechen, einem ‚abstandslosen Zusammensein'.[28] Oder auch von einer operativen *Henosis* (Einung), der man dann nur beikommen könnte mit einer *Henologie*, die noch zu verfassen wäre.[29] Sie wäre aber zugleich eine ‚Dyologie', insofern sie von ihrem ‚Gegenstand' nur immer wie von etwas reden könnte, das der Fall ist, wenn etwas anderes der Fall oder nicht der Fall ist.[30] Jede Bezeichnung der einen Seite der Differenz ist nur möglich, wenn damit ein im Moment „verborgener Begleiter" entsteht, etwa in dem Sinne, daß ein Cent nur ein Cent ist, wenn es mehr gibt als nur den einen.[31]

Spencer-Brown formuliert: „Having decided that the form of every token called cross is to be perfectly continent, we have allowed only one kind of relation between crosses: continence. Let the intent of this relation be restricted so that a cross is said to contain what is on its inside and not to contain what is not on its inside."[32] Das bedeutet, daß jede Unterscheidung, die ‚perfekte Beinhaltung' darstellt, in einem Raum geschieht, durch den sie Teil einer weiteren Unterscheidung wird, die sie nicht beinhalten kann. Sie schreibt ein ‚cross' mit, das sie nicht mitschreibt, eben ein: *unwritten cross*, und das mag dann eine gute Übersetzung jenes ‚leeren, verborgenen Begleiters' sein. Überträgt man dieses Verhältnis auf das System, so würde jede Unterscheidung, die auf der Unterscheidungsseite des Systems vorgenommen wird (zum Beispiel: System/Element) die ‚große Außenseite' dieser Unterscheidung *un-schreiben*.

---

28 Vgl. mit Blick auf Plotin Werner Beierwaltes, „All-Einheit und Einung. Zu Plotins ‚Mystik' und deren Voraussetzungen", in: *All-Einheit*, hg. v. Dieter Henrich (wie Anm. 26), S. 53-72, S. 69. Mir scheint, daß das alte Wort *conscientia (consciousness, conscience)* ein altes Wissen um dieses abstandslose Miteinander ahnen läßt.

29 Oder mit einer ‚Keno-Grammatik' (nicht ganz im Sinne Gotthard Günthers). Denker der ‚Henosis' ist im übrigen im europäischen Kontext vor allem Plotin. Vgl. Beierwaltes, „All-Einheit und Einung" (wie Anm. 28).

30 Mit Bezug auf die Elemente eines Systems führt Luhmann (*Soziale Systeme. Grundriß einer allgemeinen Theorie*, Frankfurt a. M. 1984, S. 44) den Term ‚konditioniert' auch ein: „Auf die Relation zwischen Elementen bezieht sich der systemtheoretisch zentrale Begriff der *Konditionierung*. Systeme sind nicht einfach Relationen (im Plural!) zwischen Elementen. Das Verhältnis der Relationen zueinander muß irgendwie geregelt sein. Diese Regelung benutzt die Grundform der Konditionierung. Das heißt: eine bestimmte Relation zwischen Elementen wird nur realisiert unter der Voraussetzung, daß etwas anderes der Fall ist bzw. nicht der Fall ist. Wenn immer wir von ‚Bedingungen' bzw. von ‚Bedingungen der Möglichkeit' (auch im erkenntnistheoretischen Sinne) sprechen, ist dieser Begriff gemeint."

31 Siehe zum Gedanken des „leeren, verborgenen Begleiters" Koichi Tsujimura, „Zur Differenz der All-Einheit im Westen und Osten", in: *All-Einheit*, hg. v. Dieter Henrich (wie Anm. 26), S. 22-32, S. 30 f. et passim (bezogen auf Hôzô).

32 Spencer-Brown, *Laws of Form* (wie Anm. 7), S. 6 f.

Etwas anders formuliert: Jeder Ausdruck, der in einem ‚tiefen Raum‘ angetroffen wird, kann diesen Raum nicht mitunterscheiden, wiewohl er als Bedingung der Möglichkeit für den Ausdruck unverzichtbar ist. Allein im seichten Raum der Tiefe Null wird der Ausdruck ganz getroffen (System/Umwelt) und unterscheidet sich dann nur noch von: Nichts.[33] Will man also Systeme beobachten (genommen als die eine Seite der Differenz System/Umwelt), dann kann man nicht die Einheit der Unterscheidung im seichten Raum der Tiefe Null unterscheiden, denn wovon könnte man diese Einheit unterscheiden? Wie sollte man die Grenze zum Nichts überschreiten können? –

Die einzige Möglichkeit ist der berühmte *re-entry*, der Wiedereintritt der Unterscheidung in die Unterscheidung. Hier hieße das, daß auf der Seite der Unterscheidung System/Umwelt noch einmal System und Umwelt unterschieden werden, jetzt aber so, daß die Kopie der Ausgangsunterscheidung in die Seite des Systems es gestattet, die so entstandenen Seiten zu kreuzen. Die bekannte Metapher dafür ist die des Tunnels.[34] Das System kann seine eigene Einheit nicht erfassen (bezogen auf die Tiefe Null), aber die Differenz kann gleichsam in es eingeschleust werden, und zwar so, daß das System sich in sich selbst von Nicht-es-selbst unterscheidet, w*eil* es die Grenze ‚intern‘ kreuzen kann, die es auf der Ebene seiner Einheit zu kreuzen nicht in der Lage ist. So entsteht ihm seine Zeit, so die Realität, in der es sich und anderes bezeichnen kann, und so das, was man die ‚reale Dauer‘ genannt hat.[35] Das ist auch gemeint, wenn vom unhintergehbaren Schon-Sein-in-der-

---

33 Vielleicht kann man hier Analogien aus der Quantenphysik heranassoziieren, und zwar diejenigen, die sich auf den Singulett-Zustand, also auf Zustandsverschränkungen beziehen. „Ich spreche daher von der Verschränkung der Zustände von zwei oder mehr physikalischen Systemen. Dabei sind die Zustände dieser Systeme in der Weise verschränkt, daß diese Systeme gar nicht je für sich einen Zustand im Sinne eines reinen Zustandes haben. Nur das Ganze, das aus diesen Systemen besteht, ist in einem reinen Zustand." Michael Esfeld, „Der Holismus der Quantenphysik: seine Bedeutung und seine Grenzen", in: *Philosophia naturalis*, Bd. 36, H. 1, 1999, S. 157-185, S. 160. Der reine Zustand, das wäre dann die Tiefe Null. Ich komme sehr viel später darauf zurück.

34 Vgl. zum Untertunnelungsgedanken Spencer-Brown, *Laws of Form* (wie Anm. 7), S. 35, ferner: Kay Junge, „Medien als Selbstreferenzunterbrecher", in: *Kalkül der Form*, hg. v. Dirk Baecker, Frankfurt a. M. 1993, S. 112-51, S. 128 ff.

35 „Reale Dauer ist jene, die sich in die Dinge einbeißt und ihnen das Mal ihrer Zähne zurückläßt. Ist aber alles in der Zeit, dann wandelt sich auch alles von innen her, und die gleiche konkrete Wirklichkeit wiederholt sich nie. Wiederholung also ist nur im Abstrakten möglich: was sich wiederholt, ist diese oder jene Ansicht, die unsere Sinne und mehr noch unser Verstand eben darum von der Wirklichkeit ablösen [...]." Henri Bergson, *Schöpferische Entwicklung*, Jena 1912, S. 53.

Welt die Rede ist.[36] Und natürlich: Auch *time-binding* ist nur möglich, wenn der re-entry stattgefunden hat, der die Zeit eröffnet.[37]

Was durch den re-entry ausgelöst wird, ist die Blindstellung der konditionierten Koproduktion der Tiefe Null. Das System begegnet sich im Modus der *selective blindness*.[38] Es hat keinen Zugriff auf seine Einheit außer in der Weise einer Oszillation zwischen System und Umwelt – in sich. Es hat auch nicht, wie wir beiläufig, aber nicht ohne Ernst sagen wollen, irgendeine Möglichkeit, seine Einheit in der seichten Unterscheidung zu kontrollieren, zu steuern oder auch nur irgendwie zu beeinflussen. Konditionierte Koproduktion ist nicht erreichbar. Sie ist dem Zugriff entzogen, wenn im re-entry die zugängliche, aber gerade nicht vollständige Welt inszeniert wird. Versucht man dennoch, das System *oder* seine Umwelt zu beobachten, ist eine Beschreibung gleichsam nur als ,improper mixture' möglich, als ,uneigentliche Mischung'.[39]

In einer ganz anderen, sehr mächtigen Philosophie-Sprache ausgedrückt, zieht diese ,Uneigentlichkeit' den Schleier der Mâyâ auf.[40] In unserer Diktion: Die Metaphysik des Systems ist keine Chimäre, sie ist die Referenz auf die Unterscheidung der Tiefe Null, auf konditionierte Koproduktion, auf diese Zugriffsentzogenheit, der man in der Tradition die verschiedensten Namen gegeben hat, auch und gerade den der Mystik.

III.

Mit diesen seltsamen Verhältnissen hängt zusammen, daß die nicht nur für Systemtheorie so sehr wichtige Unterscheidung von Innen/Außen kollabiert. Es macht wenig Sinn, einem Unjekt, das auf konditionierter Koproduktion beruht, eine Innenseite oder Außenseite in irgendeinem topologischen Sinn zu unterstellen. Ein Unjekt (eine fungierende Differenz) enthält nichts, es hat keine Bestandteile, keine elementaren Einheiten, durch die es sich zusammenfügt und konstituiert. Die

---

36 Zu „Schon-bei-der-Welt-sein" und „In-der-Welt-Sein" vgl. Martin Heidegger, *Sein und Zeit*, 17. Aufl., Tübingen 1993, S. 52 ff.

37 Siehe zum Begriff des Time-Binding Alfred Korzybski, *Science and Sanity. An Introduction to Non-Aristotelian Systems and General Semantics*, 3. Aufl., New York 1948, Kap. VII, S. 372 ff.

38 Ein alltäglicher Ausdruck dafür ist: „Humankind cannot bear very much reality" (T. S. Eliot, „Burnt Norton").

39 Esfeld, „Der Holismus der Quantenphysik" (wie Anm. 33), S. 161 f.

gewöhnliche Rede davon, daß ein autopoietisches System sich aus den Elementen reproduziert, aus denen es besteht, ist in dieser Hinsicht, in dieser Verkürzung fahrlässig. Gemeint ist vielmehr das Herstellen von Elementen, die gerade nicht zuvor schon im System bereitlagen (und die niemals *in* irgendeinem System ‚stecken‘), die Kreation von elementaren Einheiten in Koproduktion mit dem, was das System nicht ist, mit der Welt des UM, der Umwelt. So werden Kommunikationen, die bewußtseinsfrei sind, reproduziert unter Inanspruchnahme von Bewußtsein, das gerade nicht: kommunizieren kann. Und doch käme das eine ohne das andere nicht einmal ansatzweise zustande.

Gleichwohl findet sich wie in der Mystik auch in der Systemtheorie ein ausgeprägtes ‚Innen-Interesse‘.[41] Der Blick wird typisch ausgelenkt auf die Innenseite der Unterscheidung, auf die Seite des Systems, das nicht als die linke Seite einer Unterscheidung genommen wird, deren rechte Seite die linke erst ermöglicht, sondern als ein *Etwas*, ein Ding, eine Residenz, in der sich *Etwasse* (Dinge, abgeleitete Residenzen) befinden, die *das* System ausmachen.

Aber dieses Vorgehen, das alltäglich leicht überzeugt, rächt sich, wenn man dem System *selbstreferentielle Geschlossenheit* so unterstellt, daß es wie eine scharf umgürtete Einheit erscheint, deren Grenze undurchlässig ist für das, was von Außen in das System, was aus dem System in das Außen kreuzen will. In gewisser Weise kann sich so eine Geschlossen- und Abgeschottetheit nicht nur ausschließlich selbst reproduzieren, sie müßte sich wie aus dem Nichts heraus gebären – Autogenesis.[42] Und: Sie muß intern einen Unterschied handhaben können, den sie selbst zu Nicht-sie-Selbst darstellt. Sie muß sich in sich von sich selbst unterscheiden können, also ein *imago* sowohl ihrer Selbst wie dessen, was sie dadurch ausschließt, gewinnen können. Sie muß, anders ausgedrückt, vollkommene Alterität ‚inkorporieren‘ können ohne die Möglichkeit der Einverleibung, der Assimilation.

---

40 Vgl. Heinrich Zimmer, *Philosophie und Religion Indiens*, Frankfurt a. M. 1973, S. 30 ff. et passim.

41 Dieses Interesse wird in der christlichen Mystik unter anderem gespeist aus der paulinischen homo interior/homo exterior-Unterscheidung (Röm 7,22; 2 Kor 4,16), die ihrerseits auf ähnliche antike Unterscheidungen zurückgreifen kann. Vgl. Hildegard E. Keller, „înluogen. Blicke in symbolische Räume an Beispielen aus der mystischen Literatur des 12.-14. Jahrhunderts", in: *Symbolik von Ort und Raum* (Schriften zur Symbolforschung, Bd. 11), hg. v. Paul Michel, Berlin u. a. 1997, S. 353-76, hier S. 353.

42 Hier liegt en-sof nahe, die Geburt der Dinge aus dem Nichts, ein altes mystisches Motiv. Vgl. dazu und zu den reichen Strukturen der Kabbala, die sich aus diesem Ausgangsparadox ergeben, Johann Maier, „Kabbala, Jüdische Mystik des Mittelalters", in: *Zu Dir hin*, hg. v. Wolfgang Böhme (wie Anm. 9), S. 43-62.

Aus dieser Sackgasse hilft man sich dadurch, daß man die Konstitution von Systemen (das heißt: dieser Differenzen zwischen System und Umwelt) an die Sinnform bindet. Die System/Umwelt-Differenz ist danach der betriebene Unterschied zwischen Sinn und Nicht-Sinn, ein Unterschied, der aber allein auf der Seite des Sinns angetroffen wird, also selbst wiederum nur sinnförmig beobachtet werden kann.[43] Sinnsysteme sind demnach absolute *Sinn-Insider*, und obwohl hier die Metapher des Raumes noch deutlich nachklingt, wird damit erneut klar, daß nicht Räume, Herrschaftsgebiete, umgrenzte Areale gemeint sind, *in* denen Sinn spielt, sondern, wenn man so sagen darf: exklusive *Sinn-betriebenheiten*. Das heißt aber auch, daß Sinnsysteme das, was sie nicht sind (Nicht-Sinn), nur *sinnförmig* bezeichnen können.

Noch einmal im räumlichen Bild: Die große Außenseite des Nicht-Sinns bleibt für solche Systeme so verschlossen, so unansteuerbar wie der ‚empty state‘ (ohne: emptiness)[44], wie ‚Nothingness‘ in der buddhistischen Tradition[45] oder wie die platonische ‚Chora‘.[46] Diese Seite ist – von Sinnsystemen her – nur bezeichenbar mit den *Chiffren der Unnennbarkeit*.[47] Es fällt deshalb leicht zu sagen, daß der Versuch, auf

---

43 So begründet sich die Minimalontologie der System/Umwelt-Theorie. Aus dem Vorkommen sinnförmiger Beobachtungen wird auf Einheiten durchgeschlossen, die sinnförmig *sind*: Systeme.

44 Herbst, *Alternatives to Hierarchies* (wie Anm. 16), S. 105, spricht vom *original state*, in den sich form (is/is not) und time (before/after) erst einschreiben. Zuvor ist dieser state: „void of definable characteristics".

45 „First, it is unobstructed. That means that no phenomenon, no matter what its nature, constitutes an obstruction for it. Second, it is omnipresent ... Third, it is without distinction ... Fourth, it is open and wide. That means that there is no limit for it. Fifth, it is without appearance. That means that it presents no appearance accessible to the senses. Sixth, it is pure ... Seventh, it is permanent and unmoved ... Eighth, it is empty of being. That means that it is beyond all measure. Ninth, it is empty without emptiness (leereos leer) ... Tenth, it possesses nothing ..." *Shih-mo-ho-yen-lun*, zit. nach Joan Stambaugh, *The Formless Self*, New York 1999, S. 77 f. Vgl. unter Bezug auf Nishidas „Ort-Gedanken" Ryôsuke Ohashi, „Hen-Panta in der Philosophie von Nishida in Abhebung von der Hegelschen Philosophie", in: *All-Einheit,* hg. v. Dieter Henrich (wie Anm. 26), S. 220-29, S. 224 f.

46 Vgl. für viele Peter Eisenman u. Jacques Derrida, *Chora L Works. Jacques Derrida and Peter Eisenman*, hg. v. Jeffrey Kipnis u. Thomas Leeser, New York 1997; Julia Kristeva, *Revolution in Poetic Language*, New York 1984, S. 25 ff. et passim; John Sallis, *Chorology, On Beginning in Plato's Timaeus*, Bloomington, Indiana 1999, S. 91 ff. et passim; Keimpe Algra, *Concepts of Space in Greek Thought*, Leiden/New York/Köln 1995.

47 William James, *Psychologie*, Leipzig 1920, S. 306 f., nennt als Kriterien echter mystischer Erfahrung Unbeschreiblichkeit, Geistes- und Wahrheitscharakter, Unbeständigkeit, Passivität. Unvermeidbar hier auch: „Es gibt allerdings Unaussprechliches. Dies *zeigt* sich, es ist das Mystische." Ludwig Wittgenstein, *Tractatus logico-philosophicus* 6.522. „If the seer is consciously aware of seeing – for instance, this glass of

die große Außenseite zu kreuzen, sozial und psychisch unter dem Titel *Mystik* geführt wird. Ebenso leicht erklärt sich, daß der Durchtritt in die Unnennbarkeit (wenn er als geschehen, als Ekstase und Verzückung beschrieben wird) eine Welt der *sinnförmigen* (nachgerade taumelnden, sich überstürzenden) Metaphern aufruft, die auf der Innenseite, der Sinnseite der Unterscheidung angefertigt werden und deshalb – sollen sie anschlußfähig sein[48] – selbst die Form von (wenn auch dunklem und dunkelsten) Sinn annehmen.[49] Das Unbeschreibliche wird *beschrieben*, das Unnennbare genannt, das Unsagbare gesagt – aber um den Preis einer vollkommenen Alienation der Signifikate auf der Sinnseite der Ausgangsunterscheidung.

Es ist anzunehmen, daß der Systemtheorie auch aus diesem Grunde eine mitunter abenteuerlich unkonventionelle Sprache genauso wenig fremd ist wie der Mystik.

---

orange juice – then that is not pure seeing ... In pure seeing, however, in which the duality between the seer and the seen is overcome, the orange juice in a sense ‚disappears‘. It is there; yet it is not. It is this sort of ‚disappearance of mind‘ that is meant by ‚No-Mind‘ or ‚No-Mindedness‘. When one is conscious of what one is doing, you can speak of a state of mind; for the mind remains", formuliert nicht minder genau Hisamatsu, zit. nach Stambaugh, *The Formless Self* (wie Anm. 45), S. 56.

48 Und sie sollen anschlußfähig sein. Schon Paulus sagt, was sich jeder Mitteilbarkeit zu entziehen scheint, und er kann das nur in der Erwartung, dennoch verstanden zu wer den. „Si gloriari opportet (non expedit quidem), veniam autem ad visiones, et relevationes Domini. Scio hominem in Christo ante annos quatuordecim, sive in corpore nescio, sive extra corpus nescio, Deus scit, raptum hujusmodi usque ad tertium cae-lum. Et scio hujusmodi hominem, sive in corpore, sive extra corpus nescio, Deus scit : quoniam raptus est in paradisum : et audivit arcana verba, quae non licet homini loqui." 2 Kor. 12,1. (Jener Mensch ist Paulus.) Diese Verdoppelungen scheinen mir typisch für die Paulinische Theologie. Sie führen in den wunderbaren Tausch hinein. Im Brief an die Galater (2,20): „Ich lebe; doch nun nicht ich, sondern Christus lebt in mir. Denn was ich jetzt lebe im Fleisch, das lebe ich im Glauben an den Sohn Gottes, der mich geliebt hat ..." Siehe dazu, daß dieser Tausch „Schlüssel zum Allerheiligsten der paulinischen Christusmystik" genannt werden darf, Eugen Biser, *Der Zeuge*, Graz 1981, S. 51.

49 Nur ein Beispiel: „Durchbohre, o liebreichster Jesus, das Innerste meines Herzens mit der süßen und heilsamen Wunde Deiner Liebe ... Laß meiner Seele Seufzen und Ver-langen ganz allein auf Dich gerichtet sein. Dich begehre sie und sie schmachte nach Deinen Vorhöfen; Sie verlange aufgelöst und bei Dir zu sein. Laß meine Seele allezeit nach Dir hungern, Du Brot der Engel, Du Erquickung frommer Seelen ... Ja, laß mein Herz hungern nach Dir, den zu schauen die Engel verlangen, und Dich verkosten; laß mein Innerstes von Deinem süßen Wohlgeschmack erfüllt werden. Meine Seele dür-ste nach Dir, dem Quell des Lebens, der Weisheit und Wissenschaft, dem Quell des ewigen Lichtes, dem Strom der Wonne, dem Ueberfluß des Hauses Gottes ..." Gebet des Heiligen Bonaventura, zit. nach: *Das vollständige Meßbuch der katholischen Kir-che, nach der Originalausgabe der Benediktiner von Affligem, bearbeitet von den Benediktinern zu Ilbenstadt*, 11.-20. Tausend, Dülmen 1931, S. 49 f.

IV.

Derjenige, der die Innen/Außen-Unterscheidung so ungeheuer plausibel macht, ist der *Beobachter*, jedenfalls solange man ihn sich nach dem Bilde eines aufmerksamkeits-begabten Menschen vorstellt, als jemanden, der ersichtlich eine Oberfläche hat, hinter der es – weniger ersichtlich – eine Innenwelt gibt (die Psyche, die Seele). Nun ist es so, daß die Theorie, von der ich hier erzähle, sich *das Beobachten* gerade nicht als reine Angelegenheit von Menschen vorstellt, sondern weitaus abstrakter optiert. Beobachtung wird konzipiert als bezeichnungsbedingtes Ausnutzen von Unterscheidungen, die durch Bezeichnungen aufrufbar werden.[50] Der Grundgedanke ist der, daß jedes Sinnsystem *bezeichnend* operiert, also immer etwas sagt, etwas denkt, aber daß dieses ETWAS nicht an die Identität der Bezeichnung geknüpft wird, sondern an die Unterscheidung, die durch weitere Bezeichnung für weitere Beobachtungen als diejenige verstanden werden kann, innerhalb derer die Bezeichnung ihren Sinn durch darauf bezogene Selektivität gemacht hat.

Zunächst wird es durch diese Abstraktion möglich, auch nichtbewußte Sinnsysteme als Beobachter aufzufassen, zum Beispiel Sozialsysteme im Unterschied zu psychischen Systemen. Benötigt wird nicht mehr als die Möglichkeit des Bezeichnens (ETWAS ist gesagt, geschrieben ... worden) und die Möglichkeit, das Bezeichnete im Rahmen von Unterscheidungen (kognitiv, kommunikativ) zu situieren. Aber dieser Punkt ist hier weniger entscheidend als derjenige, daß durch die Grundfigur des Beobachtens (Bezeichnen/Unterscheiden) die ‚Welt‘ von Sinnsystemen *differentialistisch* wird. In ihr ist es möglich, Identität zu konstituieren, aber eben immer nur: als Differenz von Identität und Differenz, oder kürzer: in der Form von Identität als Differenz.

Die Sinnwelt von Sinnsystemen, die einem gefängnisartig vorkommen kann, da sie nicht verlaßbar ist (jede Hinzufügung von Sinn ‚bläst‘ diese Welt nur auf), kennt keine identitäre Stillstellbarkeit. Schon das kann den Wunsch erzeugen und sozial wie psychisch plausibel machen, dem Spiel der Differenz, der Welt der ‚Zweitigkeit‘ zu entkommen und innehalten zu können: in der *Zweitlosigkeit*, in der EINS und der Ver-EINigung, die wir im Zenbuddhismus (Satori) so gut finden wie im Motiv der *unio mystica* der christlich-mystischen Tradition.

Aber die Dinge liegen noch vertrackter: Eine Konsequenz des ‚Nicht-Identitären‘ von Sinnsystemen ist nämlich, daß man um die

---

50 Vgl. Peter Fuchs, *Der Sinn der Beobachtung. Begriffliche Untersuchungen*, Weilerswist 2004.

Annahme einer besonderen (autopoietischen) Eigenzeit von Sinnsystemen nicht herumkommt. Sie konstituieren sich nicht in einer wie immer
gearteten Präsenz, einer Zeitzone identitärer Unaustauschbarkeit; sie
sind auf den Nachtrag, auf den Aufschub, auf die nächste Operation
(die auch eine in tausend Jahren sein kann) angewiesen. Sie müssen ihre
Aktualität konstruieren, aber das im Modus der *belatedness*, der Verspätung, des *post festum*, der, wie man seit Derrida formulieren kann:
différance.

Sinnsysteme haben keinen *kairos*, kein *nunc stans*, sie sind endogen
extrem unruhig und auf ein *forthcoming* angewiesen. Und es ist sehr gut
möglich, daß diese Einsicht unter anderem dazu geführt hat, daß Menschen das Herauskommen aus dieser Eigenzeit suchen und darin sozial
begünstigt werden, zum Beispiel in religiös-religioiden Sonderrollen
und Sonderkontexten, innerhalb derer die Amplitude der Zeit (sozusagen in für passendes Erleben zeitfrei gestellten ‚Psychen') viel weiter
ausschwingt. Jedenfalls läßt sich deutlich sehen, daß die Mystik dieses
Problem kennt und die Suche nach der randvoll erfüllten, unaufge-
schobenen Zeit immer wieder aufs Neue unternimmt und sich dann
(paradoxerweise) nachträglich darüber äußert.[51] Die Sehnsucht nach der
erfüllten Zeit koinizidiert mit der Sehnsucht nach der Aufhebung jeg-
licher Differenz.

Die dritte Konsequenz von denen, die wir hier nennen können, hat
etwas mit dem seltsamen Spiel zu tun, innerhalb dessen Beobachtung
dazu übergeht, nicht nur Beobachtungen zu beobachten, sondern
Beobachter einzuführen, die das Geschäft der Beobachtung verrichten
und gleichzeitig als die Stellen inszeniert werden, die sich beobachten
lassen. Das Problem ist, daß diese Metynomie, diese Verschiebung von
beobachten auf *Beobachter* zwar sozial funktioniert (in jeder Kultur
werden die Beobachter, die ihr zugrundeliegen, eigens und sozusagen
paßgenau evolutionär konstruiert), aber – logisch gesehen – auf einem
Irrtum beruht, der aus einer Zurechnungskonvention- und Notwendigkeit das ‚DING' Beobachter erzeugt, obwohl sich nur das *infiniti-
vische* Beobachten vorfinden läßt.

Der Beobachter ist schließlich immer *imaginär*. Er kommt in keiner
Beobachtungsoperation vor, es sei denn als Bezeichnung und Unterscheidung, die aber selbst nicht *der Beobachter* sind. Und auch hier
erweist sich die Mystik als *most tricky*: Sie schiebt unter die kontingente
irdische Beobachtung der Welt einen transzendenzte Stelle, einen gött-

---

51 Siehe auch dazu die Studien in Luhmann u. Fuchs, *Reden und Schweigen* (wie Anm. 1),
insbesondere zur Mystik und zum Zenbuddhismus.

lichen Funken, eine scintilla animae, die – in gewisser Weise – den immanenten Beobachter vertritt.[52] Sie löst das Problem nicht, sie ersetzt es durch eine immanent transzendente Gestalt, also durch eine fundamentale Paradoxie.

Der Systemtheorie als Wissenschaft bietet sich diese Möglichkeit nicht an. Sie muß sich – sozusagen gnadenlos – damit abfinden, daß Beobachter *imagines agentes* sind.[53] Darin liegt dann wieder ihre eigentümliche Chance, diese Bilder, wo immer und wie sie auch immer entstehen, zu dekonstruieren.

Aber das ist noch nicht das ganze Problem des Beobachters.

V.

Die Instanz, der man am ehesten die Funktion des immanenten Weltbeobachters zutraut, ist das Bewußtsein. Es wird (als Substantiv genommen) zum Auge, das die Welt sieht, wird zum Subjekt-in-Operation und begründet vor allem ein subjektives (individuelles) Weltverhältnis. Daß jeder und jede sein eigenes Bewußtsein habe, liegt auf der Hand; es residiert in den Körpern, nicht dazwischen, nicht darüber und nicht darunter.

Tatsächlich kann man aber Zweifel daran haben, ob diese Beschreibung sehr viel weiterführt als zu Hypostasierungen bestimmter Aspekte des Erlebens. In der Systemtheorie wird jedenfalls das Bewußtsein in genauer Parallellage zu sozialen Systemen als sinnorientiertes, autopoietisches System bestimmt, für das dann alle die oben genannten Zeitprobleme gelten: Es arbeitet im Modus der Verschiebung, des Aufschubs, der Nachträglichkeit, der *différance*. Es hat wie alle autopoietischen Systeme keinen *cor et punctus*, keine Stelle der Selbstübersicht, sondern ist nichts weiter als operative Zeichenverkettung, die – indem sie operiert – sich Weisen der Selbstrepräsention als Ich, als Selbst, als Subjekt etc. errechnen kann, dies dann kovari-

---

52 Der Fall liegt ganz ähnlich, wenn gesagt wird, das Subjekt sei ,Prozedur' im Reellen, also nicht antreffbar. Siehe zu dieser Formulierung Bitsch, *„always crashing in the same car"* (wie Anm. 13), S. 14.

53 Die Wendung von den *agentes imagines* findet sich, soweit ich sehe, zuerst in: Anonymus, *Rhetorica ad Herennium*, Lateinisch-deutsch, hg. u. übers. v. Theodor Nüsslein, München/Zürich 1994 (zuerst ca. 86 v. Chr.), S. 176 (Lib. III, 22,37). Vgl. zum Thomistischen Aufgriff des Motives im *intellectus agens* Karl Rahner, *Geist in Welt, Zur Metaphysik der endlichen Erkenntnis bei Thomas von Aquin*, Innsbruck/Leipzig 1939, S. 93 ff. et passim.

ierend mit den jeweils sozial zugelassenen Möglichkeiten dieser Errechnung.[54]

Insofern es ein vordringlich an Sprache gebundenes System der Konkatenation von Zeichen ist, wird ausgeschlossen, daß das Bewußtsein die Installation einer Privatheit, einer idiosynkratischen Selbstverfaßtheit, einer ‚Sui-Suffizienz‘ sei. Man kann es nur paradox fassen: als *singuläre Allgemeinheit*, insofern es alles, worüber es verfügt, aus der Sphäre der *sozialen* Allgemeinheit bezieht. Es kann nur die Ausdrücke verwenden, die ihm in der großen Gabe der Sprache und des Zeichengebrauchs gegeben worden sind, und wenn es selbst Zeichen ersinnt, werden diese Zeichen sich dem Sinn der Allgemeinheit nur eingliedern, wenn sie *verstehensfähig* arrangiert und deshalb anschlußfähig sind, und wenn nicht, dann nicht. Das Bewußtsein entsteht, will das heißen, sowohl evolutionär wie auf der Ebene der individuellen Morphogenese in konditionierter Koproduktion mit sozialen Systemen, also mit Kommunikation – und wäre ohne diese Koproduktion nichts, so wenig, wie soziale Systeme auf die Koproduktion mit Bewußtsein verzichten könnten.

Das sind zweifelsfrei schwer akzeptable Überlegungen, und doch sind sie wiederum nicht so absurd, daß sie nicht in der Mystik vorgedacht, daß nicht entsprechende Figuren in ihr entwickelt worden wären.[55] Auch hier geht es darum, daß die individuelle Selbstverfügbarkeit Illusion ist, weil das „‚Ego‘, daz wort ‚ich‘ enist nieman eigen dan gote aleine in sîner einicheit."[56] Gegenüber Gott ist der Mensch, ist sein Ich, sein Bewußtsein *unum purum nihil*. Das, was einzig *ist*, ist Gott, demgegenüber die geschaffene Welt und ihre Geschöpfe nichtig sind (creaturae nihileitas). „... waz sie sind in der wârheit, daz sint sie in gote, und da umbe (ist) got aleine in der wârheit. Und alsô meinet das wort ‚ich‘ die istichheit götlicher wârheit."[57]

---

54 Sartre formuliert, daß das Ego (als Bewohner des Bewußtseins) die Qualität der „opacité" habe. Siehe Jean-Paul Sartre, *Bewußtsein und Selbsterkenntnis. Die Seinsdimension des Subjekts*, Hamburg 1973, S. 33 f. Vgl. dazu, daß im Innersten des Menschen der proton pseudos, die Ursprungslüge, durch die „Inkonsistenz der symbolischenOrdnung" verborgen/verdeckt wird, Slavoj Zizek, *Die Metastasen des Genießens. Sechs erotisch-politische Versuche*, Wien 1996, S. 11.

55 Vgl. Alois M. Haas, „‚... das Persönliche und Eigene verleugnen‘. Mystische *vernichtigkeit vnd verworffenheit sein selbs* im Geiste Meister Eckharts", in: ders., *Mystik als Aussage. Erfahrungs-, Denk- und Redeformen christlicher Mystik*, Frankfurt a. M. 1996, S. 310-35.

56 Meister Eckhart, zit. nach Haas, „‚... das Persönliche und Eigene verleugnen‘" (wie Anm. 55), S. 311.

57 Ebd., S. 312.

Diese Figur ist als Figur ersichtlich diejenige eines hyperdominanten Außen, einer Welt(super)repräsentanz, die die Individualität auslöscht und zugleich (da Gott ungeschieden ist von allem, was ist) ebendiese Individualität wie in der Weise einer konditionierten Koproduktion so herstellt, daß Gott indifferent bleiben kann gegenüber dem, was er geschaffen hat.

Das Sprechen, das Schreiben Meister Eckharts ist nicht *sein* Sprechen und Schreiben, es ist überformt durch Gott: „Mir genüeget, daz in mir und in gote wâr sim daz ich spriche und schrîbe."[58] Der Grund ist nicht der Eigen-Grund, er ist ein zirkulär ‚verquickter', im perfekten Chiasmus sich überkreuzender Grund: „Hie ist gotes grunt mîn grunt und mîn grunt gotes grunt."[59]

Man könnte in Anlehnung an solche Denkfiguren (unter Verzicht auf die mystische Emphase) formulieren: Der Grund des Bewußtseins sei das Soziale, und das Bewußtsein der Grund des Sozialen. Man träfe damit ziemlich genau, worauf eine systemtheoretisch inspirierte Bewußtseinsanalyse hinausliefe.

VI.

Eine der Schlüsselfiguren der Systemtheorie ist die Medium/Form-Unterscheidung.[60] Sie ist prima vista schlicht gebaut, insofern sie zunächst von einer lose gekoppelten Menge gleichartiger Elemente ausgeht und dann eine engere Kopplung dieser Elemente (zum Beispiel auf Grund von Außeneinwirkung, von *outer determination*) als Formen im Medium begreift, die dann ihrerseits wieder als Medium begriffen werden können, das für andere (in gewisser Weise: übergeordnete) Formbildungen in Anspruch genommen werden kann. Die Differenz ist mithin primär heuristisch, insofern der wissenschaftlich interessierte

---

58 Ebd., S. 315.
59 Ebd.
60 Siehe grundlegend: Fritz Heider, „Ding und Medium", in: *Symposion. Philosophische Zeitschrift für Forschung und Aussprache,* Jg. 1, 1926, S. 109-157. Vgl. zur Anwendung in der modernen Systemtheorie für viele Texte Niklas Luhmann, „Das Kind als Medium der Erziehung", in: *Zeitschrift für Pädagogik,* Jg. 37, H. 1, 1991, S. 19-40; ders., „Das Medium der Kunst", in: *Delfin* 4, 1986, S. 6-15. Siehe auch Peter Fuchs, „Der Mensch – das Medium der Gesellschaft?", in: *Der Mensch – Das Medium der Gesellschaft,* hg. v. Peter Fuchs u. Andreas Göbel, Frankfurt a. M. 1994, S. 15-39, und dens., „Die Beobachtung der Form/Medium-Unterscheidung", in: *Form und Medium,* hg. v. Jörg Brauns, Weimar 2002, S. 71-83.

Beobachter festlegt, was er jeweils als Medium, was als Form-im-Medium nehmen will.[61]

Die zentrale Schwierigkeit dieser Unterscheidung ist dann diejenige, daß man nicht recht sehen kann, wie ein Beobachter, der immer nur Formen registriert (etwas anderes ist der Kognition nicht zugänglich), auf zugrundeliegende Medien durchschließen kann. Wer auf Medien zu schauen versucht, trifft schließlich immer Formen an, und sei es nur, weil er als Beobachter nur bezeichnen und unterscheiden kann. Menschen sind ‚Form-Beobachter‘, und wiederum gilt dasselbe für Sozialsysteme, die nur Formen bezeichnen und unterscheiden können, nicht aber das Medium, in das sich Bezeichnung und Unterscheidung einschreiben.

Die erste und die einfache Antwort rekurriert darauf, daß ein Beobachter (und hier muß immer die oben diskutierte Kautele gemacht werden, daß dies niemand ist außer ein Arrangement von Unterscheidungs- und Bezeichnungsleistungen) sehen kann, wie jemand aus etwas etwas Anderes herstellt, der Bildhauer aus Stein Statuen, der Tonsetzer aus Klängen zusammenhängende Musikstücke, der Wortkünstler aus Wörtern Gedichte oder noch übergreifendere Formen, und der Griesbreikocher aus Gries: Brei. Und wenn er das sieht, kann er in einer Art Inferenz durchschließen auf ein Medium, auf Stein, Klang, Wort, Gries, die die Formverdichtung ermöglichen. Die Seltsamkeit der Inferenz liegt genau darin, daß der Beobachter auf Medien durchrechnet, obwohl er wiederum nur Formen zur Kenntnis nehmen kann, ebenjene Formen: Stein, Klang, Wort, Gries.

Die Ursache dafür (und das ist die zweite, kompliziertere Antwort) könnte das sein, was wir *Formkatastrophen* nennen wollen, eine spezifische Erfahrung, die sich einstellt, wenn eine Form sich auflöst zugunsten einer anderen Form und im Transit zwischen den Formen eine Störung auftritt, die momentweise das Medium ‚zeigt‘. Das ist etwa dann der Fall, wenn man einen Film allmählich verlangsamt, bis er sich in ruckelnde Sequenzen zerlegt, die sich ihrerseits schließlich als Serie von Einzelbildern darstellen, die den Namen Film nicht mehr verdient. Jenes Ruckeln, die Spanne zwischen Noch-Film und Nicht-mehr-Film ist der Transit, in dem der Beobachter des Mediums hoch befristet ansichtig wird. Die Sprache bemerkt man, wenn jemand stottert und stammelt. Und natürlich ist die Mystik hier genau ein Testfall.

---

61 Vgl. dazu das einschlägige Kapitel in Peter Fuchs, *Der Sinn der Beobachtung* (wie Anm. 50).

Die mystische Sprache, die Logo-Aporie, ist die Bewegung der Sprache zwischen „der Notwendigkeit und Unmöglichkeit" der Rede über mystische Erfahrung. „Di esto al mundo. Mas no lo quieras decir al mundo ..." („Sage es aller Welt. Doch nein, sage es nicht.")[62] Die Erfahrung ist unbeschreiblich, aber sie muß beschrieben werden, und diese Paradoxie läßt das Medium der Sprache ‚stocken'. Sie begründet zugleich das παράδοξον σχῆμα, die paradoxe Form, die die Mystik dann wählt, um sich – das Verbot einhaltend wie es zugleich dementierend – einzusetzen pflegt. Wiederum wissen wir, daß die Systemtheorie die Form der Paradoxie sehr zu schätzen weiß, sei es als heuristisches Instrument (man fahndet nach Paradoxien) oder als Ausdrucksinstrument: Man formuliert in Paradoxien, wofür die oben anplausibilisierte konditionierte Koproduktion einstehen mag. In dem einen Fall (Mystik) wird das Medium in der Katastrophe eines Aussagezwanges, kombiniert mit einer Aussageunmöglichkeit, entdeckt; in dem anderen daran, daß eine subjektgebundene Sprache es gerade nicht erlaubt, subjektfreie Aussagen zu formulieren, aber die Theorie genau dazu nötigt, weswegen dann die Suche einer Formalisierung gilt (die noch nicht gefunden ist), die es gestatten würde, die Zwänge des Mediums anders zu sabotieren als nur durch Durchkreuzung und Durchstreichung.

Daß die Paradoxien der Inkommunikabilität dann schon früh Thema der Systemtheorie wurden, ist bekannt. Kein Zufall, daß dabei der Mystik ein starkes Gewicht beifiel.[63] Die vorangegangenen Überlegungen haben versucht, plausibel zu machen, daß es dabei um mehr geht als um eine faszinierte Reverenz, bezogen auf ein anderes (nicht als Konkurrenz zu fürchtendes) hochkomplexes Denken, Erleben, Kommunizieren.

Im Brennpunkt steht statt dessen die Referenz auf ungemein respektable Denkmöglichkeiten, die Figuren liefern, mit deren Hilfe sich die Vereinfachung einer Differenz (System/Umwelt) zu einem Ding und Raum ‚System' möglicherweise vermeiden läßt. Der intensive Kontakt mit elaborierter Mystik könnte eher als einer der Startpunkte aufgefaßt werden, von denen aus die Systemtheorie als System/Umwelt-Theorie das Denken der Differenz lernen kann.

---

62 Juan de la Cruz, hier zit. nach Alois M. Haas, „Das mystische Paradox", in: ders., *Mystik als Aussage* (wie Anm. 55), S. 110-33, S. 110.
63 Vgl. Luhmann u. Fuchs, *Reden und Schweigen* (wie Anm. 1).

Coda

„*Es ist ein wunderlich dinc, daz ein dinc ûzvliuzet und doch inneblîbet.
Daz das wort ûzvliuzet und doch inneblîbet, daz ist gar wunderlich;
daz alle crêatûren ûzvliuzent und doch inneblîbent, daz ist gar wunderlich; daz got gegeben hât und daz got gelobet hât ze gebenne, daz ist
gar wunderlich und ist unbegrîfelich und unglouplich. Und dem ist reht;
wann waere ez begrîfelich und waere ez glouplich, sô enwaere ez nit
reht. Got ist in allen dingen. Ie mê er ist in den Dingen, ie mê er ist ûz
den dingen: ie mê inne, ie mê ûze, ie mê inne.*"[64]

---

64 Meister Eckhart, zit. nach Haas, *Mystik als Aussage* (wie Anm. 55), S. 124.

ERNST PETER FISCHER

Über Kreativität in der Wissenschaft: Innere Bilder bei Heisenberg und Pauli

Wer über Kreativität in den Naturwissenschaften sprechen will, trifft rasch auf Probleme und wird am Ende seiner Ausführungen oft mit der Frage konfrontiert, ob man von den Genies etwas lernen kann. Was zeichnet sie aus und woher stammt ihre Kreativität?

Die Lust auf Revolutionen

Eines der eingangs angesprochenen Probleme besteht darin, daß es den Ausdruck ,kreative Forschung' offiziell gar nicht gibt. Die Wissenschaftler und ihre Beobachter scheuen vor ihm zurück und reden lieber von normaler oder revolutionärer Forschung mit jeweils aktuellen *turns*. Das heißt, von normaler Forschung – also dem Alltag im Labor mit Dutzenden von dünnen Publikationen – redet man fast nicht. Dafür verkündet man umso häufiger Revolutionen, und zwar auch dann, wenn es gar keine gegeben hat. In den ersten Jahren des 21. Jahrhunderts konnte man kaum einen Kongreß über Genomforschung besuchen, ohne daß der Eröffnungsredner etwas von einem Paradigmawandel murmelte, den man gerade im Angesicht der vollständiger werdenden DNA-Sequenzen vollziehe, und er war stolz auf die Revolution, die er damit meinte.

Doch der Kaiser war so nackt wie in Andersens Märchen, denn die angesprochenen Möglichkeiten, mit denen man etwas über das Leben (und seine Störungen) lernen wollte, waren keineswegs neu. Schließlich starrte man auf Moleküle, und das unternahm die Zunft spätestens seit den 1960er Jahren auf umfassende Weise, als die Enzymdiagnostik in das Medizinstudium Eingang fand. Daß man sich ein halbes Jahrhundert später weniger um Proteine und mehr um Gene kümmert, könnte man als Fortschritt oder *genetic turn* begrüßen. Aber revolutionär ist daran nichts.

Aus der „Grammatik der Schöpfung"

Vielleicht brauchen wir auch weniger eine revolutionäre und mehr eine kreative Genomforschung. Wie kann sie dazu werden?

Antworten auf diese Frage erwartet man eher von den Geisteswissenschaften. Doch wer hier sucht, wird dies bereuen. In ihrem Kontext werden die Naturwissenschaften nach wie vor sehr oft sehr schlecht behandelt. Der in seinen Kreisen hoch verehrte komparatistische Gelehrte George Steiner hat zum Beispiel in seinem Buch *Grammatik der Schöpfung* den Naturforschern jede Fähigkeit zur Kreativität schlichtweg abgesprochen. In den Naturwissenschaften, so verkündet Steiner, gibt es keinerlei Schöpfung. Hier finden vielmehr Entdeckungen statt, die der Gelehrte noch zusätzlich durch den Hinweis abzuwerten weiß, daß es nicht nötig sei, dem jeweiligen Entdecker Aufmerksamkeit zu schenken. Denn was ihm verborgen geblieben wäre, hätte irgendein anderer Forscher nach ihm aufgefunden. Was Dr. A heute übersieht, wird Dr. B morgen oder Dr. C übermorgen feststellen. So sieht es Steiner, für den – wie auch viele Gleichgesinnte aus seiner Kulturzone meinen – die Naturwissenschaft wie „eine anonyme, kollektive träge Bewegung" fortschreitet, in der keinerlei Kreativität zu erkennen ist, wie sie den Künsten und den Künstlern ganz selbstverständlich zugestanden wird.[1]

Als Beispiele für unkreatives und schleppendes Vorankommen der Wissenschaft zitiert Steiner das Aufkommen des evolutionären Gedankens und die Entdeckung der Doppelhelix. Er hätte ruhig Einsteins Entwurf einer speziellen Relativitätstheorie hinzunehmen können, um zu sagen, was er sagen will, daß es nämlich weder auf Darwin und Einstein noch auf Watson und Crick ankommt. Ohne Darwin hätte uns Alfred Wallace die Idee der natürlichen Selektion beschert, ohne Einstein hätte Henri Poincaré (oder sonst jemand) die Relativität von Raum und Zeit richtig hinbekommen, und ohne Watson und Crick wären andere kleine Forscher auf die Struktur des Erbmaterials gekommen – und so weiter. Von der Kreativität genialer Individuen kann keine Rede sein, wenn Wissenschaft betrieben wird. Ihre Vertreter schleppen sich anonym ächzend und langweilig logisch voran. So die Ansicht der Kulturfachleute.

---

1 George Steiner, *Grammatik der Schöpfung*, München 2004, S. 34.

Die Teilung in zwei

Nun könnte man fragen: „Wer ist Steiner? Und was geht uns sein Geschwätz an?" Das Dilemma steckt darin, daß die meisten Wissenschaftler das Verdikt übernommen (und fast verinnerlicht) haben und alles Mögliche für sich beanspruchen, nur keine Kreativität. Sie sind lieber revolutionär oder – wenn das nicht klappt – ordentlich, korrekt, präzise, umfassend und brav am Detail orientiert. Kreativ sein – also unordentlich, eher ungenau, spekulierend phantasievoll und von Details zunächst unbelastet vorgehen –, das will man nicht. Zwar stellt sich James Watson in seinem autobiographischen Bericht *Die Doppelhelix* genau so vor (und er war ja auch tatsächlich kreativ), als aber 2003 der 50. Jahrestag der Entdeckung der DNA-Struktur gefeiert wurde, lehnte es Watson ab, seine Leistung als kreativ zu bezeichnen. Er erklärte statt dessen fast entschuldigend, er habe doch nur Pappstrukturen zusammengeschoben und dabei bemerkt, daß die entstehenden Paare die gleiche Konfiguration aufwiesen.

Natürlich hätten auch andere Forscher Pappgebilde hin- und herschieben und die erwähnte Strukturbesonderheit bemerken können. Aber eine Doppelhelix ist dann noch lange nicht zu sehen. Die beiden Paare aus Pappe lassen zudem durch ihre Präsenz allein kaum erahnen, daß mit ihrer Hilfe unmittelbar einsichtig wird, wie das Leben es schafft, „die Teilung in zwei" vorzunehmen, wie Goethe das Urphänomen nennt, das in der Molekularbiologie als Replikation gehandelt wird.[2] Dies haben aber Watson und Crick vor ihrem inneren Auge gesehen, und aus diesem Grund wird hier die Ansicht vertreten, daß wir die Doppelhelix einer kreativen Leistung verdanken. Hier wird darüber hinaus die Ansicht vertreten, daß die Formulierung, Watson und Crick hätten die Doppelhelix entdeckt, die eigentliche Leistung des Duos verschleiert. Denn entdecken – aufdecken – kann man nur, was schon vorher vorhanden und nur bedeckt ist. Wo aber war die Doppelhelix, bevor Watson und Crick sie für unsere Augen offengelegt haben? Die Antwort lautet nicht „in der Zelle" bzw. „in einem Zellkern". Dort finden Chemiker Polynukleotide und viele andere Moleküle, die an größeren Strukturen (Chromosomen) haften und zu ihrem Funktionieren gehören. Die elegante Doppelhelix mit ihrem goldenen Schnitt gab es nicht, bevor Watson und Crick sie erfunden und als Zeichnung bzw. Modell sinnlich zugänglich gemacht haben und die Kollegen staunen ließen.

2 *Goethes Anschauen der Welt. Schriften und Maximen zur wissenschaftlichen Methode*, hg. v. Ekkehart Krippendorff, Frankfurt a. M. 1994, S. 187.

Wie anders als mit dem Ausdruck kreativ kann man den Schritt beschreiben, den Watson und Crick vollzogen haben? Und dieselbe Frage kann man auch bei Darwin, Einstein und anderen stellen. Bei den maßgeblichen Fortschritten der Wissenschaft geht es nicht um Logik, nicht um Systematik, nicht um Falsifizierbarkeit und auch nicht um eine Revolution. Der vielfach gern benutzte Begriff der Revolution macht nur in einem sozialen Rahmen Sinn. Wenn jemand einen Gedanken bekommt, hat die dazugehörige Wissenschaft noch keine Revolution erlebt. Davon kann man erst sprechen, wenn der Gedanke geprüft, bedacht und erörtert wird, dann im Lehrbuch landet und von möglichst allen akzeptiert und genutzt wird. Eine Revolution kann also sehr lange dauern, und sie besteht aus sehr vielen Komponenten: der ersten Idee, ihrer Weitergabe, ihrer Rezeption, ihrer Einfügung in das Korpus des Gesamtwissens, und noch mehr. Wir würden viel zu hoch greifen, wenn wir all diese Teilschritte beschreiben und in einem System (mit einem Begriff) verstehen wollen, weshalb es hier um das bescheidenere Ziel gehen soll, dem auslösenden Gedanken auf die Spur zu kommen. Was wissen wir über die Herkunft der Einsichten, die wir mit entscheidenden Fortschritten in der Wissenschaft verbinden? Und kann man mit den dabei gesichteten Erkenntnissen etwas über die Ausgangsfrage sagen, nämlich darüber, wie sich Kreativität in der Wissenschaft entfaltet und vielleicht fördern läßt?

Ein kreativer Schritt ins Unbekannte

Jede Wissenschaft beginnt mit Beobachtungen, und das Fach, das Beobachtungen zur Kreativität machen kann, heißt Wissenschaftsgeschichte. Eine meiner Ansicht nach höchst kreative Leistung hat Werner Heisenberg in den 1920er Jahren vollbracht, und er hat uns in seiner Autobiographie *Der Teil und das Ganze* (1969) geschildert, wie ihm 1925 im Alter von 24 Jahren der entscheidende Durchbruch zu der Theorie der Atome gelungen ist, die heute als Quantenmechanik nicht nur der Stoff ist, aus dem die physikalischen Lehren sind, sondern die auch die Grundlage der Erkenntnis für technische Entwicklungen geliefert hat, die einen merklichen Prozentsatz an der Weltwirtschaft ausmachen. Heisenberg fühlt sich dabei – wie Kolumbus – auf einer Reise in eine unbekannte (innere) Welt, und er versucht, allen Mut zusammenzunehmen, um nicht aufzugeben und umzukehren.

Wer nur oberflächlich zur Kenntnis nimmt, was Heisenberg 1925 gelungen ist, kann den Eindruck gewinnen, hier hätte einer getan, was viele vor ihm getan haben, nämlich eine mathematische Gleichung, die nicht ganz stimmig für die behandelten Probleme war, durch eine bessere zu ersetzen. Dies ist Heisenberg zwar auch gelungen, aber der entscheidende Aspekt seiner Leistung besteht darin, daß er eine ganz neue Art von Gleichung aufgestellt und mit ihr der mathematischen Beschreibung der Natur eine neue Dimension gegeben hat. Zum Erschließen dieser neuen Dimension werden andere Qualitäten als Fachverstand, Rationalität und technisches Vermögen benötigt.

Im Frühjahr 1925 hatte sich bei Heisenberg die Vorstellung gefestigt, „daß man gar nicht nach den Bahnen der Elektronen im Atom fragen dürfe", um zu einer Theorie der Materie zu kommen. Diese Bahnen entstehen erst durch unser Zutun. Es galt den Versuch zu unternehmen, das Beobachtbare – die klassische Sphäre – in eine neue Form zu bringen. Heisenberg schildert, wie ihm dies gelingt:

> Einige Tage genügten, um den am Anfang in solchen Fällen immer auftretenden mathematischen Ballast abzuwerfen und eine einfache mathematische Formulierung meiner Frage zu finden. In einigen weiteren Tagen wurde mir klar, was in einer solchen Physik, in der nur die beobachtbaren Größen eine Rolle spielen sollten, an die Stelle der [alten] Quantenbedingungen zu treten hätte. Es war auch deutlich zu spüren, daß mit dieser Zusatzbedingung ein zentraler Punkt der Theorie formuliert war, daß von da ab keine weitere Freiheit mehr blieb. Dann aber bemerkte ich, daß es ja keine Gewähr dafür gäbe, daß das so entstehende mathematische Schema überhaupt widerspruchsfrei durchgeführt werden könnte. Insbesondere war es völlig ungewiß, ob in diesem Schema der Erhaltungssatz der Energie noch gelte, und ich durfte mir nicht verheimlichen, daß ohne den Energiesatz das ganze Schema wertlos wäre. Andererseits gab es in meinen Rechnungen inzwischen auch viele Hinweise darauf, daß die mir vorschwebende Mathematik wirklich widerspruchsfrei und konsistent entwickelt werden könnte, wenn man den Energiesatz in ihr nachweisen könnte. So konzentrierte sich meine Arbeit immer mehr auf die Frage nach der Gültigkeit des Energiesatzes, und eines Abends war ich soweit, daß ich daran gehen konnte, die einzelnen Terme in der Energietabelle, oder wie man es heute ausdrückt, in der Energiematrix, durch eine nach heutigen Maßstäben reichlich umständliche Rechnung zu bestimmen. Als sich bei den ersten Termen wirklich der Energiesatz bestätigte, geriet ich in eine gewisse Erregung, so daß ich bei den folgenden Rechnungen immer wieder Rechenfehler machte. Daher wurde es fast drei Uhr nachts, bis das endgültige Ergebnis der Rechnung vor mir lag. Der Energiesatz hatte sich in allen Gliedern als gültig erwiesen, und – da dies ja alles von selbst, sozusagen ohne jeden Zwang herausgekommen war – so konnte ich an der mathematischen Widerspruchsfreiheit und Geschlossenheit der damit angedeuteten Quantenmechanik nicht mehr zweifeln. Im ersten

Augenblick war ich zutiefst erschrocken. Ich hatte das Gefühl, durch die Oberfläche der atomaren Erscheinungen hindurch auf einen tief darunter liegenden Grund von merkwürdiger innerer Schönheit zu schauen, und es wurde mir fast schwindlig bei dem Gedanken, daß ich nun dieser Fülle von mathematischen Strukturen nachgehen sollte, die die Natur dort unten vor mir ausgebreitet hatte.[3]

Was Heisenberg hier beschreibt, kann nur als mystisches Einheitserlebnis bezeichnet und verstanden werden, das durch mathematische Symbole vermittelt wird.[4] Wir lesen von der unmittelbaren Erfahrung einer anderen Wirklichkeit, die allerdings nicht – als etwas Göttliches – höher, sondern – als etwas Ästhetisches – tiefer liegt und somit dem Säkularen verhaftet bleibt.

„Keine weitere Freiheit"

Heisenbergs Schilderung ist dramatisch, obwohl seine Beschreibung des Insel-Erlebnisses beim ersten Lesen eher glatt wirkt. Doch was scheinbar mühelos abläuft, lohnt einen zweiten Blick. Es fällt zum Beispiel auf, daß Heisenberg ausdrücklich nicht von einem, sondern von *seinem* Problem spricht, das er lösen will. Das heißt, die Fragestellung ist in seinem Inneren angekommen, sie kommt jetzt aus ihm selbst. Damit kann er den mathematischen Ballast abwerfen, der das Erbe der alten Physik darstellt. Hier vollzieht sich das, was man emphatisch eine Reinigung nennen könnte, und Heisenberg läßt sich Zeit mit ihr, um sie gründlich zu machen. Daß er sich am Ende dieser befreienden Anstrengung in einer Lage wieder findet, in der ihm „keine weitere Freiheit mehr blieb", wie er schreibt, verwirrt zwar einen rationalen Wissenschaftler, nicht aber den kreativen Künstler, als den wir Heisenberg ansehen müssen. Was jetzt festliegt, ist die Form, der sich jeder Künstler unterwirft – etwa die Sonatenform in der Musik oder das Bildformat in der Malerei. Die Freiheit der Kunst ist keine Beliebigkeit, sondern der Rahmen, in dem sich Kreativität zeigen kann. Heisenberg macht die Erfahrung, die unter anderem dem zeitgenössischen Komponisten Arnold Schönberg vertraut war, der eine neue Harmonielehre für die Musik aufstellte – die Zwölftonmusik – und der von dem

---

3   Werner Heisenberg, *Der Teil und das Ganze. Gespräche im Umkreis der Atomphysik*, München 1969, S. 88 f.
4   Vgl. Klaus Vondung, „Von der Naturmystik zur Biomystik", in: *Biomystik. Natur – Gehirn – Geist* (Mystik und Moderne, Bd. 3), hg. v. Christoph F. E. Holzhey, München 2007, S. 31 f.

Augenblick träumte, in dem es keine freie Note mehr gibt. Schönberg beginnt mit zwölf gleichberechtigten Tönen, die er nach den Gesetzen der Harmonie anordnen muß. Wenn er das Gesetz kennt, bleibt ihm keine Freiheit – im Sinne von Willkür – mehr. Was für Schönberg die Noten sind, stellen für Heisenberg die mathematischen Symbole dar. Indem er das physikalische Naturgesetz sieht, liegen seine theoretischen Töne fest. Er muß ihre Raumanweisung ausführen, und die „Melodie", die dabei entsteht, ist das Gesetz der Atome. Vielleicht hat Heisenberg es sogar gehört, als er die Zeichen auf dem Papier sah.

Die Quelle der Energie

Heisenberg sucht die Begrenzung, die Künstler Form nennen, und er schränkt seine Freiheit sogar noch zusätzlich ein, indem er verlangt, daß seine neuen Formen bzw. Formeln den Energiesatz erfüllen bzw. seine Gültigkeit garantieren. Zwar ist es für einen Physiker selbstverständlich, daß eine Beschreibung der Natur nur richtig sein kann, wenn sie die Konstanz der Energie sicherstellt – aber wenn man ihn fragen würde, woher er diese Gewißheit hat, würde wenig zu hören sein, das einen Laien überzeugt. Einen theoretischen Beweis dafür, daß der Energiesatz gelten muß, gibt es nicht, und eigentlich *glauben* die Physiker mehr an die Energieerhaltung, wobei allerdings hinzugefügt werden muß, daß sie diesen Glauben täglich nachmessen.

Es gibt also gute wissenschaftliche Gründe für ein Vertrauen in den Energiesatz, aber als Heisenberg auf dem Weg in die neue Physik ist, hatten die übrigen Physiker – selbst der große Niels Bohr – vorübergehend in Erwägung gezogen, ob es im atomaren Bereich nicht erlaubt sein könne, die Gültigkeit stellenweise aufzuheben. Doch Heisenberg wollte davon nichts wissen. Er war felsenfest von der Erhaltung der Energie überzeugt, und die Frage lohnt sich, wie solch eine innere Sicherheit zustande kommen kann. Was sind überhaupt die inneren Quellen, aus denen sich die Überzeugungen der Physiker speisen?

Wer dies wissen will, wird zunächst lernen, daß sich die Literatur an dieser Stelle vornehm zurückhält, obwohl einer der Großen der Physik einen dezidierten Vorschlag dazu gemacht hat. Gemeint ist Heisenbergs Kommilitone Wolfgang Pauli, der schon früh die merkwürdigerweise bis heute vielfach verbreitete Ansicht ablehnt, „daß Theorien durch zwingende logische Schlüsse aus Protokollbüchern abgeleitet werden."[5]

---

5 Wolfgang Pauli, *Physik und Erkenntnistheorie*, Braunschweig 1988, S. 91.

Theorien kommen Paulis Erfahrungen nach dadurch zustande, daß vorgegebene innere Bilder der Psyche mit äußeren Objekten und ihrem Verhalten zur Deckung kommen. Er spricht dabei von archetypischen Bildern. Sie liefern innere Gewißheiten, weshalb Pauli die Forscher auffordert, die archetypischen Grundlagen ihres Wissens zu erkunden (was sie bis heute unterlassen haben). Das Atom etwa ist für ihn weder ein logisches, noch ein empirisches Konzept, sondern archetypisch. Und dasselbe gilt für die Energie, mit der Heisenberg operiert.

Pauli entwickelt seine Erkenntnisvorstellungen aus Erfahrungen, wie er sie bei Johannes Kepler gefunden hat. Kepler hat in seinen Schriften betont, daß wissenschaftliche Einsichten dann gelingen, wenn die äußeren Bilder der Wahrnehmung mit den inneren Bildern übereinstimmen, die ihm seine Seele liefert. Der Grundgedanke solch einer Epistemologie findet sich natürlich bei Platon, der von Ideen spricht, an die wir uns erinnern, wenn wir etwas erkennen. Kepler identifiziert dieses archetypische – urbildhafte – Material als Bilder seiner Seele, und die moderne Zeit könnte – mit C. G. Jung – von kollektiven Komponenten des Unbewußten sprechen, die darauf warten, ins Bewußtsein gehoben und Erkenntnis zu werden.

Damit können wir den zentralen Begriff präzisieren: Wem es gelingt, das uns gegebene Archetypische in Form von Symbolen ins Bewußtsein zu bringen, den nennen wir kreativ. Pauli drückt dies bescheidener aus und spricht nur davon, daß sich jetzt besser sagen läßt, worin eine wissenschaftliche Methode besteht, nämlich darin, sich „eine Sache immer wieder vorzunehmen, über den Gegenstand nachzudenken, sie dann wieder beiseite zu legen, dann wieder neues empirisches Material zu sammeln, und dies, wenn nötig, Jahre fortzusetzen. Auf diese Weise wird das Unbewußte durch das Bewußtsein angekurbelt, und wenn überhaupt, kann nur so etwas dabei herauskommen."[6]

Die fehlende Psychologie

Kreativität hat also mit seelischen Bildern zu tun, die uns zwar allen (kollektiv) zur Verfügung stehen, die dennoch naturgemäß zuerst in einem einzelnen Kopf auftauchen. Wer mit dieser Vorgabe verstehen will, wie Forschung vorankommt, braucht auf keinen Fall weiter sterile Wissenschaftstheorie zu betreiben. Logisch und rational gelingt nur das

---

6 *Wolfgang Pauli und C. G. Jung – Ein Briefwechsel 1932-1958*, hg. v. C. A. Meier, Berlin 1992, S. 134.

Normale. Vor dem kreativen Rest drücken sich die Experten, wie schon I. Bernard Cohen vor mehr als zehn Jahren in seinem Buch *Revolutionen in der Naturwissenschaft* ausgeführt hat:

> Auffälligerweise ist bisher [1994] eine psychologisch orientierte Untersuchung der ‚Revolutionäre‘ der Wissenschaft unterblieben. Hier eröffnet sich ein vielversprechendes, bisher unbearbeitetes Gebiet, das die historische Erforschung der wissenschaftlichen Revolutionen um eine ganz unerwartete Dimension erweitern könnte, womit eine neue Ära in der systematischen Analyse der Wissenschaft und der wissenschaftlichen Tätigkeit begründet würde.[7]

Es wäre an der Zeit, damit zu beginnen. Und es wäre Zeit, den Forschern Mut zu ihren inneren Bildern zu machen. Einstein hat von ihrer Macht erzählt. Aber die Theoretiker des Wissens haben an dieser Stelle bislang nicht hingehört. Ihnen fehlt der Mut, den der kreative Heisenberg hatte.

---

7 I. Bernard Cohen, *Revolutionen in der Naturwissenschaft*, Frankfurt a. M. 1994, S. 547.

INGO BERENSMEYER

Thomas Hobbes und die Macht der inneren Bilder

diò oudépote noeî áneu phantásmatos he psyché
(Deshalb denkt die Seele nie ohne Vorstellungsbilder)
Aristoteles, *De anima* 431a 16-17

intelligere sine conversione ad phantasmata est [animae] praeter naturam
(Das Erkennen ohne Hinkehr zu den Vorstellungsbildern liegt außerhalb der Natur der Seele)
Thomas von Aquin, *Summa Theologica* I, quaestio LXXXIX, art. I

ne quidem aliud computamus quam phantasmata nostra
(So können wir nichts anderes denken als unsere Vorstellungsbilder)
Thomas Hobbes, *De corpore* 1, Kap. 2.7.1

In der Kultur der frühen Neuzeit sind Erfahrung und Medialität eng miteinander verflochten. Weltwahrnehmung, Bildbetrachtung und Lektüre bilden ein Kontinuum von Wahrnehmungsmodalitäten. Beim Lesen von Texten entstehen innere Bilder, Vorstellungsbilder (*phantasmata*); analog hierzu wird das Betrachten von Bildern ebenso wie das Verarbeiten von Sinneseindrücken oft in Analogie zur Rezeption geschriebener oder gedruckter Texte als eine Art der Lektüre verstanden. Die kognitive Verarbeitung medialer Vorgaben wie geschriebener, gedruckter und bildlicher ‚Texte' ist ebenso wie das Wahrnehmen äußerer Gegenstände ein physiologischer Vorgang mit psychischen und physischen Wirkungen; insofern stehen die Medien der frühen Neuzeit in einem Kontinuum mit den Formen der Erfahrung und des Lebens selbst. Sie sind Teil eines Komplexes, den Francis Bacon als *experientia literata* bezeichnet, verschriftlichte Erfahrung, die er der *interpretatio naturae* an die Seite stellt.[1] Bild- und Textwahrnehmung konvergieren

---

1 Francis Bacon, *De augmentis scientiarum* (1623), in: *Works* (7 Bde.), hg. v. James Spedding et al., Bd. 4, London 1859-64, S. 96. Siehe hierzu Lisa Jardine, „Experientia literata ou Novum organum? le dilemme de la methode scientifique de Bacon", in: *Francis Bacon: Science et Méthode* (Actes du Colloque de Nantes), hg. v. Michel Malherbe u. Jean-Marie Pousseur, Paris 1985), S. 135-157; Andrew Barnaby u. Lisa J. Schnell, *Literate Experience. The Work of Knowing in Seventeenth-Century English Writing*, New York/Houndmills 2002, S. 1-12, 197-200.

im Erleben vor allem optischer Sinneseindrücke. Indem Bilder und Texte auf die natürlichen Leidenschaften des Menschen einwirken, sie erregen oder bändigen können, beeinflussen sie die Gestimmtheit der Individuen und die Stimmung der Massen; insofern sind sie nicht nur exemplarisch für die Lebenspraxis des einzelnen, sondern können unmittelbar politisch wirksam werden. So erklärt sich auch das noch im 17. Jahrhundert weitverbreitete Mißtrauen gegenüber gedruckten Büchern nicht nur aus den üblichen Bedenken hinsichtlich der manipulativen Macht der Beredsamkeit und Rhetorik, sondern gerade auch aus der visuellen Bedingtheit des Lesens und der kulturellen Dominanz des Gesichtssinns, insbesondere unter den Materialisten.[2]

In der für den Beginn des modernen politischen Denkens in der englischen Frühaufklärung einschlägigen Theorie Thomas Hobbes' spielt denn auch die ‚Macht der inneren Bilder' (Gerald Hüther) eine herausgehobene Rolle.[3] Hobbes' bekannte Staatstheorie beruht auf einer weniger bekannten Theorie der Imagination; sie beinhaltet eine Theorie der Wahrnehmung und der Medien. Nun ist Hobbes beileibe kein Mystiker; aber seine Bildtheorie offenbart, gerade auch in der Anwendung auf die eigene politische Theorie und ihre Vermittlung im *Leviathan*, eine erstaunliche und auf den ersten Blick kaum erklärbare Nähe zu den Symbolformen der mystischen, insbesondere der hermetischen und neuplatonischen Tradition.

Hobbes' Theorie der Sinneswahrnehmung und, davon ausgehend, der Medienwirkung, beruht zunächst auf detaillierten Studien und Experimenten auf dem Gebiet der Optik. Auch Hobbes gilt der Visus als „the noblest of ye senses".[4] Da sich ihm zufolge sämtliche Naturphänomene auf die Bewegung materieller Körper zurückführen lassen, stellt er sich Licht als die dem Auge durch ein Medium mitgeteilte Fernwirkung eines leuchtenden Körpers vor.[5] Visuelle Wahrnehmung entstehe infolge des Drucks eines Agens, dessen Bewegung über das Medium vom (passiven) Auge empfangen und über den Sehnerv weitergegeben wird an „the brain, or spirits, or some internal substance in

2   Adrian Johns, *The Nature of the Book. Print and Knowledge in the Making,* Chicago/London 1998, S. 423.
3   Gerald Hüther, *Die Macht der inneren Bilder. Wie Visionen das Gehirn, den Menschen und die Welt verändern,* 3. Aufl. Göttingen 2006; ders. „Die Macht der inneren Bilder", in: *Biomystik. Natur – Gehirn – Geist,* hg. v. Christoph F. E. Holzhey, München 2007, S. 155-69.
4   Thomas Hobbes, *A Minute or first Draught of the Optiques,* British Library, Harley MS. 3360, Einleitung, S. 2v.
5   Hierzu im Detail Jan Prins, „Hobbes on Light and Vision", in: *The Cambridge Companion to Hobbes,* hg. v. Tom Sorell, Cambridge 1996, S. 129-56.

the head".[6] Seitens des Empfängers der Lichtwirkung ist das Sehen nicht als ‚actio', sondern als ‚passio' zu verstehen: „Omnis actio est motus localis in agente, sicut et omnis passio est motus localis in patiente: *Agentis* nomine intelligo corpus, cujus motu producitur effectus in alio corpore; *patientis,* in quo motus aliquis ab alio corpore generatur."[7] Ein Agens hat die Kraft zu bewegen, ein Patiens die Potenz, bewegt zu werden. Diese epistemologischen Vorstellungen bilden die Grundlage der Hobbesschen Psychologie und letztlich auch seiner Gesellschaftstheorie. Im mechanistischen Verständnis sind Sinnesempfindungen, Verstand und Begehren allesamt Funktionen der ‚animal spirits', die als nicht wahrnehmbare, aber dennoch materielle Substanzen im Körper zirkulieren, die einzelnen Teile des Körpers miteinander verbinden und alle Operationen des Organismus lenken, indem sie Bewegungen von einem Teil des Körpers an die anderen Teile weiterleiten. Diese ‚spirits' sind passiv: sie können nur dann als Agentes fungieren, wenn sie durch etwas anderes in Bewegung versetzt werden, d. h. wenn sie einen mechanischen Impuls erhalten.

In der Hobbesschen Epistemologie besteht menschliche Wirklichkeitswahrnehmung aus inneren Erscheinungsbildern („phantasmata") äußerer Gegenstände. Diese Erscheinungsbilder kommen durch Bewegungen zustande. „[N]e [...] quidem [...] aliud computamus, quam phantasmata nostra", heißt es in *De corpore*: „So berechnen wir nichts anderes als unsere Erscheinungsbilder."[8] Das menschliche Gedächtnis bezeichnet Hobbes als ‚Spiegel' der Welt: „memory is the World (though not really, yet so as in a looking glasse)".[9] Der ontologische Status der Außenwelt lasse sich nur aus der Tatsache erschließen, daß es ‚dort draußen' etwas geben müsse, das auf die Sinne und das Gehirn einwirke, denn alles müsse eine Ursache haben: „there is nothing whereof there is not some cause".[10] Mit anderen Worten: „The things that really are in the world without us, are those motions by which these

---

6 Thomas Hobbes, *The Elements of Law Natural and Politic,* hg. v. J. C. A. Gaskin nach der Ausg. Ferdinand Tönnies 1889, Oxford 1994, Kap. 1.2.7, S. 25.

7 Hobbes, *Tractatus Opticus I* (ca. 1640). in: *Thomae Hobbes malmesburiensis opera philosophica quae latine scripsit omnia,* hg. v. Sir William Molesworth, Bd. 5, London 1839, S. 216-48, S. 217.

8 Hobbes, *De corpore* 1, Kap. 2.7.1, in: *Opera* (wie Anm. 7), Bd. 1, S. 82. Deutsch nach Hobbes, *Elemente der Philosophie, Erste Abteilung. Der Körper,* übers. v. Karl Schuhmann, Hamburg 1997, S. 100.

9 Hobbes, „The Answer of Mr. Hobbes to Sir Will. D'Avenant's Preface before Gondibert" (1650), in: *Sir William Davenant's Gondibert,* hg. v. David F. Gladish, Oxford 1971, S. 45-55, hier: S. 49.

10 Hobbes, *Elements* (wie Anm. 6), Kap. 1.6.9, S. 42.

seemings are caused."[11] Die Bewegungen der visuellen Linien bzw. der optischen Achsen sind kontrollierte Bewegungen, bestimmt durch Aufmerksamkeit und Interesse, „based on the motions around the heart".[12]

Das Lesen wird daher als dem Sehen analog aufgefaßt. Das stille Lesen als Visualisierung von geschriebener Sprache gilt als ein Sonderfall der visuellen Sinneswahrnehmung.[13] Adrian Johns faßt die frühneuzeitliche Vorstellung des Lesevorgangs wie folgt zusammen: „They saw letters on a page through eyes that resembled the device known as the camera obscura, which conveyed images, through the body's animal spirits, onto the brain's *sensus communis.* There imaginative and perceptual images combined, and animal spirits mingled and departed to drive the body's responses to both."[14] Das Lesen hat eine Wirkung also auf Geist und Körper zugleich; es gilt gerade deshalb als problematisch und gefährlich, weil es an den Nahtstellen von Körper und Geist angesiedelt ist, zwischen denen auch bei Hobbes noch keine scharfe cartesische Trennung besteht; Herz und Hirn sind Sinnesorgane. So könne das Lesen (und mit ihm die phantasmatische Mischung von Wahrnehmungs- und Vorstellungsbildern im Gehirn) besonders bei schwächeren Geistern durch seine Wirkung auf die Leidenschaften potentiell gefährliche mentale und körperliche Reaktionen hervorrufen.

Der Begriff der Leidenschaft („passion") ist bei Hobbes nicht ganz eindeutig bestimmt. In einigen Fällen, wenn das Wort in einem abstrakteren Sinn gebraucht wird, meint es die passive Eigenschaft eines Patiens im Gegensatz zum Agens. Häufiger wird es jedoch in enger Nachbarschaft zum Begriff der „affections" verwendet. Sowohl „passions" als auch „affections" sind konkrete Akte jener „power of the mind which we call motive", im Gegensatz zur „power cognitive" oder „conceptive".[15] Die ‚Bewegungskraft' („power motive") ist definiert als

---

11 Hobbes, *Elements*, Kap. 1.2.10, S. 26.

12 Prins, „Hobbes on Light and Vision" (wie Anm. 5), S. 143, mit Bezug auf Hobbes' zweiten *Tractatus Opticus* (1644).

13 Zur gesteigerten Visualisierung von Sprache als Folge der Buchdruckkultur siehe auch Martin Elsky, *Authorizing Words. Speech, Writing, and Print in the English Renaissance,* Ithaca/London, 1989, S. 128; Paul Saenger, *Space Between Words. The Origins of Silent Reading,* Stanford 1997; David R. Olson, *The World on Paper. The Conceptual and Cognitive Implications of Writing and Reading,* Cambridge 1994.

14 Johns, *The Nature of the Book* (wie Anm. 2), S. 442. Siehe auch ders., „The Physiology of Reading in Restoration England", in: *The Practice and Representation of Reading in England,* hg. v. James Raven, Helen Small u. Naomi Tadmor, Cambridge 1996, S. 138-61. Für (den frühen) Hobbes gilt ebenfalls die Zentralität des Gehirns als „the common organ [...] of all the senses": siehe *Elements* (wie Anm. 6), Kap. 1.10.1, S. 60.

15 Hobbes, *Elements* (wie Anm. 6), Kap. 1.6.9, S. 43. Die konkreten Akte der „power conceptive" sind „sense, imagination, discursion, ratiocination, and knowledge", ebd.

„that by which the mind giveth animal motion to that body wherein it existeth". Die von der ‚Erkenntniskraft' („power conceptive") hervorgerufene Bewegung wird über die Bewegungskraft des Geistes („mind") an das Herz weitergegeben: dort stimuliert oder hemmt sie, je nach Erwartung von Lust oder Schmerz, die vitalen Bewegungen des Körpers.[16] Vernunft und Leidenschaft als „the principal parts of our nature"[17] sind also keine entgegengesetzten Kräfte (Kopf/Herz oder Geist/Körper), sondern gehören zu einem Kontinuum von Bewegungen in verschiedenen Regionen des Körpers, „within the head" und „about the heart".[18] Der bei dieser physiologischen Beschreibung auffallende Mangel an Präzision – sonst kein Charakteristikum des Hobbesschen Denkens – könnte beabsichtigt sein, um die Ubiquität und Kontinuität der ‚inneren animalischen Bewegung' („internal [...] animal motion"[19]) in der Hobbesschen Anthropologie hervorzuheben. Diese geht nicht von einer sauberen cartesischen Trennung zwischen *res cogitans* und *res extensa* aus. Lust und Schmerz werden verstanden als innere Bewegungen der Anziehung und Abstoßung; diese seien „the first unperceived beginnings of our actions".[20] Im Übergang von innerer, nicht wahrnehmbarer Bewegung zu äußerer, wahrnehmbarer Bewegung spielen die Leidenschaften die Rolle eines Katalysators, intensivierend oder inhibierend: „appetite" und „aversion" (oder als Erwartung zukünftiger Unlust „fear").

Der eher weit gefaßte, terminologisch unpräzise Begriff der Leidenschaft bietet Hobbes die Möglichkeit einer (obgleich porösen) Grenzziehung zwischen emotionalen und rationalen Wünschen (als Beispiel für letztere etwa der für das politische Leben wesentliche Wunsch nach Selbsterhaltung). Die in den *Elements of Law* (Kap. 1.9) und im *Leviathan* (Kap. 1.6) aufgezählten Leidenschaften bilden einen Katalog dessen, was heutige Psychologen wohl als emotional getönte Geisteszustände beschreiben würden, von Liebe und Haß bis hin zu Neugier und Bewunderung. Durch ihren Einfluß auf menschliches Handeln sind die Leidenschaften von entscheidender Bedeutung. Hier liegt eine

---

16 Hobbes, *Elements*, Kap. 1.7.1, S. 43.
17 Hobbes, Widmungsschreiben zu *Elements*, S. 19.
18 Hobbes, *Elements*, Kap. 1.7.1, S. 43. Etwa von 1643 an lokalisiert Hobbes das zentrale Organ der Sinneswahrnehmung, wo die ‚Phantasmata' verarbeitet werden, ausdrücklich im Herzen und nicht mehr im Gehirn (siehe Prins, „Hobbes on Light and Vision" (wie Anm. 5), S. 141 f.). Zum Stellenwert des Herzens im frühneuzeitlichen Denken siehe auch Robert A. Erickson, *The Language of the Heart, 1600-1750,* Philadelphia 1997.
19 Hobbes, *Elements*, Kap. 1.7.2, S. 43 f.
20 Hobbes, *Elements*, Kap. 1.12.1, S. 70.

wesentliche Schnittstelle zwischen Hobbes' Anthropologie, Epistemologie und politischer Theorie. Im *Leviathan* bekräftigt er die optischen Fundamente seiner Wahrnehmungstheorie, indem er die Leidenschaften mit Vergrößerungsgläsern oder Teleskopen vergleicht, die die inneren Bilder vergrößern und verstärken: „For all men are by nature provided of notable multiplying glasses, (that is their Passions and Selfe-love,) through which, every little payment appeareth a great grievance".[21] Durch die Linse der Leidenschaften und der Eigenliebe betrachtet, erschienen dem einzelnen seine Pflichten gegenüber der Gemeinschaft optisch vergrößert und maßlos übertrieben. Den Menschen mangele es am Korrektiv der „prospective glasses, (namely Morall and Civill Science,)"; erst durch diese seien sie in der Lage, den höheren Wert des Gemeinwohls zu erkennen.[22]

Die Leidenschaften sind also Wahrnehmungsfilter, die über die Deutung der Phantasmata des Wahrgenommenen entscheiden. Der für diese Filter verwendete Begriff ist wiederum ein optischer: „colour", ein terminus technicus der klassischen Rhetoriktheorie, der bei Quintilian und Seneca d. Ä. einen manipulativen ‚Drall' bezeichnet, mit dem der Rhetor seiner Sicht der Dinge Ausdruck und Nachdruck verleiht.[23] Will man Einfluß nehmen auf die Handlungen der Menschen, muß man diese Filter beeinflussen; dies kann durch (sprachliche oder andere, z. B. visuelle) Medien geschehen. Die Leidenschaften kolorieren nicht nur die Wirklichkeitswahrnehmung der Menschen (auch im Hinblick auf politische Zustände), sie verzerren sie auch; es biete sich daher an, diese anthropologische Grundsituation für politische (ideologische) Zwecke auszunutzen. Nicht zuletzt die Sprache kann ein solches Medium sein; sie dient nicht nur als Werkzeug zur Beschreibung der Welt, als kon-

21 Thomas Hobbes: *Leviathan*, hg. v. Richard Tuck, Cambridge 1996, Kap. 2.18, S. 129.
22 Ebd. Zu den optischen Eigenschaften von Perspektivgläsern, die einzelne Bildfragmente zu einem neuen Bild zusammenfügen, als Metapher für höherstufige Erkenntnis bei Hobbes und als Analogie zur Funktion des Leviathans, siehe Horst Bredekamp, *Thomas Hobbes Visuelle Strategien. Der Leviathan: Urbild des modernen Staates. Werkillustrationen und Portraits*, Berlin 1999, S. 83-94. Siehe ebd. die Detailanalyse des berühmten Titelblatts des *Leviathan*, das Bredekamp als visuelle Verkörperung der komplexen politischen Theorie Hobbes' in einem einzigen Bild liest. Hobbes' Sprachskepsis als auch sein Interesse für Optik machen es sehr wahrscheinlich, daß dieses Bild nach seinen Plänen ausgeführt wurde und geradezu ein bildrhetorisches Schlüsselelement der Theorie darstellt, das dazu dient, die Theorie visuell zwingend und überzeugend erscheinen zu lassen.
23 Vgl. Francis Bacon, „Of the Coulers of Good and Evill" in der ersten Ausgabe der *Essayes* (1597); Hobbes, *A Briefe of the Art of Rhetorique* (1637), in: *The Rhetorics of Thomas Hobbes and Bernard Lamy*, hg. v. John T. Harwood, Carbondale/Edwardsville, Illinois 1986. Zur Geschichte dieses Begriffs siehe Quentin Skinner, *Reason and Rhetoric in the Philosophy of Hobbes*, Cambridge 1996, S. 195-98.

statives Instrument der Wahrheit, sondern kann performativ und damit weltverändernd eingesetzt werden.[24] Sprache kann auf die Leidenschaften erregend oder besänftigend wirken. Sie kann dazu dienen, die Meinungen und Ansichten eines Sprechers mitzuteilen, aber auch dazu, die Meinungen und Handlungen anderer Menschen zu beeinflussen. Sprache transportiert die „tincture of our different passions."[25]

Sprache ermöglicht Wissenschaft, aber sie kann auch Mißverständnisse und Verwirrung hervorrufen. Die negativen Folgen ‚moralischer'[26] oder meinungsgesteuerter Kommunikation für das Sozialleben werden detaillierter beschrieben in Hobbes' *De homine* (1658). Im Unterschied zum Tier sei es eine Besonderheit des Menschen, seine Irrtümer an andere Menschen weitergeben zu können: „regulas [...] solus etiam falsis uti potest, easdemque aliis utendas tradere."[27] Nur der Mensch könne lügen oder sich selbst täuschen. „So wird der Mensch durch die Sprache [oratione] nicht besser, sondern nur mächtiger [potentior]."[28]

In diesem Zusammenhang überschneiden sich die beiden Bedeutungen von Leidenschaft/passio. Die Sprache ist ein Agens, das auf den Geist als auf einen passiven Empfänger einwirkt. Genauer: Die Sprache wirkt auf die Leidenschaften als Katalysatoren innerer Bewegungen („endeavours"), durch welche Gedanken in Handlungen übersetzt werden. Man darf annehmen, daß fernwirkende Kommunikation, etwa mittels gedruckter Flugschriften, die Mißbrauchsmöglichkeiten der Sprache nur vergrößern kann, indem sie dafür noch mehr Möglichkeiten bereitstellt als die mündliche Interaktion. „Schrift", so Luhmann, „fügt Möglichkeiten hinzu, die in mündlichen Kulturen nicht verfügbar waren." Dies sind „nicht unmittelbar Möglichkeiten der Kommunikation, sondern Möglichkeiten, die Sprache zu benutzen. Mit der Schrift verschiebt sich die Wahrnehmung von der Akustik zur Optik."[29]

---

24 Siehe etwa *Leviathan* (wie Anm. 21), Kap. 1.14 über Versprechen.

25 *Leviathan*, Kap. 1.4, S. 31.

26 Hier verstanden im Sinne von Niklas Luhmann, „Soziologie der Moral", in: ders. u. Stephan H. Pfürtner, *Theorietechnik und Moral*, Frankfurt a. M. 1978, S. 8-116.

27 Hobbes, *Elementorum Philosophiae Sectio Secunda, De Homine*, in: *Opera* (wie Anm. 7), Bd. 2, S. 1-132, Kap. 10.3, S. 91; „nach falschen Regeln zu handeln und diese auch anderen mitzuteilen, damit sie danach handeln": *Vom Menschen. Vom Bürger. Elemente der Philosophie II/III*, hg. v. Günter Gawlick, 3. Aufl. Hamburg 1994, S. 17.

28 Hobbes, *De homine* (wie Anm. 27), Kap. 10.3, S. 91 f.; *Vom Menschen*, S. 17 f.

29 Niklas Luhmann, „Die Form der Schrift", in: *Schrift*, hg. v. Hans Ulrich Gumbrecht u. K. Ludwig Pfeiffer, München 1993, S. 349-66, S. 354.

In einer von Rhetorik geprägten Öffentlichkeit fällt es den Beredten besonders leicht, die Leidenschaften des Mitleids und der Empörung zu steigern. Sie können etwa auch den Erfolg und damit das Ansehen einer Person vergrößern („magnify").[30] Schwache bzw. ungebildete Geister, denen es schwerfällt, ihre Leidenschaften zu beherrschen (weil sie, um in der optischen Metapher aus dem *Leviathan* zu bleiben, nur Fragmente der Wirklichkeit sehen können, die durch die verzerrenden Linsen der Leidenschaft vergrößert werden, und weil sie nicht in der Lage sind, das vollständige Bild aus seinen verstreuten Teilen zusammenzusetzen), fallen der Rhetorik besonders leicht zum Opfer. Sie bedürfen daher besonderer Aufmerksamkeit, Erziehung und Kontrolle. Hobbes plädiert deshalb für die Bildungs- und Deutungshoheit eines zahlenmäßig kleinen Kontingents des Staatskörpers; er merkt an, daß „commonly truth is on the side of the few, rather than of the multitude".[31]

Wenn die Ursache für moralische und soziale Konflikte im Widerstreit privater Werturteile zu finden ist, dann schlägt Hobbes als ihre Lösung die Politik vor, verstanden als Entscheidungsfindung einer Minderheit zum Wohle des Ganzen der Gesellschaft:

> But this is certain, seeing right reason is not existent, the reason of some man, or men, must supply the place thereof; and that man, or men, is he or they, that have the sovereign power [...]; and consequently the civil laws are to all subjects the measures of their actions, whereby to determine, whether they be right or wrong, profitable or unprofitable, virtuous or vicious; and by them the use and definition of all names not agreed upon, and tending to controversy, shall be established. As for example, upon the occasion of some strange and deformed birth, it shall not be decided by Aristotle, or the philosophers, whether the same be a man or no, but by the laws.[32]

Hobbes' politische Theorie ist mithin ein Absolutismus, der auf einem epistemologischen Relativismus basiert. Seine Grundannahme ist die Unfähigkeit größerer Menschenmengen zu rationalem und konsensu-

---

30 *Elements* (wie Anm. 6), Kap. 1.9.10 f., S. 53 f. Das Wort „magnifying" ist ein Vorläufer der im *Leviathan* ausgearbeiteten optischen Metapher. Vgl. *Leviathan* (wie Anm. 21), Kap. 2.17: „that art of words, by which some men can represent to others, that which is Good, in the likenesse of Evill; and Evill, in the likenesse of Good; and augment, or diminish the apparent greatnesse of Good and Evill; discontenting men, and troubling their Peace at their pleasure" (S. 119 f.).

31 *Elements*, Kap. 1.13.3, S. 74.

32 *Elements*, Kap. 2.10.8, S. 181.

ellem Handeln. Das Fehlen objektiver Vernunftkriterien für menschliches Handeln mache die Koordination individueller Moralurteile durch den Souverän erforderlich.[33]

In seinen Reflexionen zur Pädagogik zeigt sich Hobbes besonders mißtrauisch gegenüber Büchern und Buchwissen. Ein solches Mißtrauen wird von der literarischen Epistemologie seiner Zeit bestätigt. Hobbes definiert den Vorgang des Lehrens als Weitergabe, ja Fortzeugung innerer Bilder: „the begetting in another the same conceptions that we have in ourselves". Die Unterscheidung zwischen Lehren und Überreden ist analog zu derjenigen zwischen Wissenschaft und Rhetorik – das eine erzeuge Wissen, das andere „bare opinion",[34] eine die Informiertheit nur vortäuschende Meinung. Für Hobbes ist die Bedeutung von Worten stets abhängig von ihrem Gebrauch in einem definierten oder definierbaren Kontext. Das macht seine Skepsis gegenüber dem Lernen aus Büchern verständlich, da Bücher die „contexture" ihrer Äußerungen nicht eindeutig anzeigen können.[35] Daraus resultiere die Schwierigkeit, die wahren „opinions and intentions" eines Autors herauszufinden. Dagegen sei dieses Problem in mündlicher Kommunikation unter Anwesenden nicht annähernd so gravierend. In Interaktionssituationen ließen sich die gegenwärtigen Intentionen eines Sprechers (das, was er in einem gegebenen Moment mitteilen will) aus sichtbaren Zeichen erschließen. Für gedruckte Texte sei es daher leichter zu überreden als zu lehren.[36]

Aus solchen Erwägungen wird verständlich, warum die Kontrolle über das Gedruckte in der frühen Neuzeit von so großer politischer Bedeutung sein konnte. Wenn der Akt des Lesens aufgrund seiner physiologischen, insbesondere optischen Grundlagen (wie auch die Rhetorik) mehr die Leidenschaften als den Verstand anspricht, dann muß diese gefährliche ideologische Waffe unter Kontrolle gebracht und für den ‚richtigen' Zweck eingesetzt werden – den nach Hobbes nur der Souverän bestimmen kann. Dies erscheint um so dringlicher geboten,

---

33 Vgl. *Leviathan,* Kap. 1.6, S. 39.
34 *Elements* (wie Anm. 6), Kap. 1.13.2, S. 73.
35 *Elements,* Kap. 1.13.8, S. 76.
36 *Elements,* Kap. 1.13.8, S. 76 f. Ähnliches bei Luhmann, „Form der Schrift" (wie Anm 29), S. 364: „Bücher sind [...] nicht mehr einfach Texte, die Wissen bewahren: sie behaupten, neues Wissen darzustellen [...]. Es handelt sich um Kommunikation [...]. Aber es ist nicht länger Informationsübertragung von Individuum zu Individuum. Der Autor kann den Leser nicht kennen, und er kann auch seinen Wissensstand nicht kennen. Es wird unmöglich, Bedürfnisse und Interessen auf der Ebene der beteiligten Individuen zu kontrollieren." Siehe auch *Elements* (wie Anm. 6), Kap. 1.5.14, S. 39, wo Hobbes die Introspektion als einen Weg zur Entdeckung erster Prinzipien empfiehlt: „instead of books, reading over orderly one's own conceptions."

als rhetorisch geschickte Demagogen den verderblichen Einfluß ihrer
zum Aufruhr anstiftenden Worte mit Hilfe des Buchdrucks enorm ausweiten und so die Stabilität der politischen Ordnung gefährden könnten. In Ermangelung sicherer moralischer Kriterien der individuellen
Entscheidungsfindung müsse daher der Herrscher die Überzeugungen
seiner Untertanen manipulieren, um den öffentlichen Frieden zu gewährleisten:

> it is annexed to the Soveraignty, to be Judge of what Opinions and
> Doctrines are averse, and what conducing to Peace; and consequently, on
> what occasions, how farre, and what, men are to be trusted withall, in
> speaking to Multitudes of people; and who shall examine the Doctrines of
> all bookes *before they be published*. For the Actions of men proceed from
> their Opinions; and in the wel [sic] governing of Opinions, consisteth the
> well governing of mens Actions, in order to their Peace, and Concord.[37]

Eine Spezifizierung der besonderen Funktion *literarischer* Kommunikation liegt nun bereits nahe, und Hobbes' Amalgamierung von politischen, anthropologischen und epistemologischen Theorieelementen
liefert sie auch. Im Schaubild der „SUBJECTS OF KNOWLEDGE" im *Leviathan* ist die Dichtung kein autonomer Bereich, sondern eine der
sprachwissenschaftlichen Disziplinen neben Rhetorik und Logik. Rhetorik wird definiert als Wissenschaft der Überredung, die Logik als
Wissenschaft rationaler Argumentation, die Dichtung als Wissenschaft
von den Folgen der Sprache „In *Magnifying, Vilifying*, &c.".[38] Seine
Bestimmung der Dichtung rührt von der rhetorischen Epideixis her;
Hobbes betont damit die enge Verwandtschaft von Dichtung und Rhetorik. Dichtung kommuniziere Meinungen, die auf die Leidenschaften
einwirken. Sie lasse einzelne Bruchstücke der Wirklichkeit wie mittels
eines optischen Tricks größer (oder kleiner, häßlicher usw.) erscheinen,
als diese es in Wirklichkeit sind. Die Dichtung bediene sich dabei „Metaphors, and Tropes of speech",[39] die eher auf die Phantasie als auf die
Urteilskraft einwirken. Solche ‚unbeständigen' Formen des Zeichengebrauchs hätten jedoch in der Dichtung eine eher dekorative als persua-
sive Funktion. Sie seien „less dangerous, because they profess their
inconstancy."[40]

Gefahr droht jedoch, wenn dichterischer Sprachgebrauch mit wört-
lichem Sprechen verwechselt wird, wenn die Grenze zur persuasiven

---

37 *Leviathan* (wie Anm. 21), Kap. 2.18, S. 124, Herv. IB.
38 *Leviathan* (wie Anm. 21), Kap. 1.9, S. 61.
39 *Leviathan*, Kap. 1.4, S. 31.
40 Ebd.

Rhetorik überschritten und „reasoning" auf Metaphern anstelle von Definitionen gegründet wird – was nur zu ‚Streit und Aufruhr' führen könne.[41] Es bedürfe daher der Urteilskraft, um die Demarkationslinie zwischen Dichtung und Rhetorik stabil zu halten.[42] Im Hobbesschen Denken ist die Grenze zwischen *fiktionalen* und *pragmatischen* Darstellungsmodi nicht systematisch und eindeutig zu ziehen. Wie die Bedeutung von Wörtern sind auch diese Modi kontextabhängig und gebrauchsdeterminiert. Dies geht recht deutlich aus den *Elements of Law* hervor:

> Another use of speech is INSTIGATION and APPEASING, by which we increase or diminish one another's passions; it is the same thing with persuasion: the difference not being real. [...] And as in raising an opinion from passion, any premises are good enough to infer the desired conclusion; so, in raising passion from opinion, it is no matter whether the opinion be true or false, or the narration historical or fabulous. For not truth, but image, maketh passion; and a tragedy affecteth no less than a murder if well acted.[43]

Imaginative Literatur habe unabhängig von der Gattung eine Wirkung auf Leser oder Zuschauer, da sie gleichsam auf der Klaviatur ihrer Leidenschaften spiele. Für Hobbes zählen nicht formale Gattungsgrenzen, sondern ihr performativer und funktionaler Charakter: Literatur macht aus Leidenschaften Meinungen. Zu diesem Zweck seien „any premises [...] good enough to infer the desired conclusion". Die Wirkung (Erregung oder Besänftigung) sei abhängig vom Kontext, in dem sie auftritt, von der Absicht derer, die sie hervorrufen wollen, und schließlich vom Grad der Vollkommenheit der Darstellung: „a tragedy affecteth no less than a murder if well acted." Wie es scheint, denkt Hobbes hier an größere Zuschauermengen, an Massen in einem Theater oder an ganze Populationen, nicht an den einzelnen Leser. Wenn er an anderer Stelle

---

41 *Leviathan,* Kap. 1.5, S. 36.
42 So möchte ich die knappen und verstreuten Passagen zur Literaturtheorie im *Leviathan* verstehen. Vgl. Kap. 1.8, S. 51: „In a good Poem, whether it be *Epique,* or *Dramatique*; as also in *Sonnets, Epigrams,* and other Pieces, both Judgement and Fancy are required: But the Fancy must be more eminent; because they please for the Extravagancy; but ought not to displease by Indiscretion." Im selben Abschnitt wird die Vorherrschaft der *fancy* der persuasiven Rhetorik zugeschlagen. Dichtung sei nur dann legitim (‚unschuldig'), wenn sie innerhalb der Grenzen ‚ornamentaler' Sprache verbleibt: „to please and delight our selves, and others, by playing with our words, for pleasure or ornament, innocently" (Kap. 1.4, S. 25).
43 *Elements* (wie Anm. 6), Kap. 1.13.7, S. 76.

den einzelnen Leser behandelt, hebt er die Erzeugung fiktiver innerer
Bilder im Kopf hervor:

> So when a man compoundeth the image of his own person, with the image
> of the actions of an other man; as when a man imagins himselfe a *Hercules,*
> or an *Alexander*, (which happeneth often to them that are much taken
> with reading of Romants) it is a compound imagination, and properly but
> a Fiction of the mind.[44]

Das Wort „image" hat an dieser Stelle eine komplexe Bedeutung. Setzt
man es in Bezug zum schon zitierten Satz „image maketh passion",
wird deutlich, daß „image" nicht einfach als eine visuelle Darstellung
verstanden werden darf, sondern zu lesen ist als eine Darstellung, die
von einer Meinung (hier im Sinne des „Magnifying, Vilifying") rhetorisch koloriert ist. Wer sich als ein Herkules imaginiert, hat eine ver-
größerte Meinung von seinen eigenen Fähigkeiten oder seinem
heldenhaften Charakter. Ein Bild kann in diesem Sinne niemals ‚wahr'
sein, sondern hat immer einen verfälschenden Drall. Somit nimmt der
Gebrauch des Wortes „image" bei Hobbes schon die Bedeutung vorweg, die es heute im Bereich der PR und Werbung angenommen hat.

All dies belegt, daß Hobbes' Denken über Literatur und Medien auf
einer Bild- und Wahrnehmungstheorie aufruht, die weitgehend ohne
ästhetische Terminologie auskommt; nicht, weil ihm eine solche Terminologie nicht zur Verfügung stünde (der Neuplatonismus, aber auch
der französische Neoklassizismus böten ihm hierzu genügend An-
knüpfungsmöglichkeiten), sondern eher weil er sie aus strategischen
Gründen meidet. Statt dessen stellt er Dichtung in wahrnehmungspsy-
chologische Zusammenhänge. In Abgrenzung von Sir Philip Sidneys
neuplatonischer Rede von „everlasting beauty" oder „inward light"[45]
als Quelle und Urgrund dichterischen Schaffens basiert Hobbes' Literaturtheorie auf seiner materialistischen Epistemologie, derzufolge
Licht ein naturwissenschaftlich erklärbares Phänomen ist: „Light is a
fancy in the minde, caused by motion in the braine, which motion
againe is caused by the motion of the parts of such bodies, as we call

---

44 *Leviathan* (wie Anm. 21), Kap. 1.2, S. 16. Die Gefahren eines solchen ‚compounding'
    werden in einer ähnlichen Passage in den *Elements of Law* (wie Anm. 6) herausge-
    stellt: „the gallant madness of Don Quixote is nothing else but an expression of such
    height of vain glory as reading of romants may produce in pusillanimous men"
    (Kap. 1.10.9, S. 63).

45 Sir Philip Sidney, *A Defence of Poetry*, in: *Miscellaneous Prose of Sir Philip Sidney*, hg.
    v. Katherine Duncan-Jones u. Jan van Dorsten, Oxford 1973, S. 73-121, hier: S. 77, 91.

lucid."[46] Ein inneres Licht, so Hobbes trocken, könne nicht heller strahlen als eines, das man mit den äußeren Sinnen wahrgenommen habe.[47] Die Kunst wie die Religion erscheinen bei Hobbes nicht in mystisches Licht getaucht, sondern suchen Wege durch die Dunkelheit; „wee are therefore yet in the Dark",[48] konstatiert der skeptische Philosoph, für den es kein Bild von etwas Unsichtbarem oder Unendlichem gibt und geben kann, keine Abbildung, die nicht ihren realen Gegenhalt hätte,[49] und sei es die körperliche Verankerung der wildesten Hirngespinste, „Phantasticall Inhabitants of the Brain".[50]

Hatte Sidney den Dichter und die epistemologische Qualität der Dichtung noch in metaphysischen und mystik-affinen Begriffen beschrieben, so haben Dichtung und Rhetorik für Hobbes eine ideologisch bestimmte massenpsychologische Funktion. Diese besteht darin, die Meinung einer Bevölkerung über ihre Lebensbedingungen und ihre Regierung zu beeinflussen. Hobbes expliziert und radikalisiert damit, was in der Literaturtheorie der Renaissance bereits angelegt war: die Verbindung zwischen poetischer Sprache und menschlichem, auch politischem Handeln. Auch für Sidney ist Dichtung nicht nach formalen Kriterien bestimmbar („it is not rhyming and versing that maketh a poet"), sondern aus ihren Absichten und Wirkungen. Was einen Dichter ausmache, sei „that feigning notable *images* of virtues, vices, or what else, with that delightful teaching", das zu „virtuous action" anleite.[51] Sidney zufolge ist Dichtung für moralische Unterweisung besser geeignet als eine mit abstrakten Lehrsätzen operierende Philosophie, da sie mit anschaulichen Beispielen und spannenden Handlungsketten arbeitet (S. 84, 91f.; „holdeth children from play, and old men from the chimney corner", S. 92). Indem sie moraldidaktisch wirksame Beispiele in „sprechende Bilder" und ästhetisch ansprechende Formen verpackt, gewinne die Dichtkunst ein ethisches und epistemologisches Wir-

---

46 Hobbes, *A Minute or First Draught of the Optiques* (1646), zit. nach Prins, „Hobbes on Light and Vision" (wie Anm. 5), S. 150, Anm.17.

47 „[N]o man conceives in his imagination any greater light, than he hath at some time, or other, perceived by his outward Senses"; *Leviathan* (wie Anm. 21), Kap. 4.44, S. 418.

48 Ebd.

49 „[T]here neither is, nor can bee any Image made of a thing Invisible"; *Leviathan*, Kap. 4.45, S. 448.

50 Ebd. Der künstlich hergestellte ‚materiale Körper' des Werks gilt Hobbes als ‚Bild' (image) des von der Natur erzeugten ‚phantastischen Idols'; die für den Leviathan als ‚künstlichen Menschen' (S. 9) zentrale Unterscheidung zwischen Natur und Kunst wird auch hier, im Kapitel über das Reich der Dunkelheit („Of the Kingdome of Darknesse") markiert und zugleich dekonstruiert.

51 Sidney, *A Defence of Poetry* (wie Anm. 45), S. 81, 83; Herv. IB.

kungspotential, das die Möglichkeiten und den sozialen Nutzen der anderen Künste bei weitem übersteige.

Auch bei Sidney ist die Werteordnung des ‚Guten‘, zu dessen praktischer Einsicht die Rezipienten der Dichtung bewogen werden sollen, vor allem als Loyalität gegenüber staatlichen und kirchlichen Institutionen vorbestimmt. Hobbes, dessen Bezugsgröße nicht so sehr Individuen als Populationen sind, transformiert Sidneys elisabethanisch-protestantische Feier der Dichtung als ‚Monarch der Wissenschaften‘ („of all sciences [...] the monarch"[52]) in eine pragmatische Ermahnung an den Souverän bezüglich der Gefahren und Nutzanwendungen poetischer Sprache. Ihn interessiert die Poetik mehr als die von Sidney betonte rezeptionsästhetische Dimension der Literatur. Das Studium der Dichtung ist für Hobbes die Wissenschaft von der Eindämmung der Gefahren der Literatur und von ihrer Transformation in ein nützliches Werkzeug der Politik zur Erzeugung politisch erwünschter innerer Bilder.

Dieses Konzept wird weiter elaboriert in Hobbes' Zusammenarbeit mit dem royalistischen Dichter und späteren Londoner Theatermanager Sir William Davenant. Obwohl Hobbes sich in Paris mitten in der Niederschrift des *Leviathan* befindet, gewährt er Davenant, der ebenfalls seit 1646 im Pariser Exil lebt, eine schriftliche Antwort auf dessen Vorwort zum *Gondibert,* in dem Davenant sich ausdrücklich auf Hobbes als spiritus rector seiner epischen Dichtung beruft. Beide Texte werden 1650, ein Jahr bevor das unvollständige Epos und der fertige *Leviathan* in Druck gehen, zusammen in Paris veröffentlicht.[53] Hobbes' „Answer to the Preface" enthält die klarste Darstellung seiner Theorie der Phantasie (fancy) und seiner Ideen zur Funktion der Dichtung. Zusammengenommen bilden die beiden Texte eine Art Manifest für ein materialistisches Literaturverständnis um die Mitte des 17. Jahrhunderts, ein Jahr nach der Hinrichtung des englischen Königs Karl I. und der Ausrufung der Republik.[54] Hobbes wiederholt zu Beginn die

---

52 Sidney, *A Defence of Poetry* (wie Anm. 45), S. 91.
53 *A Discourse upon Gondibert. An Heroick Poem Written by Sir William D'Avenant With an Answer to it by Mr. Hobbs,* A Paris, Chez Matthieu Guillemot, 1650 (Wing D322); *The Preface to Gondibert, An Heroick Poem Written by Sir William D'Avenant: With an Answer to the Preface by Mr. Hobbes,* A Paris, Chez Matthieu Guillemot, 1650 (Wing D334a). Moderne Ausgabe in *Sir William Davenant's Gondibert,* hg. v. David F. Gladish, Oxford 1971.
54 Überraschenderweise ist es Davenant und nicht Hobbes, der sich ausdrücklich und extensiv mit den politischen und ideologischen Anwendungsmöglichkeiten der Dichtung beschäftigt. Siehe hierzu Ingo Berensmeyer, *„Angles of Contingency". Literarische Kultur im England des 17. Jahrhunderts,* Tübingen 2007, S. 151-62.

auch bei Sidney zu findende gemeinplatzartige Renaissance-Definition der Rolle des Dichters: „by imitating humane life, in delightfull and measur'd lines, to avert men from vice, and encline them to vertuous and honorable actions."[55] In ihrer Systematik, ihrer Kritik der *fancy*, ihrem Plädoyer für Wahrscheinlichkeitskriterien und ihrer Betonung des Dekorums ist Hobbes' Antwort auf Davenant (neben dem Kapitel 1.8 des *Leviathan*) ein wichtiger Beitrag zur neoklassischen Poetik in England. Sie enthält außerdem eine weitere Spezifizierung zur Hobbesschen Theorie der Imagination als der Verarbeitung innerer Bilder und einen deutlichen Bezug zu den Symbolformen der neuplatonisch-mystischen Tradition.

Zentrales Element der Antwort auf Davenant ist die Unterscheidung zwischen der Urteilskraft (*judgment*, auch als *discretion* bezeichnet) und der assoziativen Vorstellungskraft (*fancy*). Die Urteilskraft „busieth her selfe in grave and rigide examination of all the parts of Nature, and in registring by Letters, their order, causes, uses, differences and resemblances". *Fancy* hingegen sei eine „swift motion" über die von der Urteilskraft zum Gebrauch vorbereiteten vorhandenen Materialien, also eine mit hoher Geschwindigkeit ablaufende mentale Verarbeitung von „copious Imagery".[56] Die Urteilskraft übe Kontrolle über die *fancy* aus. In der Dichtung sei die Urteilskraft für „strength and structure" zuständig, die Phantasie dagegen für „ornaments".[57] Wieder nimmt Hobbes etwas vorweg, das zu einem Gemeinplatz der neoklassischen Theoriebildung in England werden wird: die Notwendigkeit einer rationalen Beschränkung der als ‚wild und gesetzlos' aufgefaßten Imagination.[58]

Im Zusammenhang des Hobbesschen Denkens läßt sich diese Konkurrenz zwischen Phantasie und Urteilskraft noch als ein Reflex seiner philosophischen Arbeiten zur Beziehung zwischen Bildern und Wahrheit sowie zwischen Rhetorik und Wissenschaft erklären – letztendlich aus seinen Bemühungen um eine korrekte Handhabung sprachlicher

---

55 Hobbes, „The Answer of Mr. Hobbes" (wie Anm. 9), S. 45. Vgl. Sidney, *A Defence of Poetry* (wie Anm. 45), S. 81, 83.

56 Hobbes, „The Answer of Mr. Hobbes", S. 49. Vgl. Bredekamp, *Thomas Hobbes Visuelle Strategien* (wie Anm. 22), S. 68-71. Zu den Unterschieden zwischen Hobbes' Bestimmunng von *fancy* und *judgment* in der Antwort auf Davenant und im *Leviathan* siehe auch Berensmeyer, *Angles of Contingency* (wie Anm. 54), S. 145.

57 Hobbes, „The Answer of Mr. Hobbes", S. 49.

58 John Dryden, Widmungsbrief zu *The Rival Ladies* (1664): „Imagination in a Poet is a faculty so Wild and Lawless, that, like an High-ranging Spaniel it must have cloggs tied to it, least it out-run the Judgment"; in: ders., *Works* (20 Bde.), hg. v. H. T. Swedenberg et al., Bd. 8, Berkeley/Los Angeles/London 1956-2002, S. 95-102, S. 101.

Potentiale und sprachlichen Handelns. Die „copious Imagery discretly ordered, and perfectly registred in the memory", aus der nach Hobbes die Materialien der Phantasie bestehen, muß nicht ausschließlich bildlich-visuell konzipiert sein, obwohl sie quasi-optisch operiert. Hobbes' Gebrauch des Wortes ‚image‘ schließt, wie wir gesehen haben, rhetorische Einfärbungen, Sprachbilder und Redensarten ein. Quentin Skinner zufolge ist Hobbes einer der ersten in England, die sprachliche Bilder, Figuren und Tropen als „imagery" bezeichnen: „Hobbes's thesis is [...] that the use of *ornatus* represents the natural way of expressing the imagery of the mind."[59] Phantasie ist ebenso verbale wie visuelle Kreativität, und ihre Hervorbringungen sind potentiell trügerisch, sofern sie nicht durch rationale Prinzipien der Selektion, Kontrastierung und Anordnung – anhand der methodischen Grundlagen der Wissenschaft – ausgewählt, ergänzt und gesteuert werden.

Es geht hier weniger um eine deutliche Unterscheidung als um eine Allianz zwischen Urteilskraft und Phantasie. Wissenschaftliches Schreiben könne sich ganz legitim rhetorischer Ausschmückungstechniken bedienen und Sprachbilder („similes, metaphors, and other tropes"[60]) gezielt einsetzen, um andere von der Wahrheit dessen zu überzeugen, was die Urteilskraft erkannt hat, und um dadurch „very marvellous effects to the benefit of mankind"[61] zu erzielen. „For wheresoever there is place for adorning and preferring of Errour, there is much more place for adorning and preferring of Truth, if they have it to adorn."[62] In der Antwort auf Davenant wird das Argument für eine notwendige Allianz zwischen Urteilskraft und Phantasie auf literarische Werke („Poesy", „fiction", S. 46, 51) übertragen. Dies führt zu einem normativen Verständnis des literarischen Schaffens und der Literaturtheorie, parallel zu den normativen Bestimmungen der Hobbesschen Morallehre. Sowohl in der Politik als auch in der Literaturtheorie geht es Hobbes um die Grenzen der Freiheit. Aus diesem normativen Verständnis folgen die Aufstellung von Wahrscheinlichkeits- und Dekorumskriterien, die Setzung von Diskurs- und Gattungsgrenzen, die Betonung einer innerweltlichen, empirischen und rationalen Fundierung von Sujet und

---

59 Skinner, *Reason and Rhetoric* (wie Anm. 23), S. 365. Diese Beobachtung qualifiziert Bredekamps Deutung der Hobbesschen *fancy* als rein *visueller* „Bildspeicher"; vgl. Bredekamp, *Thomas Hobbes Visuelle Strategien* (wie Anm. 22), S. 68-72. Diese Deutung steht auch nicht im Einklang mit Hobbes' Beschreibung der Vorstellungskraft als „*decaying sense*" (*Leviathan* (wie Anm. 21), Kap. 1.2, S. 15).

60 *Elements* (wie Anm. 6), Kap. 1.10.4, S. 61.

61 Hobbes, „The Answer of Mr. Hobbes" (wie Anm. 9), S. 49.

62 *Leviathan*, Review and Conclusion, S. 484. Vgl. Skinner *Reason and Rhetoric* (wie Anm. 23), S. 364 ff.

Poetologie. In enger Anlehnung an seine politischen Argumente gegen die Schwärmerei (*enthusiasm*) verspottet Hobbes jene Verseschmiede, die „would be thought to speake by a divine spirit"[63] oder die von sich behaupten, sie sprächen „by inspiration, like a Bagpipe".[64] Auch Davenant bezeichnet Inspiration, mit der gleichen Assoziation an die religiöse Schwärmerei, als „dangerous word".[65]

Davenant und Hobbes betreiben eine programmatische Relektüre der neuplatonisch geprägten Renaissancepoetik, die sie konsequent modernisieren und zu entmystifizieren suchen. Hobbes' systematische Literaturtheorie basiert auf einer wörtlichen und pragmatischen (handlungsorientierten) Auslegung der frühneuzeitlichen Praktiken und Konventionen der Lektüre und Interpretation. Wie auch in seinen politischen Schriften[66] findet dabei ein Ebenenwechsel statt vom einzelnen Leser hin zu einer größeren Gruppe von Lesern, einer Vielzahl oder einer ganzen Bevölkerung. Imaginative Literatur wird unter dem Aspekt ihrer gesellschaftlichen Funktionen und ihrer politischen Nutzbarkeit betrachtet. In der Renaissance war es weithin üblich, dem antiken Ratschlag Plutarchs bezüglich der ‚wahren Lektüre' zu folgen und aus unterhaltsamen literarischen Fiktionen („tales and feigned narrations designed for pleasure"[67]) moralphilosophische Lehrsätze zu extrahieren, deren Nutzen den möglichen Schaden überwiege. Auch Plutarch spricht (in Philemon Hollands Übersetzung) von einem Vorgang des *imprinting* von Vorstellungsbildern:

> [W]e ought not to cut off, nor abolish Poetrie, which is a part and member of the Muses and good literature: But when as the straunge fables and Theatricall fictions therein, by reason of the exceeding pleasure and singular delight that they yeeld in reading them, do spred and swell unmeasurably, readie to enter forcibly into our conceit so farre as to *imprint* therein some corrupt opinions: then let us beware, put foorth our hands before us, keepe them backe and staie their course. But where there is a Grace and Muse met togither, that is to say, delight conjoined with some knowledge and learning: where I say, the attractive pleasure and sweetnesse of speech, is not without some fruit nor void of utilitie, there let us bring in withall the reason of Philosophie, and make a good medly

---

63 Hobbes, „The Answer of Mr. Hobbes", S. 48.
64 Hobbes, „The Answer of Mr. Hobbes", S. 49.
65 Davenant, *The Preface to Gondibert* (wie Anm. 53), S. 22.
66 Vgl. Richard Tuck, „Hobbes's Moral Philosophy", in: *The Cambridge Companion to Hobbes*, S. 175-207, 193.
67 *The Philosophie, commonlie called, the Morals, Written by the Learned Philosopher Plutarch of Chaeronea*, übers. v. Philemon Holland, London 1603, S. 18.

of pleasure and profit together. [...] [A] Poëme receiving reasons and
arguments out of Philosophie, and intermingling the same with fables and
fictions, maketh the learning and knowledge therein conteined to be right
amiable unto yoong men, and soone to be conceived. Which being so,
they that would be learned and Philosophers indeed, ought not to reject
and condemne the works of Poetrie, but rather search for Philosophie in
the writings of Poëts: or rather therein to practise Philosophie, by using
to seeke profit in pleasure, and to love the same: otherwise, if they can
finde no goodnesse therein, to be displeased and discontented, and to fall
out therewith.[68]

Der einzelne Leser genießt dabei eine vergleichsweise hohe Flexibilität
in der Rezeption, aber es wird vorausgesetzt, daß Lektüre neben Un-
terhaltung stets auch moralische Unterweisung zum Zweck hat und daß
etwa jedes Gedicht einen argumentativen Kern enthalte: eine moralische oder philosophische Wahrheit, die sich auch in nicht-poetischen
Sentenzen ausdrücken lasse. Lektüre wird als zielgerichtete performative Tätigkeit aufgefaßt, „intended to *give rise to something else.*"[69]

    In seiner Antwort auf Davenant wandelt Hobbes das wirkungs-
ästhetische Programm der Renaissancepoetik in eine produktions-
ästhetische Norm um. Er fragt nicht danach, wie der Leser aus einem
Text eine Aussage zu destillieren habe, sondern wie der Autor einen
Text konstruieren müsse, damit dieser eine bestimmte Botschaft über-
mitteln und auf seine Leser die beabsichtigte Wirkung haben wird.
Diese möglicherweise aus der Zusammenarbeit mit Davenant entstandene Fragestellung hat auch Auswirkungen auf Hobbes' eigenes philosophisches Schreiben. Sie kann zur Erklärung der ‚rhetorischen Wende'
des *Leviathan* beitragen, in dem der nüchterne ‚cartesische' Stil der
früheren Schriften durch einen ‚barocken' und literarisierten Meta-
phernreichtum ersetzt wird.[70] Der Text erzielt seine Wirkung, indem er
selbst zum Bild wird, das sich dem Leser durch Metaphern und Figuren mitteilt; so entsteht aus dem Text im Bewußtsein des Lesers ein
machtvolles und dauerhaftes inneres Bild. Dieser neue Ansatz ist nichts
Geringeres als der Vorschlag einer wirkungstheoretischen Lösung des

---

68 Ebd., S. 19 f., Herv. IB.
69 Lisa Jardine u. Anthony Grafton, „‚Studied for Action': How Gabriel Harvey Read
   his Livy", in: *Past and Present,* Nr. 129 (1990), S. 30-78, S. 30, vgl. 32 f. Solche Lese-
   gewohnheiten richten sich nicht auf den Sinnvollzug *einzelner* Werke, sondern beinhalten oft die Simultanlektüre *mehrerer* für eine bestimmte Gelegenheit ausgewählter
   Texte bzw. Textauszüge, zuweilen unter Zuhilfenahme maschineller Vorrichtungen
   wie dem Bücherrad (ebd. S. 45-48, siehe Illustration S. 47).
70 Vgl. Skinner, *Reason and Rhetoric* (wie Anm. 23), S. 366.

Kontingenzproblems der frühneuzeitlichen Textkommunikation. Die beabsichtigte Wirkung wird laut Hobbes erzielt durch eine Methode, die dem optischen Prinzip des Perspektivglases ähnelt:

> I beleeve (Sir) you have seene a curious kind of perspective, where, he that lookes through a short hollow pipe, upon a picture conteyning diverse figures, sees none of those that are there paynted, but some one person made up of their partes, conveighed to the eye by the artificiall cutting of a glasse. I find in my imagination an effect not unlike it from your Poeme. The vertues you distribute there amongst so many noble Persons, represent (in the reading) the image but of one mans vertue to my fancy, which is your owne; and that so deeply imprinted, as to stay for ever there, and governe all the rest of my thoughts, and affections [...].[71]

Beim Lesen schreibt, ja druckt sich ein Bild der ‚vertue‘ in die Phantasie des Lesers ein („deeply imprinted"). Dieses Bild enthält der Text nicht an der Oberfläche; es wird dem Leser vielmehr durch einen optischen Trick mitgeteilt: Fragmente eines Bildes werden zu einem unerwarteten neuen Bild zusammengefügt. Das so erscheinende Bild zeigt „some one person made up of their partes". Dieser Bildaufbau entspricht genau dem Verfahren, nach dem sich bei Hobbes politische Souveränität konstituiert und das der Künstler des *Leviathan*-Titelbilds als Kompositbild darstellt: „This is more than Consent, or Concord; it is a reall Unitie of them all, in one and the same Person [...], the Multitude so united in one Person, is called a COMMON-WEALTH, in latine CIVITAS. This is the Generation of that great LEVIATHAN, or rather [...] of that *Mortall God,* to which wee owe under the *Immortal God,* our peace and defence."[72] Dieser ‚Eindruck‘ (*imprint*) eines äußeren (gedruckten) Bildes, das zum inneren (Sinn-)Bild wird, soll für immer in den Vorstellungen des Lesers verbleiben und dessen Gedanken beherrschen („to stay for ever there, and governe all the rest of [his] thoughts"). Das Gedicht, das Bild, der Text haben ihr beabsichtigtes Ziel erreicht, wenn sie ihre Funktion der moralischen Unterweisung erfüllt haben, nämlich: ein *permanentes Imprinting* oder eine „strukturelle Verankerung"[73] des zusammengefügten Herrscherbildes als machtvollem und wirkmächtigem inneren Bild – als „orientierungsbietendem Metakonzept"[74] – in der Phantasie des Rezipienten, in der sich körperliche und seelische, kognitive und emotionale Dimensionen vereinen.

71 Hobbes, „The Answer of Mr. Hobbes" (wie Anm. 9), S. 55.
72 *Leviathan* (wie Anm. 21), Kap. 2.17, S. 120.
73 Hüther, „Die Macht der inneren Bilder" (wie Anm. 3), S. 164.
74 Ebd., S. 167.

Hobbes lobt Davenants epischen Entwurf, weil er dieses Idealziel erreiche, aber auch weil der Gehalt seiner Lehre der eigenen politischen Philosophie entspreche: „when I considered that also the actions of men, which singly are inconsiderable, after many conjunctures, grow at last either into one great protecting power, or into two destroying factions, I could not but approve the structure of your Poeme, which ought to be no other then such an imitation of humane life requireth."[75] Für eine solche „imitation of humane life" sei die Hilfe metaphysischer Begriffe nicht mehr vonnöten; sie können jedoch noch zur metaphorischen Illustration einer rationalen Theorie nützlich sein. Dies geschieht z. B., wenn Hobbes die „wonderfull celerity" der Vorstellungskraft in einer der Hermetik entlehnten Sprache beschreibt. Die Vorstellungskraft könne „fly from one *Indies* to the other, and from Heaven to Earth [...], into the future, and into her selfe, and all this in a point of time" (S. 49).[76] Metaphysische und mystische Metaphorik wird auch dann gebraucht, wenn Hobbes den Einfluß des Souveräns mit dem Einfluß der Sterne auf das menschliche Verhalten vergleicht – in einer Weise, die seiner materialistischen Philosophie zu widersprechen scheint: „For there is in Princes, and men of conspicuous power (anciently called *Heroes*) a lustre and influence upon the rest of men, resembling that of the Heavens" (S. 45).[77] Der epistemologische Stellenwert dieser figurativen Sprechweise bleibt im unklaren: Handelt es sich dabei um „adornment", um rhetorischen Schmuck zur Steigerung der persuasiven Kraft der Argumentation? Oder beinhaltet Hobbes' Diskussion der ‚inneren Bilder' etwa eine genuin spiritualistische Dimension, ja einen mystisch-hermetischen Subtext, der noch das mo-

75 Hobbes, „The Answer of Mr. Hobbes" (wie Anm. 9), S. 50. Weitere Zitate in Klammern.

76 Man hat nachgewiesen, daß Hobbes' Beschreibung der *fancy* aus der hermetischen Tradition stammt, vor allem aus dem Lob der Vorstellungskraft im *Poimandres*. Vgl. Hermès Trismégiste, *Corpus Hermeticum* (4 Bde.), hg. v. Arthur Darby Nock, übers. v. A.-J. Festugière, Bd. 1, Paris 1980, S. 154. Siehe Karl Schuhmann, „Rapidità del pensiero e ascensione al cielo: alcuni motivi eremetici in Hobbes", in: *Rivista di storia della filosofia*, Jg. 40, H. 2, 1985, S. 203-27. Weitere Indizien bei Bredekamp, *Thomas Hobbes Visuelle Strategien* (wie Anm. 22), S. 68-71.

77 Beide Vergleiche kommen in Davenants Vorwort vor; zum Einfluß der Himmelskörper vgl. S. 13, 38. Könnte es sein, daß sich in diesem Satz eine Spur des *symphyton pneuma* des Aristoteles verbirgt, aus dessen Substanz sowohl der menschliche Geist als auch die Sterne bestehen (*De generatione animalium* 2.3, 736b30-737a1)? Vgl. Gad Freudenthal, *Aristotle's Theory of Material Substance: Heat and Pneuma, Form and Soul*, Oxford 1995, S. 106-48; Ioan P. Culianu, *Eros und Magie in der Renaissance*, Frankfurt a. M./Leipzig, 2001, S. 28 f.

dernste (mechanistisch-materialistische) politische Denken des 17. Jahrhunderts grundiert? Die Macht der Vorstellungskraft, auf der nach
Hobbes die Wirkmächtigkeit der Literatur beruht, korrespondiert auf
der Inhaltsebene mit der Macht der ‚Helden‘, die als Idealbilder des
Souveräns oder des Machiavellischen *Principe,* die Rezipienten beein-
drucken und beeinflussen sollen. Diese Theorie der Massensuggestion
durch Medien wird in traditionellen Begriffen und mit Anleihen bei
hermetischen, neuplatonischen und mystischen Traditionen beschrieben, aber zugleich handelt es sich um einen hochmodernen, proto-be-
havioristischen Vorgang: um ein *imprinting* als Programmierung und
Steuerung des Bewußtseins. Ähnliches findet sich in Descartes' *Passi-*
ons de l'Ame (1649). Auch Descartes stellt die These auf, emotionale
Reaktionen auf Sinnesreize seien manipulierbar: „car, puisqu'on peut,
avec un peu d'industrie, changer les mouvements du cerveau dans les
animaux dépourvus de raison, il est evident qu'on le peut encore mieux
dans les hommes".[78] Erziehung wird vorgestellt als Prozeß der fort-
schreitenden erfolgreichen Bewältigung und Beherrschung der Leidenschaften; mit den richtigen Mitteln könne selbst der Schwächste eine
‚absolute Herrschaft‘ („un empire absolu") über seine Leidenschaften
erlangen, „si on employait assez d'industrie à les dresser et à les con-
duire."[79] Im *Leviathan* stellt sich Hobbes einen ungebildeten Geist als
leeres, d. h. als zu be(ein)druckendes Blatt Papier vor – eine Vorweg-
nahme der ‚tabula rasa‘ in Lockes *Essay Concerning Human Under-*
standing.

Auch Davenant macht in seinem Vorwort zu *Gondibert* Anleihen bei
der hermetischen und neuplatonischen Tradition. Seine Definition des
wit als „dexterity of thought; rounding the world, like the Sun, with
unimaginable motion; and bringing swiftly home to the memory uni-
versall survays"[80] geht wie Hobbes' Definition der *fancy* auf den Poimandres zurück. Die Konstruktion einer (geozentrischen) Äquivalenz
zwischen dem Bewegungsbild der Vorstellungskraft und der Bewegung
der Sonne impliziert zugleich auch eine panoptische, hierarchische und
kontrollierende Beobachterposition.[81] Wie der Landschaftsmaler, der

---

78 René Descartes, *Les passions de l'âme* (1649), Art. 50, in: ders., *Œuvres et Lettres,* hg.
    v. André Bridoux, Paris 1953, S. 722.

79 Ebd.

80 Davenant, *The Preface to Gondibert* (wie Anm. 53), S. 18.

81 Zur Panoptik im âge classique siehe Michel Foucault, *Überwachen und Strafen. Die*
    Geburt des Gefängnisses, Frankfurt a. M. 1976. Foucault behauptet, daß Beobach-
    tungshierarchien in der frühen Moderne dazu dienen, die verinnerlichten Werturteile
    epistemologisch ‚eingesperrter‘ Subjekte zu normalisieren.

die Technik der Zentralperspektive benutzt[82] – und wie die Sonne, die in Anspielung auf die Hermetik Gottes Vogelperspektive einnimmt – kann der Dichter eine privilegierte Beobachterposition einnehmen. Von dieser Warte aus kann er das ihn Umgebende in einem Raster anordnen und kontrollieren, um anderen Betrachtern „the Worlds true image" darzubieten.[83] Die Wahrheit des Bildes ist dabei durchaus der Absicht untergeordnet, denn diese ist perspektivabhängig und – nach Belieben – ideologisch determinierbar. Der ‚Einfluß' der Bilder ist zugleich wirkmächtig und subtil, tritt offen zutage und wirkt doch im Verborgenen – ganz wie der Einfluß der Sterne auf das menschliche Schicksal. Insofern sind die hermetischen und neuplatonischen Anleihen Davenants und Hobbes nicht nur rhetorische Schnörkel, sondern Hinweise auf die verborgene Macht der inneren Bilder. Diese Macht nutzt nicht nur die fiktionale Literatur, sondern – spätestens nach seiner ‚rhetorischen Wende' um 1650 – auch der Theoretiker Hobbes in seinen Schriften. Ähnlich im Text aufgehoben und doch unübersehbar, wirken hermetische und mystische Denk-Bilder inmitten der modernsten politischen Theorie fort.

Wenn Hobbes' Behauptung zutrifft, daß Davenant einige Ideen zum *Leviathan* beigesteuert habe,[84] lassen sich hierzu einige Indizien in Davenants Vorwort zu *Gondibert* finden. Bei ihnen geht es um Hobbes' Spezialität: optische Metaphern und Perspektiven. In Davenants Text beobachten die Heerführer die Politiker „with the Eye of Envy (which inlarges objects like a multiplying-glasse [...] and think them immense as *Whales*."[85] Im *Leviathan*, Kap. 2.18, wird dieses Bild zu einer Definition des Egoismus verallgemeinert: „For all men are by nature provided of notable multiplying glasses, (that is their Passions and Selfe-love,) through which, every little payment appeareth a great

---

82 Zur Vielschichtigkeit unterschiedlicher Perspektiven und Techniken räumlicher Darstellung in Malerei und Literatur der frühen Neuzeit siehe Alastair Fowler, *Renaissance Realism. Narrative Images in Literature and Art,* Oxford 2003.

83 Davenant, *The Preface to Gondibert* (wie Anm. 53), S. 4.

84 „I have used your Judgment no lesse in many thinges of mine, which comming to light will thereby appeare the better" (Hobbes, „The Answer of Mr. Hobbes" (wie Anm. 9), S. 54).

85 Davenant, *The Preface to Gondibert* (wie Anm. 53), S. 35. Der Wal taucht bereits in einem früheren Abschnitt von Davenants Text auf, wo es heißt: „the Mindes of Men are more monstrous [...] then the Bodies of Whales" (S. 31). Man sollte nicht vergessen, daß Leviathan der Name eines biblischen Meeresungeheuers ist, das oft mit einem Wal gleichgesetzt wird (vgl. Hiob 40 f.). Hobbes' Theorie nutzt diese Ungeheuerlichkeit des Leviathans als Antriebsenergie (Angst) zu ihrer Beseitigung durch Übersetzung auf die höhere Ebene des ‚Staatskörpers', der nur auf Feinde von außen ungeheuerlich wirkt und nicht auf seine Bewohner, die er beschützt.

grievance."[86] Davenant gebraucht an anderer Stelle das Bild eines um-
gedrehten Teleskops: „who think the best objects of theire owne coun-
try so little to the size of those abroad, as if they were shew'd them by
the wrong end of a Prospective."[87] Ein weiteres optisches Sprachbild ist
der Spiegel der Mimesis: „in a perfect glasse of Nature [the Heroick
Poem] gives us a familiar and easy view of our selves."[88] Doch Hobbes
scheint weniger an Davenants „perfect glasse" interessiert als an kunst-
voll geschliffenen Gläsern,[89] die nicht einfach ein Bild wiedergeben,
sondern ein neues, anderes Bild technisch herstellen. Hobbes antwortet auf Davenants Optik der Reflexion mit einer Optik der Analyse und
Rekombination.

In diesem Sinn liest Hobbes Davenants Epos als eine Textmaschine,
die mit dem quasi-astrologischen ‚Einfluß' des Helden als ‚starkem
Mann' („[man] of conspicuous power") operiert und damit den Rezipienten beeinflußt. Ihr Zweck sei es, „to adorne vertue, and procure her
Lovers",[90] d. h. das Gedicht will seine Leser von der „vertue" (virtù?)
des Souveräns überzeugen und den einzelnen, die das Gemeinwesen
ausmachen, beibringen, daß sie „vertue" lieben müssen. Hat sich dieses
Bild der Tugend bei ihnen festgesetzt, werden sie freiwillig und gehor-
sam dem Souverän sich unterordnen und das Kompositbild eines Leviathans formen, um Frieden und Sicherheit zu erlangen. In der
Antwort auf Davenant wendet Hobbes die Prinzipien seiner Theorie
auf diesen kurzen Text selbst an: das Bild, das der Leser sehen soll, muß
aus verstreuten Fragmenten und „diverse figures" des Textes zusam-
mengesetzt werden. Aus einer solchen „curious kind of perspective"[91]
wird es dem Leser ermöglicht, ein ganz anderes Bild zu visualisieren.
Aus den zeitgenössischen Diskussionen um eine Medienethik und den
richtigen Umgang mit Texten und Bildern filtert Hobbes das Programm
einer Medienpoetik und Medienpolitik. Nur ein Jahr später wird dieses Programm im Leviathan-Titelbild graphisch umgesetzt. In der erst
dichterischen, dann argumentativen und schließlich auch visuellen Her-
vorbringung dieses Kompositbildes wird die Macht der inneren Bilder
von einer anthropologischen Diagnostik in eine politische Programmatik übersetzt. Durch Hobbes' Kombination der medientheoretisch
‚heißen', aus der mystischen Tradition gespeisten Bilderflut der Phan-

---

86 Leviathan (wie Anm. 21), Kap. 2.18, S. 129.
87 Davenant, The Preface to Gondibert (wie Anm. 53), S. 11.
88 Ebd., S. 3.
89 Vgl. Hobbes, „The Answer of Mr. Hobbes" (wie Anm. 9), S. 55.
90 Ebd., S. 48.
91 Ebd., S. 55.

tasie mit der ‚kühlen' Analyse der Phantasmata der Wahrnehmung wird der in der Renaissance schwelende Konflikt zwischen sprachlicher und bildlicher Rhetorik wenn nicht aufgelöst, so doch für einen überzeugenden Moment stillgestellt.

ROGER LÜDEKE

Politische Mystik. William Blakes *America*

I.

„I have very little of Mr. Blake's company" – so Catherine, die Ehefrau von William Blake, nach einem bekannten Zeugnis – „he is always in Paradise."[1] Die Überlieferung solcher Aussagen hat wesentlich zur Autorimago eines Dichters beigetragen, der seit frühester Kindheit mit Visionen lebte und dessen Erfindung einer ausgefeilten Drucktechnik ihm nach eigenen Aussagen durch den Geist seines früh verstorbenen Bruders Robert übermittelt wurde.[2] Gilt das Klischee vom romantischen Dichtervisionär noch nicht so sehr für den Autor der 1789 bzw. 1794 entstandenen *Songs of Innocence* und *Songs of Experience*, scheint sich das im 19. Jahrhundert entstandene und bis in die Blake-Rezeption der nordamerikanischen *beat generation* gepflegte Autorkonstrukt des weltfernen Phantasten und religiösen Eiferers spätestens im Umfeld jenes Werks mit um so größerem Nachdruck zu bestätigen, das im Zeitraum dieser Untersuchung steht: Neben *America. A Prophecy* (1793) sind auch *The Marriage of Heaven and Hell* (1790-1792/93) und *Europe. A Prophecy* (1794) geprägt durch eine schwer zugängliche Sprache religiöser Schwärmerei, durch eine dem Anschein nach wesentlich hausgemachte Mythologie und Kosmologie; die sog. ‚*Urizen*-Books', insbesondere *The [First]Book of Urizen* (1794), aber auch *The Book of Los* (1795) und *The Book of Ahania* (1795) konkurrieren mit den überlieferten Narrationen der biblischen Schöpfungsgeschichte und des antiken Mythos.

---

1 Gerald Eades Jr. Bentley, *The Stranger from Paradise. A Biography of William Blake*, New Haven/London 2001, S. 221.

2 Vgl. John Thomas Smith, *Nollekens and his Times: comprehending a life of that celebrated sculptor; and memoirs of several contemporary artists, from the time of Roubiliac, Hogarth and Reynolds, to that of Fuseli, Flaxman, and Blake*, 2 Bde. London 1828, S. 461; Alexander Gilchrist, *Life of William Blake*, Bd. 1, London et al. 1863, S. 68 f.; Gerald Eades Jr. Bentley, *Blake records: documents (1714-1841) concerning the life of William Blake (1757-1827) and his family, incorporating „ Blake records" (1969), „ Blake records supplement" (1988) and extensive discoveries since 1988*, Yale, CT 2003, S. 32 f., 460, 486.

Auf der anderen Seite und gegenläufig zum populärkulturellen Bild des eingekapselten Visionärs ‚jenseits aller geschichtlichen Zeiten' hat die literaturwissenschaftliche Blake-Forschung der letzten fünfzig bis sechzig Jahre so hartnäckig wie erfolgreich an der Historisierung von Blakes Schreiben gearbeitet.[3] Zeitbedingt sind Blakes Werke auch deswegen, weil sie in höchstem Maße politisch motiviert sind. 1757 geboren, 1827 gestorben, hat Blake nicht weniger als zwei Revolutionen von weltpolitischem Ausmaß erlebt. Blakes früher Biograph, Frederick Tatham, beschreibt ihn in seinem *Life of Blake* als „proudly wearing the cap of liberty and mixing with the radicals who circulated around the publisher Joseph Johnson."[4] – Und dennoch:

> It is not always easy to recognize the rational political core within millenarian movements, for their very lack of sophistication and of an effective revolutionary strategy makes them push the logic of the revolutionary position to the point of absurdity or paradox. They are impractical and utopian. Since they flourish best in periods of extraordinary social ferment and tend to speak the language of apocalyptic religion, the behaviour of their members is often odd by normal standards. They are therefore as easily misinterpreted as William Blake, who until quite recently was commonly regarded not as a revolutionary but simply as an eccentric other-worldly mystic and visionary.[5]

Eric J. Hobsbawms Bemerkungen zu den religiös geprägten politischen Bewegungen des ausgehenden 18. Jahrhunderts weisen auf ein grundsätzliches Problem, das einem bei der Beschäftigung mit der politischen Dimension von Blakes Dichtung durchweg begegnet. Es betrifft das konstitutive Spannungsverhältnis zwischen Religiösem und Politischem, wie es insbesondere für jene politischen Theorien der Aufklärung kennzeichnend ist, die die politischen Ereignisse im Umfeld der Französischen Revolution wesentlich begleiten und mitbestimmen.

---

3   Vgl. Jackie di Salvo, „Introduction", in: *Blake, Politics, and History*, hg. v. Jackie Di Salvo, G. A. Rosso u. Christopher Z. Hobson, New York/London 1998, xv.

4   Zit. nach Bentley, *Blake records* (wie Anm 2), S. 40; vgl. Jon Mee, *Dangerous Enthusiasm. William Blake and the Culture of Radicalism in the 1790s*. Oxford 1992, S. 10; David Worrall, „Blake and 1790s Plebeian Radical Culture", in: *Blake in the Nineties*, hg. v. Steve Clark u. David Worrall, New York 1999, S. 195; sowie die wegweisende Studie von David V. Erdman, *Blake: Prophet against Empire. A Poet's Interpretation of the History of his Own Times. Revised Edition*, Princeton, NJ 1969.

5   Eric J. Hobsbawm, *Primitive Rebels: Studies in Archaic Forms of Social Movement in the 19th and 20th Centuries*, Manchester 1959, S. 59 f; vgl. Morton D. Paley, „William Blake, the Prince of the Hebrews, and the Woman Clothed with the Sun", in: *William Blake: Essays in Honour of Sir Geoffrey Keynes*, hg. v. Morton D. Paley u. Michael Phillips, Oxford 1973, S. 292.

Zwar begann sich die Korrelation von Politik und Religion schon im 17. Jahrhundert, in den Schriften Hobbes' und Lockes, in dem Maße zu lockern, wie die Frage nach der absoluten Macht des Souveräns und nach den legitimen Voraussetzungen gesellschaftlicher Ordnung zunehmend außerhalb des Geltungsbereichs religiöser Begründungen gestellt wurde. Trotzdem stellt das Ereignis der Französischen Revolution zweifellos einen entscheidenden Bruch dar, insofern es die Ausdifferenzierung und „Entflechtung des Religiösen und des Politischen" maßgeblich verschärft: Fortan, so scheint es, werden „das Politische und das Religiöse [...] als zwei getrennte Ordnungen von Praktiken und Relationen gesetzt"[6]. – Und dennoch: „Are not Religion & Politics the Same Thing?"[7]

Will man die politischen und die religiösen Aspekte von Blakes Dichtung gleichermaßen ernstnehmen, sieht man sich bei näherer Beschäftigung mit dessen poetologischer und poetischer Praxis also vor entscheidende Begründungsprobleme gestellt. Dennoch gehen sowohl die älteren als auch die neueren Untersuchungsansätze der Blake-Forschung in zumeist populärmarxistischer Tradition davon aus, daß sich herrschende politische Systeme die Religion bewußt zunutze machen, um den spirituellen Erfahrungsbereich des gesellschaftlichen Subjekts für den Erhalt der bestehenden gesellschaftlichen Ordnung und ihrer Disziplinierungsabsichten zu instrumentalisieren. „Religion and history have always been politicized in human culture and to realize this is to discover a matter-of-fact about Blake's times."[8] Die Einseitigkeit wie Äußerlichkeit dieser Ausgangsbetrachtung des Verhältnisses von Religion und Politik setzt sich dann im interpretatorischen Umgang mit den literarischen Texte fort, sei es, daß diese, wie vor allem in der älteren Forschung, als privatistische und gesellschaftspolitisch letztlich unvermittelbare *Kompensation* oder, so verstärkt in den jüngeren Untersuchungen, als durch religiöse Transzendenzvorstellungen geprägte *Suspension* der gesellschaftspolitischen Machtverhältnisse erscheinen.[9]

---

6 Claude Lefort, *Fortdauer des Theologisch-Politischen?*, übers. v. Hans Scheulen u. Ariane Cuvelier, Wien 1999, S. 43.

7 William Blake, *The Complete Poetry and Prose*, hg. v. David Erdman, New York et al. 1988/2001, S. 207; im folgenden im laufenden Text zitiert nach der Sigle E unter Angabe der Seitenzahl.

8 David Worrall, „Introduction", in: *William Blake: The Urizen Books*, hg. v. David Worrall, Bd. 6, Princeton, NJ 1995, S. 9.

9 Vgl. E. P. Thompson, *Witness against the Beast. William Blake and the Moral Law*, New York 1993, S. 22-51; Jon Mee, „,The Doom of Tyrants': William Blake, Richard ,Citizen' Lee, and the Millenarian Public Sphere", in: *Blake, Politics, and History*, hg. v. Jackie Di Salvo et al. (wie Anm. 3), S. 33; sowie ausführlich Saree Makdisi, *William Blake and the Impossible History of the 1790s*, Chicago/London 2003, S. 283-311.

Dieser konzeptuell einseitigen und rein äußerlichen Konzentration auf
die instrumentalisierbaren Bezüge von Politik *auf* Religion und deren
vermeintliche Umkehrung in der literarischen Reaktion widersprechen
nun insbesondere jüngere und jüngste Angebote der aktuellen politischen Theoriebildung. Diese wenden sich kritisch gegen die These einer
zunehmenden Säkularisierung[10] auch des Politischen, die einem über-
kommenen Modernisierungsbegriff zufolge im Umfeld der Französischen Revolution einen ersten Höhepunkt und letzten Durchbruch erreicht hätte. Statt dessen zielen sie darauf, jenseits der offiziellen
Programmatik der politischen Theorieentwürfe des ausgehenden 18.
Jahrhunderts und der darin vorgenommenen Entflechtung von Politik
und Religion eine konstitutiv religiöse Dimension im *Inneren* des Politischen selbst zu verorten. So hat jüngst Claude Lefort in diesem Zusammenhang darauf hingewiesen, daß man – trotz aller Unterschie-
denheit der Sphären von Religion und Politik – das, was

> von der fortgesetzten Bearbeitung einer politischen Form abhängt, [...]
> nicht von der fortgesetzten Bearbeitung einer religiösen Form trennen
> [kann] [...], kraft deren das Reich des Sichtbaren von Tiefe zeugt, die Le-
> benden sich in Beziehung zu den Toten benennen, das Menschenwort
> seine Bestätigung in einem ersten Pakt findet und sich die Rechte und die
> Pflichten in Bezug auf ein ursprüngliches Gesetz formulieren.[11]

Dabei wird keineswegs geleugnet, daß das Ende des 18. Jahrhunderts
auf der Ebene der politischen Theoriebildung gekennzeichnet ist von
der programmatischen Ablösung religiös-transzendenter Gesell-
schaftsmodelle durch politische Ordnungsformen, deren Legitimation
nun verstärkt im innerweltlichen Lebenskontext begründet wird.
Tatsächlich werde die Einheit von Macht und Gesellschaft im ausgehenden 18. Jahrhundert nicht mehr vorrangig gestiftet durch den Verweis auf ein transzendentes „Außen [...]", das den Göttern, der Polis
und einem heiligen Land" oder der „Substanz der Gemeinschaft zugeschrieben wird".[12] Die Folge aber ist, daß dadurch ein „leerer Ort" entsteht, an dem „keine Verbindung zwischen der Macht, dem Gesetz und
dem Wissen und keine Aussage über ihre Grundlage möglich" ist.[13]
Demnach führt die Umstellung von transzendent-göttlichen Refe-

---

10 Vgl. allgemein Hugh McLeod, *The Decline of Christendom in Western Europe. 1750-*
2000. Cambridge 2003.
11 Lefort, *Fortdauer des Theologisch-Politischen?* (wie Anm. 6), S. 44.
12 Ebd., S. 51.
13 Ebd., S. 53.

renzsystemen auf innerweltliche Bezugsgrößen im Diskurs des Politischen zu neuen Legitimationsproblemen, die argumentativ durch Formen *weltimmanenter Transzendenz* kompensiert werden – nach der Unverfügbarkeit eines *Immortal God* bei Hobbes durch die unergründbare *nature of man* etwa bei Thomas Paine oder Edmund Burke. Während politische Gründungserzählungen und Legitimationsnarrative die Begründungsdefizite gesellschaftlicher Macht im Dienste ihrer diskursiven Kohärenzbildung und disziplinären Geltungsansprüche verdecken und ins Unbeobachtbare ausgrenzen, reagieren Blakes poetische Erzählungen politischer Ordnung auf das, was in den politischen Diskursen infolge ihrer pragmatischen Geltungsansprüche prinzipiell nur in Latenz zu verhandeln ist: die Beobachtung nämlich, daß wer das Recht beansprucht, zwischen Recht und Unrecht, zwischen Gesetz und Willkür zu unterscheiden, selbst im Besitz von Recht und Gesetz sein müßte, um sich nicht dem Vorwurf der Willkür preiszugeben, während die Geltung genau dieses gesetzmäßigen Rechts bei dem entsprechenden Unterscheidungsakt selbst immer schon und dauerhaft in Frage steht.[14]

Dieser im Inneren des Politischen gelegene Unverfügbarkeitsbereich lenkt die Aufmerksamkeit auf eine Affinität zwischen politischen und religiös-literarischen Sinnformen. Ernst Müller spricht von einer „Verwechselbarkeit oder Doppeldeutigkeit des Ästhetischen und Religiösen" in vierfacher Hinsicht:

> wenn *erstens* die traditionelle religiöse Transzendenz sich in die Immanenz des innerlichen, von der Ästhetik kaum zu unterscheidenden Gefühls zurückzieht, *zweitens* Offenbarungen und Mythen als Kunst entschlüsselt werden, so daß *drittens* die als Erbin der Religon intendierte Kunst Funktionen des zu Überwindenden annimmt (Kunstreligion) oder *vier-*

---

14 In systemtheoretischer Diktion: „Der Code Recht/Unrecht kann nicht auf sich selbst angewandt werden, ohne daß eine Paradoxie entstünde, die das weitere Beobachten blockierte." (Niklas Luhmann, *Das Recht der Gesellschaft*, Frankfurt a. M. 1993/2002, S. 72) Aus Gründen der Darstellungsökonomie bin ich gezwungen, die weitaus komplexeren Überlegungen Walter Benjamins („Zur Kritik der Gewalt", in: Walter Benjamin: *Zur Kritik der Gewalt und andere Aufsätze*, mit einem Nachwort von Herbert Marcuse, Frankfurt a. M. 1920-21/2003, S. 29-65), Jacques Derridas („Unabhängigkeitserklärungen", in: *Performanz. Zwischen Sprachphilosophie und Kulturwissenschaften*, hg. v. Uwe Wirth, Frankfurt a. M. 1976/2002, S. 121-139; *Gesetzeskraft. Der ‚mystische Grund der Autorität'*, übers. v. Alexander García Düttmann, Frankfurt a. M. 1990/1991) sowie jüngst auch Jacques Rancières (*Das Unvernehmen. Politik und Philosophie*, übers. v. Richard Steurer, Frankfurt a. M. 1995/2002) und Giorgio Agambens (*Homo Sacer. Die souveräne Macht und das nackte Leben*, übers. v. Hubert Thüring, Frankfurt a. M. 1995/2002) auf diese verkürzten Formulierungen zu bringen.

tens ästhetische Wahrnehmung und Kunsttätigkeit zum exklusiven Ort der Erfahrung eines Subjektüberschreitenden, Transzendenten, Unmittelbaren, als des ‚ganz Anderen' werden.[15]

Der in der vorliegenden Studie verfolgte systemtheoretische Ansatz ermöglicht demgegenüber eine differenziertere Betrachtung. Sinnformen werden dann „als religiös erlebt, wenn ihr Sinn zurückverweist auf die Einheit der Differenz von beobachtbar und unbeobachtbar".[16] Blakes politische Dichtung ist also insofern religiös, als sie einen Beobachtungsmodus erzeugt, der das in politischen Legitimationsformen notwendig ausgeschlossene Dritte, das die Rechtmäßigkeit der Unterscheidung zwischen Recht und Willkür betrifft, wieder einschließt und dabei „die Grenzbedingungen des politischen Raumes" erfahrbar macht: „seine Berührung mit einer ihn transzendierenden Sphäre, [die] die Schwelle zwischen dem Heiligen und der Politik".[17]

Luhmann zieht aus dem Befund, daß Religion den blinden Fleck jeder Sinnbildung beobachtbar macht, die Schlußfolgerung, daß jede gesellschaftliche Sinnkonstitution und damit jeder unterscheidende „Formgebrauch Religion involviert".[18] Der historische Befund, daß „die Funktion der religiösen Symbolisierung" im ausgehenden 18. Jahrhundert zunehmend „von der Ästhetik übernommen, zumindest mitgetragen"[19] wird, kann so für eine Einschätzung der politischen Dimension von Blakes religiöser Dichtung nutzbar gemacht werden. Ähnlich wie Religion ist Kunst „die Nachahmung der Unsichtbarkeit der Welt, der als Ganzes nicht darstellbaren Natur".[20] Religiöse wie literarische Sinnformen überfordern Bewußtsein und Kommunikation gleichermaßen durch eine Beobachtung von deren jeweils eingeschlossenem Ausgeschlossenen, insofern sie das transzendente „Sinnkorrelat alles immanent Beobachtbaren"[21] hervortreiben.

Ausgehend hiervon läßt sich bei Blake prinzipiell unterscheiden zwischen narrativen Ausprägungen, die die Ausgangsparadoxie der politischen Modelle auf so innovative wie produktive Weise neu kaschieren,

---

15 Ernst Müller, „Religion", in: *Ästhetische Grundbegriffe. Historisches Wörterbuch in sieben Bänden*, hg. v. Karlheinz Barck, Martin Fontius u. a., Bd. 5, Stuttgart/Weimar 2003, S. 229/Sp. 1.

16 Niklas Luhmann, *Die Religion der Gesellschaft*, Frankfurt a. M. 2000, S. 35.

17 Albrecht Koschorke, „Götterzeichen und Gründungsverbrechen. Die zwei Anfänge des Staates", in: *Neue Rundschau 115*, 2004, S. 40-55, 42.

18 Luhmann, *Die Religion der Gesellschaft* (wie Anm. 16), S. 53.

19 Ebd., S. 281.

20 Niklas Luhmann, *Die Kunst der Gesellschaft*, Frankfurt a. M. 1995, S. 150.

21 Luhmann, *Die Religion der Gesellschaft* (wie Anm. 16), S. 63.

und jenen hier nicht näher berücksichtigten Ausprägungen, in denen diese Ausgangsparadoxien poetisch gesteigert, überboten und intensiviert werden. Im historischen Bezugsrahmen von Blakes mystisch geprägter Konzeption des Imaginären (vgl. den zweiten Abschnitt) ist es damit grundsätzlich möglich, zwei typische Ausformungen einer religiös verankerten Imagination des Unbeobachtbaren zu beschreiben: einerseits eine paradoxievermeidende Variante, die auf die Restitution einer *Beobachtung des Unbeobachtbaren* zielt, die ich als mystisch bezeichnen möchte;[22] andererseits eine komplementäre Ausprägung, die die paradoxiesteigernde Variante einer *Unbeobachtbarkeit von Beobachtung* profiliert und im engeren Sinne als prophetisch zu beschreiben wäre (was anhand von *Europe* und *Urizen* zu zeigen wäre und hier nicht zu zeigen ist). Während der letztgenannte Erzähltypus Imaginäres im Sinne einer Störgröße, als Mittleres mobilisiert, das auf Dauer die Differenz der je gebildeten Vorstellungsinhalte zu einem transzendenten Feld des Möglichen im Bewußtsein hält, zielt die hier näher zu berücksichtigende Variante des Mystischen auf eine mediale und sprachliche Vergegenwärtigung von Unbeobachtbarem. Beide der genannten Ausprägungen religiös-politischer Dichtung können aber als spezifisch ästhetische Antwort auf die Grenzen und Bedingungen politischer Selbstlegitimation gelten, die sich im ausgehenden 18. Jahrhundert nicht mehr im Rahmen einer politischen Theologie außerweltlicher Transzendenz, sondern innerhalb weltimmanenter Begründungsstrukturen zu verankern beginnt.

II.

Obwohl Blake in *America* eine räumliche Gegenüberstellung aus *Thel* (1789) und *Visions of the Daugthers of Albion* (1793) aufgreift, liegt der Schwerpunkt hier nicht mehr auf einer überhistorischen Perspektive der Erlösung, sondern auf der Verarbeitung von zeitgeschichtlichen politischen Entwicklungen: Auf der einen Seite steht der zu „Albions fiery Prince" ins Archaische überhöhte George III., auf der anderen Seite die amerikanischen Freiheitskämpfer: „Washington, Franklin, Paine & Warren, Gates, Hancock & Green".[23] Deutlicher noch als in *Visions*, das nur sehr punktuell auf den historischen Konflikt der Sklaverei an-

---

22 Vgl. auch Peter Fuchs, „Von der Beobachtung des Unbeobachtbaren: Ist Mystik ein Fall von Inkommunikabilität?", in: *Reden und Schweigen*, hg. v. Niklas Luhmann u. Peter Fuchs, Frankfurt a. M. 1989, S. 70-100.

23 E, S. 52.

spielt, schildert Blake hier also nichts weniger als die realpolitische Re-Institution gesellschaftlicher Macht im Rahmen der amerikanischen Unabhängigkeitskämpfe, einen „illegal change in the conditions of legality"[24]. In diesem Sinne ist das narrative ,Ereignis' von *America* mit Jurij Lotman hier also ganz wörtlich als „,revolutionäres Element' im Verhältnis zum ,Weltbild'"[25] zu bezeichnen, denn die sujetkonstitutive Überschreitung des in *America* als *normal* Gesetzten stellt hier tatsächlich eine Durchbrechung historisch, politisch und sozial gewachsener Ordnungs- und Wertsysteme dar.

Die Möglichkeitsbedingung einer solchen politischen Re-Institution wird von *America* jedoch weiterhin in einem transzendenten Ordnungsmodell verankert. Vom Bereich des Phänomenalen gleichsam verdeckt und unsichtbar, ist dieser transzendente Ordnungsraum jederzeit präsent und deswegen auch für den visionären *poet painter* poetisch zu mobilisieren. Dementsprechend ist die Sujetbewegung von *America* mit einer konsequenten Verdopplung des politischen Geschehens durch eine von göttlichen Existenzen bevölkerte Seinsordnung verbunden; nicht zuletzt treten hier mit Orc und Urizen erstmals wichtige Gestalten aus Blakes mythopoetischem Universum auf, die dann auch in den späteren Prophezeiungen eine zentrale Rolle spielen. Infolge der für *America* kennzeichnenden „Realitätsverdoppelung" kann jedes im Text beschriebene Phänomen „gleichzeitig als sichtbare natürliche Erscheinung und als unsichtbares göttliches Ereignis angesehen"[26] werden. Damit entspricht der von *America* entworfene Ordnungsraum einem Wirklichkeitsmodus, der von Elena Esposito mit Blick auf frühgeschichtlich-archaische – in der Terminologie Luhmanns auch: ,tribale' oder ,segmentäre' – Gesellschaftsformen unter dem Begriff des *Divinatorischen* beschrieben wurde: Die Überblendung von referentialisierbaren historischen Ereignissen (Auflehnung des amerikanischen Volks) und verborgener Weltordnung (Zerstörung von Urizens Gesetz) erzeugt in *America* ein für divinatorische Wirklichkeitsmodelle typisches „gedoppeltes Objektverhältnis".[27]

---

24 Paul Schrecker, „Revolution as a Problem in the Philosophy of History", in: *Revolution* (*Yearbook of the Amercan Society of Political and Legal Philosophy*, Nomos, VIII), hg. v. Carl J. Friedrich, New York 1967, S. 38; vgl. Minna Doskow, „William Blake's *America*: The Story of a Revolution Betrayed", in: *Blake Studies* 8, 1979, S. 168.

25 Jurij M. Lotman, *Die Struktur literarischer Texte*, übers. v. Rolf-Dietrich Keil, München 1972, S. 339.

26 Elena Esposito, *Soziales Vergessen – Formen und Medien des Gedächtnisses und der Gesellschaft*, Frankfurt a. M. 2002, S. 60.

27 Niklas Luhmann, *Die Gesellschaft der Gesellschaft*, Bd. 1, Frankfurt a. M. 1997, S. 238.

Imaginäres, Geträumtes, visionär Erfahrenes oder Phantasiertes einerseits und ‚Reales‘ andererseits sind Teil einer Welt, „wobei imaginär durchaus nicht im Sinne von falsch verstanden werden darf. Was hier fehlt, ist lediglich die deutliche Scheidung zwischen zwei unterschiedlichen *Welten*. Das Imaginäre wird zu der einzigen Welt, auf die man sich bezieht."[28] Diese Form der Realitätsverdopplung bezeichnet also „eine Weise der Unterscheidung von Realität und Imagination, die an die sichtbaren Gegenstände gebunden bleibt; wobei diese aber gleichzeitig Träger unsichtbarer Bedeutungen sind. Die Leitunterscheidung der damit einhergehenden Semantik ist die von Oberfläche und Tiefe."[29]

Diese semantische Leitunterscheidung von Oberfläche und Tiefe verwirklicht sich in *America* nicht zuletzt darin, wie Blake hier in Fortführung von *Visions* mit der räumlichen Zwischenposition des Atlantiks arbeitet:

> Solemn heave the Atlantic waves between the gloomy nations,/ Swelling, belching from its deeps red clouds & raging Fires!/ Albion is sick. America faints! enrag'd the Zenith grew./ As human blood shooting its veins all round the orbed heaven/ Red rose the clouds from the Atlantic in vast wheels of blood/ And in the red clouds rose a Wonder o'er the Atlantic sea.[30]

Im weiteren Verlauf von *America* wird dieser von Orc markierte Zwischen-Raum als Ort der Wiedererstehung des sagenhaften Atlantis ausphantasiert.[31] Tatsächlich wird die sujettechnisch wie realhistorisch und politisch zentrale Differenz zwischen den beiden Staaten durch diese Vorstellung eines in den Tiefen des Atlantik verborgenen Plateaus aufgelöst und auf kosmischer Ebene stillgestellt.[32] Blakes synkretistische Überblendung der Atlantis-Sage aus Platons *Kritias* und der Geschichte vom Brautraub des Ariston, wie ihn Herodots Historien schildern, zeigt aber auch, daß *America* streng genommen nicht von Neuem, Anderem und nie Dagewesenem erzählen will. Statt dessen inszeniert es die poetisch vermittelte „Erinnerung an das Vertrautsein mit

---

28 Esposito, *Soziales Vergessen* (wie Anm. 26), S. 62.
29 Ebd.
30 E, S. 53.
31 Vgl. E, S. 55.
32 Vgl. David V. Erdman, *Blake: Prophet against Empire* (wie Anm. 4), S. 586; vgl. auch Dennis M. Welch, „America and Atlantis: Blake's Ambivalent Millenialism", in: *Blake Newsletter* 6, 1972/1973, S. 50; Michael Holley, „Blake's Atlantis", in: *Colby Quarterly* 30, 1994, S. 109-118.

dem Unvertrauten, also eine wiederholende Erneuerung des Erstaunens"[33]. Jenseits des Sichtbaren suggeriert der Text so einen Raum, „der allen Unterscheidungen vorangestellt ist", „auf den alles zurückgeführt wird" und der „sich ,jenseits' aller Bestimmungen"[34] befindet, ohne diesen Ordnungsraum jedoch eingehender zu charakterisieren.

Blakes *America* ist somit als weiterer, spätneuzeitlicher Beleg für eine These Elena Espositos zu lesen, derzufolge sich vor- und frühgeschichtliche Wirklichkeitsmodelle „in einem Strang des abendländischen Denkens überliefert [haben], der von den Pythagoreern hin zu einigen Ausprägungen des Platonismus und Neoplatonismus, zur Mystik, Kabbala und Alchimie, zu den Reflexionen von Autoren wie Raimundus Lullus, Nikolaus von Kues oder Pico della Mirandola, bis hin zu Giordano Bruno, dem Hermetismus der Renaissance und der Naturphilosophie romantischen Stils reicht".[35]

Die in *America* vorgestellte Vision kultureller und politischer Einheit stellt die mit politischen (Re-)Institutionen verbundenen Konflikte im Modus eines mystischen Weltmodells still. Dementsprechend gehört der transzendent-politische Ordnungsraum, der in *America* evoziert wird, streng genommen weder zur Ordnung des *tempus* noch zum Geltungsbereich der *eternitas*, sondern bildet vielmehr die mystische Verwerfung dieser Unterscheidung als solcher: Das politische Einheits-, das visionäre Heilsversprechen, beides scheint in *America* ja noch ungeschieden, wird nicht von der Zukunft bereitgehalten, sondern es bricht gleichsam aus einer simultanen Parallelwelt des Kosmischen ins Aktuelle ein. Es vollzieht sich im extratemporalen Raum eines natürlichen Mysteriums, dessen Wahrnehmung eine besondere Form der Tiefenschau jenseits der bloß sinnlichen Wahrnehmung erfordert.

Die Implikationen dieses Weltmodells, die bisher ausgehend von der Sujetstruktur entwickelt wurden, ergeben sich auch mit Blick auf die narrative *Vermittlungsebene* von *America*. Der Verarbeitung der politischen Ereignisse des amerikanischen Unabhängigkeitskampfes ist in dem mit „A Prophecy" überschriebenen Hauptteil von *America* ein „Preludium" vorangestellt. Darin wird geschildert, wie Orc sich aus den Ketten des Urthona befreit und dessen (namenlose) Tochter vergewaltigt. Dieser Akt der sexuellen Vereinigung wird als kosmischer Auftakt und mystischer Grund für die umwälzenden politischen und gesellschaftlichen Ereignisse evoziert, von dem der Text in der eigentlichen „Prophecy" dann ausführlich berichtet. Tatsächlich schließt der

---

33 Luhmann, *Die Gesellschaft der Gesellschaft* (wie Anm. 27), Bd. 2, S. 648.
34 Luhmann, *Die Gesellschaft der Gesellschaft* (wie Anm. 27), Bd. 1, S. 237.
35 Esposito, *Soziales Vergessen* (wie Anm. 26), S. 70.

Auftakt des langen Hauptteils, der den historischen Ereignissen in Amerika gewidmet ist, semantisch dann auch nahtlos an das im „Preludium" Geschilderte an. Auch hier ist die Szene beherrscht von glimmenden Feuern, auch hier findet sich das Motiv der schweren Eisenkette wieder, das die Preludium-Szene dominiert. In dem Maße, wie sich das kosmische Geschehen des „Preludium" in den historischen Ereignissen erfüllt, ist entsprechend dem divinatorisch-mystischen Weltmodell ein verborgenes Wechselverhältnis zwischen der urzeitlichen Szene des Vorspiels und der politischen Konfrontation zwischen England und Amerika postuliert. Vergleichbares zeigt sich nun aber auch in der komplexen Perspektivierung des weiteren Geschehens.

Den Amerikanern erscheint im Osten, am Ufer Englands „Albion's wrathful Prince"[36] in Drachengestalt, rote Meteore entflammend, mit glühenden Augen. Der Vers, der diesen Sachverhalt beschreibt, bildet einen Strophensprung, der sich bis auf die nächste Seite von Blakes *Illuminated Printing* erstreckt (cf. zur Text-Bild-Dimension Abschnitt 4 meiner Überlegungen). Im *contre-rejet* stehen die „eyes" des englischen Königs, im *rejet* das eben diese Erscheinung bezeichnende Verb: „His voice, his locks, his awful shoulders, and his glowing *eyes// Appear* to the Americans upon the cloudy night."[37] Diese deutliche Trennung von Wahrnehmung und Wahrgenommenem markiert auch syntagmatisch die neue Perspektivierung des Geschehens durch die Amerikaner. Im Anschluß hieran, syntaktisch und handlungslogisch jedoch zunächst nicht als getrenntes Geschehen erkennbar, wird eine weitere Erscheinung geschildert, die sich nachträglich als Emanation des Revolutionsgotts Orc enthüllt. Diese zweite Erscheinung ist wiederum nur dem englischen Machthaber sichtbar, dies erfährt der Leser jedoch erst im Anschluß an die ausführliche Schilderung dieser Erscheinung. – Es lohnt sich, die gesamte Passage im Detail zu betrachten:

> The strong voice ceas'd; for a terrible blast swept over the heaving sea;/ The eastern cloud rent; on his cliffs stood Albions wrathful Prince/ A dragon form clashing his scales at midnight he arose,/ And flam'd red meteors round the land of Albion beneath[.]/ His voice, his locks, his awful shoulders, and his glowing eyes

> Appear to the Americans upon the cloudy night.

> Solemn heave the Atlantic waves between the gloomy nations,/ Swelling, belching from its deeps red clouds & raging Fires!/ Albion is sick. Ame-

---

36 E, S. 52.
37 E, S. 52 f., m. Hervorh.

rica faints! enrag'd the Zenith grew./ As human blood shooting its veins
all round the orbed heaven/ Red rose the clouds from the Atlantic in vast
wheels of blood/ And in the red clouds rose a Wonder o'er the Atlantic
sea;/ Intense! naked! a Human fire fierce glowing, as the wedge/ Of iron
heated in the furnace; his terrible limbs were fire/ With myriads of cloudy
terrors banners dark & towers/ Surrounded; heat but not light went thro'
the murky atmosphere/

The King of England looking westward trembles at the vision.[38]

Tatsächlich ist dies ist ein Beispiel dafür, wie sich die vom Text insze-
nierte mystische Weltordnung auch auf der Ebene der narrativen Vermittlung manifestiert. Denn offensichtlich wird die syntagmatisch markierte Doppelperspektivierung durch Amerikaner und englischen
König von der semantischen Struktur nachdrücklich überspielt. Gegen-
sätzliche Ereignisse, hegemoniale Drohgebärde und Manifestation des
revolutionären Aufbegehrens, sind vom Leser nachträglich zwar als
zwei verschiedene und perspektivisch getrennte Phänomene zu rekonstruieren. Die sprachliche Machart des Textes suggeriert dagegen, daß
sie lediglich ununterscheidbare Manifestationsformen einer allgegenwärtigen, unter normalen Umständen verborgenen, kosmisch-göttli-
chen Weltordnung darstellen: Die Schlüsselelemente, die die Erscheinung des englischen Machthabers kennzeichnen – Wasser, Wolken und
Feuer – werden in der doppelt so umfangreichen Strophe, in der sich
die Erscheinung Orcs ankündigt, aufgegriffen und in radikaler Weise
vervielfältigt. Die „flam'd red meteors", die „glowing eyes", spiegeln
sich in den „red clouds & raging Fires" der folgenden Strophe, die
durch die gegenläufig zur siebenhebigen Betonungsstruktur des Vier-
zehnsilbers gesetzten Betonungen auch metrisch markiert sind (insbesondere durch nichtrealisierte Senkungen mit anschließender nichtrea-
lisierter Hebung im Sinne eines *umgekehrten Versfußes*).[39]

---

38 E, S. 52 f.
39 Vgl. J. Schipper, *Englische Metrik II/1. Neuenglische Metrik: Verslehre*, Bonn 1888,
S. 166 ff. Zu Blakes Versmaß unübertroffen John Hollander, *Vision and Resonance.
Two Senses of Poetic Form*, New York 1975, S. 204 ff.: „The fourteener in English
verse had been the meter of Chapman, Phaer, Golding and Warner's *Albion's England*.
Moreover, fourteeners in couplets are merely an alternate way of notating ballad stan-
zas, and their use in broadsides, Leveller verses, and other popular and even sub-li-
terary verse continued through Blake's own day. For Blake to use the strict, unrhymed
fourteener as the basis for further expansion and modulation of a metrical style is
more than merely an unfettering of poetry by enlarging its cell to the size of a long
line. It seems to result from a positive attempt to create an anti-meter, as opposed to
the norm of blank verse" (206).

Daraufhin wird das Schlüsselelement des Feuers in einer isotopischen Kaskade von identischen oder semantisch äquivalenten Lexemen („red", „glowing", „blood", „fire", „heated", „heat", „furnace") fortgeführt, und auch sie erscheinen zumeist an metrisch markierten Positionen des Textes: im *rejet* („Red rose the clouds") oder in Abweichung vom erwartbaren Betonungsschema („Human fire fierce glowing"). Gleiches gilt für das Schlüsselement der Wolken und des Wassers: der zweimaligen Nennung von „cloud" bzw. „cloudy" entsprechen vier – zählt man „heaven" dazu: fünf – äquivalente Lexeme in der Anschlußstrophe; der einmaligen Erwähnung von „sea" schließlich ‚antworten' drei äquivalente Lexeme in der Folgestrophe, ebenfalls häufig an metrischen Schlüsselpositionen. Durch solche semantische Entdifferenzierung von zwei unterschiedlichen Geschehensabläufen wird auch auf dieser Strukturebene die zentrale Annahme einer verborgenen Einheit jenseits der sinnlich-sprachlichen Differenzwahrnehmung evoziert. Aktion des Machthabers und revolutionäre Re-Aktion erscheinen als gleichwertige und quasi simultane Aspekte ein und desselben kosmischen Gesamtgeschehens.

Auf der Ebene des narrativen *discours* bilden solche Verfahren das offensichtliche Komplement zum „gedoppelten Gegenstandsverhältnis", das sich bereits auf der Handlungsebene von *America* als Merkmal eines *mystischen* Weltmodells erwiesen hat. In dem Maße, wie die logisch-zeitliche Struktur der syntagmatischen Organisation des Textes von dieser semantischen Struktur überspielt wird, fungieren die beschriebenen Textverfahren als Medium, das die perspektivisch gebundenen Gegensätze auf Wahrnehmungsebene überwindet, als quasi *mystischer Grund* einer divinatorischen Rezeptionshaltung, die auf Vereinigung von Oppositionsverhältnissen zielt. Und tatsächlich erfordert die Wahrnehmung dieser Einheit des phänomenal voneinander Differenzierten eine mystische *Schau*, die sich auf der Fläche des schriftlichen Textes weniger zeitlich als vielmehr räumlich realisiert.

Das bisher Gezeigte läßt sich mit Blick auf Blakes Poetologie der Imagination zunächst weiter präzisieren. Im folgenden soll dies die Grundlage für eine weitere Beschäftigung mit der Bild- und Schriftebene von Blakes *America* bilden.

III.

Blake kehrt sich nicht nur ab vom empiristischen Erkenntnismodell Lockes und seiner Auffassung der Imagination als eines bloßen Vermögens zur Reproduktion von vormals sinnlich Gegebenem. Anders auch als Kant gilt Blake das Imaginieren als Ausdruck eines nicht so sehr *transzendentalen* als vielmehr *transzendenten* Vermögens des Menschen. Die Imagination fungiert bei Blake als Orientierungsprinzip einer wesentlich religiös-mystisch geprägten Wirklichkeitserfahrung, und in dem Maße, wie das Vermögen der *imagination* für die menschliche Wirklichkeitserfahrung konstitutiv ist, nähert es sich gottähnlicher Schöpfungskraft. Dementsprechend erscheint das empiristische, auf Erinnerung und Assoziation beruhende Vermögen der Gedankenverknüpfung bei Blake auf der inferioren Seite von „Fable or Allegory" und wird terminologisch als *fantasy* von *imagination* unterschieden. Während die Fantasie, ganz im Sinne Lockes, vergangene Sinneseindrücke zu restituieren erlaubt, selbst aber zutiefst ephemer bleibt, mobilisiert die Imagination eine übersinnliche Kraft des Menschen, die, wie es im „Design of *The Last Judgment*" heißt, die Gesetze der „Vegetative & Generative Nature" wesentlich übersteigt und das zur Anschauung bringt, was „eternally Exists. Really & Unchangeably".[40] Zur Manifestation gelangt diese aus dem religiösen Geltungsbereich gespeiste Imagination in einer *Poetry of Vision*, die nicht nur eine programmatische Abkehr von der klassischen Nachahmungsästhetik und dem ihr zugeordneten Prinzip der *Memory* impliziert, sondern auch heilsgeschichtlich eine Perfektionsstufe erzielt, die erst im Rahmen einer christlich verankerten Weltanschauung und Dichtung zu realisieren ist.

Dabei greift Blake mit seiner immer wiederholten Rede von der ‚confined nature of bodily sensation' auf ein Konzept zurück, das spätestens seit der Renaissance zum religiösen Allgemeinwissen gehört. Diese Auffassung, derzufolge dem Menschen die göttliche Wahrheit seit dem Sündenfall allein durch die Sinne zugänglich ist, prägt auch den Dialog *Of the Supersensual Life* [Vom übersinnlichen Leben. Gespräch eines Meisters und Jüngers (1622)][41] des von Blake hochgeschätzen Jakob

---

40 E, S. 555.
41 Sämtliche Schriften Böhmes wurden zwischen 1645 und 1662 von John Sparrow in Zusammenarbeit mit John Ellistone und Humphrey Blunden ins Englische übersetzt. Für Blake entscheidend war vermutlich die sog. *Law-Ausgabe*, deren vier Bände zwischen 1764 und 1781 veröffentlicht wurden. Sie wurde von William Law vorbereitet und nach seinem Tod von George Ward und Thomas Langcake zum Abschluß gebracht. „Of the Supersensual Life" wurde von Francis Lee übersetzt, dessen Unterlagen Law nach Lees Tod erworben hatte (vgl. Bryan Aubrey, *Watchmen of Eternity. Blake's Debt to Jacob Boehme*, London/New York 1985, S. 8). Die Tagebücher von Henry Crabb Robinson belegen, daß Blake die darin enthaltenen Illustrationen von Dionysius Andreas Freher kannte und schätzte (vgl. auch Blakes Brief an Flaxman vom 12. September 1800: E, 707). Auch Bentley und Nurmi gehen davon aus, daß Blake die Werke Böhmes besaß (Gerald Eades Jr. Bentley, *Blake's Books. Annotated*

Böhme, der 1648 ins Englische übersetzt und auch im 18. Jahrhundert mehrmals neu aufgelegt wurde: „Sir", fragt der Schüler, „How may I come to the Place that I may *see* with God, and may *hear* God speak – to a Life that is above my Senses and Feelings – to the *Supersensual* Life?".[42] Und sein Lehrer antwortet:

> Thou must learn to distinguish well betwixt the *Thing*, and that which only is an *Image* thereof; betwixt that Sovereignty which is *substantial*, and in the inward Ground or Nature, and that which is *imaginary*, and in an *outward* Form, or Semblance; betwixt that which is properly *Angelical*, and that which is no more than *bestial*. If thou rulest now over the Creatures externally only, and not from the right *internal* Ground of thy renewed Nature; then thy Will and Ruling is verily in a *bestial* Kind or Manner, and thine at best is but a Sort of *imaginary* and transitory Government, being void of that which is substantial and permanent, the which only thou art to desire and press after. Thus by thy outwardly Lording it over the Creatures, it is most easy for thee to lose the Substance and the Reality, while thou hast nought remaining but the Image or Shadow only of thy first and original Lordship.[43]

Jenseits neoplatonischer Traditionen basiert die so skizzierte Wirklichkeitserfahrung auf einer Verdopplung der Wahrnehmung, die Böhme auch als „*two Eyes* in the Soul"[44] umschreibt, insofern sie jederzeit die Differenz zwischen der irdischen Wirklichkeitsordnung (*tempus*) und der göttlichen Wirklichkeitsordnung (*eternitas*) zu vergegenwärtigen erlaubt: „to have both the Eye of Time and Eternity at once open together, and yet not to interfere with each other."[45] Das höchste Ziel aber muß es sein, diese beide Sichtweisen der „Double-sightedness"[46] mit-

---

catalogues of William Blake's writings in illuminated printing, in conventional typography and in manuscript, and reprints thereof, reproductions of his designs, books with his engravings, catalogues, books he owned and scholarly and critical works about him, Oxford 1970, S. 199). Vgl. zum Verhältnis von Blake und Böhme neben Aubrey auch: Leslie Tannenbaum, *Biblical Tradition in Blake's Early Prophecies: The Great Code of Art.* Princeton 1982, S. 62; Edward Larrissy, „‚Self-Imposition', Alchemy, and the Fate of the ‚Bound' in Later Blake", in: *Historicizing Blake*, hg. v. Steve Clark u. David Worrall, New York 1994, S. 59-72; Kevin Fischer, *Converse in the Spirit. William Blake, Jacob Boehme, and the Creative Spirit*, Cranbury 2004, S. 47.

42 Jakob Böhme, „Of the Supersensual Life, or the Life which is above Sense. In a Dialogue between a Scholar or Disciple and his Master", in: *The works of Jacob Behmen, the Teutonic theosopher*, hg. v. Jakob Böhme, Bd. IV, London 1648/1781, S. 73.

43 Ebd., S. 75.

44 Ebd., S. 90.

45 Ebd., S. 88.

46 Ebd., S. 90.

einander zu vereinigen, denn für den menschlichen Geist gebe es keine größere Gefahr, „there being nothing more dangerous than for the Mind to abide thus in the Duplicity and not to seek to arrive at the Unity of Vision".[47]

Diese Mahnung Böhmes erklärt sich aus der inneren Logik seines Systems. Nur die restituierte Einheit der Differenz zwischen Irdischem und Göttlichem garantiert schließlich die Vorstellung einer gänzlich differenzlosen Transzendenz, auf der die Vorstellung der „Super-Imaginariness" und eines „State of living above Images" wesentlich basiert. Das Vermögen, das in dieser Weise die Spaltung von Transzendenz und Immanenz überbrückt, ist bei Böhme, in ähnlicher Weise wie schon bei Augustinus, die Imagination. Sie fungiert als Mittlerinstanz der double-sightedness, als „common Medium"[48], das beide Wahrnehmungsformen miteinander vermittelt („to join them", ebd.) und so die angestrebte ‚Unity of Vision' erzeugt, die das Subjekt im Rahmen dieses Vermittlungsprozesses zum würdigen Ebenbild der göttlich-menschlichen Mittlerfigur erhebt: „worthy to be like unto the Image of our Lord Jesus Christ".[49] Die Grundlage dieser Beobachtung des Unbeobachtbaren bildet gleichwohl das Imaginieren: Die Erfahrung, daß die wahre „Existenz […] außerhalb aller Unterscheidungen [liegt], auch der von Sein und Nichtsein, ja selbst außerhalb der Unterscheidung von Unterschiedensein und Nichtunterschiedensein"[50], wird bei Böhme entsprechend der christlichen Begriffstradition allererst ermöglicht durch einen Akt der Vorstellung:

> When the Will imagineth after Somewhat, then entereth it into that Somewhat, then presently that same Somewhat taketh the Will into itself, and overcloudeth it, so that it can have no Light, but must dwell in Darkness, unless it return back out of that Somewhat into Nothing. For when the Will imagineth or lusteth after Nothing, then it entereth into Nothing, where it receiveth the Will of God into itself, and so dwelleth in Light, and worketh all its Works in it [that Light].[51]

Ein so verstandener Begriff der Imagination kann, so möchte ich abschließend zeigen, seine Funktion auch im Bereich des Ästhetischen erfüllen. Dort verwirklicht sie sich in dem, was Hans Robert Jauß hinsichtlich der mittelalterlichen Allegorie einmal als „Poesie des Un-

---

47 Ebd.
48 Ebd.
49 Ebd., S. 80.
50 Luhmann, *Die Religion der Gesellschaft* (wie Anm. 16), S. 127.
51 Böhme, „Of the Supersensual Life" (wie Anm. 42), S. 93.

sichtbaren"[52] beschrieben hat, die darauf zielt, „sich vorzustellen, was die Evidenz des Sagbaren übersteigt".[53]

IV.

Die Bildelemente in *America*[54] dienen auf ganz verschiedenen Ebenen der Gliederung des Textverlaufs: vor allem segmentieren sie entscheidende Handlungsphasen und Perspektivwechsel oder markieren mangels Interpunktionszeichen nicht näher indizierte Sprecherwechsel. Ein Beispiel bietet erneut die Eingangsszene in dem mit „A Prophecy" überschriebenen Hauptteil von *America*, der auf das „Preludium" folgt (*America* 5 u. 6). Die Rede Washingtons, die sich an die örtliche Situierung des Geschehens anschließt, ist durch prägnante Bildelemente eingerahmt. Oberhalb des entsprechenden Textabschnitts findet sich eine horizontal schwebende männliche Figur, die mit voller Kraft in eine Trompete bläst. Aus deren Öffnung entweicht ein Feuerstrahl, die Flammen erstrecken sich über den linken Seitenrand. Eine Horizontale von züngelnden Ausläufern findet sich auch unterhalb des erwähnten Textabschnitts, womit das Ende von Washingtons Ansprache auch graphisch markiert wird. Eine Assoziation dieser bildlichen Darstellungen mit der in der Eingangsstrophe genannten englischen Machtsphäre – „The Guardian Prince of Albion burns in his nightly tent,/ Sullen fires across the Atlantic glow to America's shore"[55] – wie auch mit dem nach der Rede Washingtons einsetzenden „terrible blast [that] swept over the heaving sea"[56], in dem die furchterregende Gestalt von Albion's Prince

---

52 Hans Robert Jauß, *Versuche im Feld der ästhetischen Erfahrung* (Ästhetische Erfahrung und literarische Hermeneutik, Bd. 1), München 1977, S. 106.

53 Ebd., S. 107.

54 Das 1793 entstandene *America* besteht aus 18 Druckplatten, die in allen verfügbaren Kopien enthalten sind, einer kleineren Platte (e), in der auf den meisten Fassungen oberhalb des Designs von Blatt 3 das Wort „Preludium" eingefügt ist sowie vier weiteren Platten (a-d), die womöglich wegen ihrer Anspielungen auf „the King" und „George" nicht veröffentlicht wurden. Die verschiedenen Druckfassungen unterscheiden sich vor allem hinsichtlich ihrer Kolorierung: Der Probeausdruck a (1, 4, 11, 12, 15, a-c) weist schwarze, dunkelgrüne und dunkelblaue Farbwerte auf, die Fassungen E, F, G, I, K, L werden von einer dunkelgrünen Färbung, die Fassungen C, D, H, R von einer dunkelblauen Färbung beherrscht. Spätere Druckfassungen stammen von 1795 (A, B), 1807 (M) und 1821 (O). Q sowie vermutlich auch N und P wurden posthum angefertigt. Grundlage der vorliegenden Überlegungen ist Kopie A (1795, Pierpont Morgan Library, Department of Printed Books and Bindings, New York: PML 16134); zitiert wird nach der Zählung des *Blake Archive*.

55 E, S. 52.

56 Ebd.

schließlich in Erscheinung tritt, ist möglich und naheliegend; eine Deutung, die zusätzlich dadurch gestützt werden könnte, daß die Mitglieder der Figurengruppe unten links furchtsam auf die oberhalb gelegenen Flammen der Feuertrompete schauen. Genauso aber wäre es möglich, den Trompeter als apokalyptische Verkörperung Washingtons zu lesen, der gegen den Ursupator zum Aufbruch bläst. Auch könnte hier schon ein bildlicher Hinweis auf das unmittelbar folgende Auftreten des Revolutionsgeists Orc enthalten sein, von dem auf dem nächsten Blatt berichtet wird.

Dort findet sich, direkt unter der Zeile, die den Auftritt des englischen Königs ankündigt, die Abbildung eines geflügelten Drachens, eines *wyvern*. Dies kann nun tatsächlich als bildliche Entsprechung zur „dragon form clashing his scales at midnight"[57] gelten, von der zuvor in der Beschreibung des kolonialen Machthabers die Rede war. Zugleich dient dieses Bildelement aber auch hier der typographischen Unterscheidung der anschließenden Textpassage, die dem überraschenden Auftritt der Feuergestalt Orcs aus den Tiefen des Atlantiks gewidmet ist. Auch der Hintergrund der Seite mit seinen Blitzen und Wolkentürmen illustriert einerseits zentrale Inhaltsmomente des Texts, die „clouds" und „fires"[58], und evoziert so auf bildlicher Ebene die „murky atmosphere"[59] des gesamten Geschehens. Andererseits markieren die entsprechenden Bildpartien auch hier zentrale syntagmatische Einschnitte: Zwischen der Schilderung der Erscheinung Orcs über dem Atlantik und deren perspektivischer Beobachtung durch den englischen König etwa klafft ein schwarzes Wolkenloch.

Angesichts ihrer nur schwach illustrierenden Funktion scheint es sinnvoll, solche Bildzusammenhänge als graphisches Komplement zur Technik der poetischen Verräumlichung zu begreifen, die bereits auf der Textebene beobachtet werden konnte. Nicht zufällig bildet der gesamte Hintergrund der zuletzt behandelten Seite ein komplexes System aus gezackten und geschwungenen Konturlinien, deren Fügung den Blick des Betrachters von der Drachengestalt zu einem abwärts stürzenden Mann lenkt, um schließlich mittels einer gezackten Linie in die Wolkenformation im unteren Teil der Seite zu münden; rechts daneben ist eine aus drei Personen bestehende Figurengruppe zu sehen, die gebannt nach oben auf die Schreckenserscheinung der „dragon form"[60] zu starren scheint. Einerseits legt das System dieser Kompositionslinien also

---

57 Ebd.
58 E, S. 53.
59 Ebd.
60 E, S. 52.

einen dynamisch-zeitlichen Zusammenhang nahe, der mit der narrativ-
logischen Struktur der geschilderten Revolutionshandlung korrespondiert: der Drache als Verkörperung George III. würde sich dementsprechend in den stürzenden Mann verwandeln und so den Fall des
englischen Königs verdeutlichen.[61] Die ebenso mögliche Auffassung
des Drachens als Basilisk und Königsmörder[62] bringt diese Lesart
jedoch wieder ins Wanken. Nun nämlich wäre der Drache als Verkörperung von Orc zu verstehen, der den König in Gestalt eines stürzenden Greises in die Flucht schlägt.[63] Eine ähnliche semantische Un-
bestimmtheit kennzeichnet die Personengruppe im unteren Teil der
Seite, die einen möglichen Zielpunkt des Liniensystems der Seite bildet.
Deren linke Figur könnte als weitere Transformation des englischen
Königs gelesen werden, der hier nun (womöglich zusammen mit einem
Berater) in der verzweifelten Geste des Entmachteten gezeigt würde.
Einer anderen Lesart zufolge könnte es sich dabei um eine Familie be-
stehend aus Vater, Mutter und Kind handeln, die im Sinne eines bildli-
chen Parallel- oder Folgegeschehens exemplarisch die leidende ameri-
kanische (oder englische) Bevölkerung darstellt.

Es ist nun ganz offensichtlich, daß solche Rekonstruktionen der
Bild-Zusammenhänge nur sehr bedingt zu deren semantischer Auflösung beitragen. Zuletzt ist der Betrachter geradezu auf den bereits erwähnten Fluchtpunkt im optischen Zentrum der Seite verwiesen: Wie
erwähnt findet sich zwischen der im Text berichteten Erscheinung Orcs
und deren „vision" durch den englischen König eine schwarze Öffnung
in der Wolkenformation, die sich der weiteren Gestaltbildung nachdrücklich entzieht, den Betrachter so aber in die unsichtbare Tiefe des
Bildraums verweist. In der Art eines großen Piktogramms verweigern
sich die Bildelemente in *America* also beständig einer einheitlichen und
eigenständigen Kontextualisierung – was die verschiedenen Interpreten
freilich nicht daran gehindert hat, den damit verbundenen Deutungs-
freiraum – mit je unterschiedlich vereindeutigenden Resultaten – zu ak-
tualisieren.

Folglich kann bei *America* nicht von einer Illustration des Textes in
dem einfachen Sinne gesprochen werden, daß die sprachlichen Inhalte

---

61 Vgl. David. V. Erdman, *The Illuminated Blake. William Blake's Complete Illuminated
   Works with a Plate-by-Plate Commentary*, New York 1974/1992, S. 142.
62 Vgl. Kathleen Raine, *Blake and Tradition*, Bd. 1, Princeton 1969, S. 117.
63 Vgl. Julia M. Wright, *Blake, Nationalism, and the Politics of Alienation*, Athens, OH
   2004, S. 81: „If one figure can represent the form of a dragon, an angel, and a man, the
   absolute distinction between body and spirit as well as myth and reality collapses in
   that figure [...].".

durch die bildliche Darstellung verdoppelt oder verdeutlicht werden. Vielmehr ist die Koppelung von Text und Bild äußerst lose und in keinem Fall zwingend. Denn beide Darstellungsebenen sind zunächst nur über ganz allgemeine und entsprechend vieldeutige semantische Merkmale aufeinander bezogen. Umgekehrt aber wird das semantische Potential der Bildelemente dadurch gesteigert, daß diese – sowohl im (intramedialen) Rahmen der Bild-Bild-Bezüge als auch im Hinblick auf ihre (intermediale) Gliederungsfunktion für den Textverlauf – syntagmatisch überdeterminiert sind.

Die semantischen Ambivalenzen, die in *America* aus den diffusen Wechselbeziehungen von sprachlichen und piktoralen Darstellungselementen resultieren, sind ein deutlicher Hinweis darauf, daß sowohl die Text-Bild- als auch die Bild-Bild-Beziehungen eine wesentlich divinatorische Rezeptionshaltung verwirklichen, die für dieses Werk bereits auf der Erzählebene gezeigt werden konnte: Jenseits des phänomenal voneinander Differenzierten werden über das diskursdeiktische Verweissystem von Bild- und Textzeichen verborgene Identitäten und Korrespondenzen suggeriert, deren Inhalte sich, insofern sie einer zeitabhängig linearen Sinneswahrnehmung notwendig entgehen, weniger im Sinne chronologischer Kausalität als vielmehr im Rahmen einer kosmologisch geprägten Topologie zeitloser Affinitäten realisieren.

Im Rahmen dieser topologisch geprägten Bedeutungsstruktur von *America* sind somit zwei Aspekte voneinander zu unterscheiden: Zum einen hat die räumliche Anordnung der einzelnen Bildelemente eine textgliedernde Funktion; sie bietet auf typographischer Ebene eine Orientierung, die den *discours*-technisch zudem stark verunklarten Handlungsablauf sekundär kodiert, um so zu probeweisen Segmentierungen Anreiz zu geben. In dieser Funktion ähnelt Blakes Bildtechnik den nicht-sprachlichen Gestaltungselementen in frühen mittelalterlichen Handschriften „von der typographischen Komposition der Seite bis hin zu dem Einsatz von Bildern, Endzeichen und Schriftzeichen"[64]: Sie dienen der erinnernden Einordnung des Geschehens und geben so Orientierungspunkte für die jeweilige Auffassung des Geschilderten.[65] In Blakes Variante dieser Darstellungstechnik führt die syntagmatisch lose Koppelung von Text- und Bildelementen dazu, daß die Möglichkeiten

64 Esposito, *Soziales Vergessen* (wie Anm.26), S. 165.
65 Vgl. Mary J. Carruthers, *The Book of Memory. A Study of Memory in Medieval Culture*, Cambridge, Mass. 1990; Wolfgang Raible, *Die Semiotik der Textgestalt. Erscheinungsformen und Folgen eines kulturellen Evolutionsprozesses*, Heidelberg 1991; und jüngst Horst Wenzel u. C. Stephen Jaeger (Hg.), *Visualisierungsstrategien in mittelalterlichen Bildern und Texten* (Philologische Studien und Quellen 195), Berlin 2005.

ihrer Relationierung intensiviert werden. Im textbildlichen Gesamtzusammenhang sind die Elemente nicht mehr zwingend an die ohnehin unterdeterminierten semantischen Vorgaben ihrer Ausgangskontexte gebunden, sondern werden (auch über große Lesedistanzen hinweg) neuer – und in der Zusammenschau höchst widersprüchlicher – Zuordnungen fähig. Die Zielrichtung der Verknüpfungen bleibt in dem Maße unbestimmt, als sie vom Text selbst nicht eigens versprachlicht wird. So wenig sich also die Bilder in den meisten Fällen direkt auf das im Text Gesagte beziehen lassen, so wenig repräsentieren die Bilder eine eigenständige, sei es den Text verdoppelnde, sei es mit ihm konkurrierende, Welt- und Wirklichkeitsdimension. Vielmehr evozieren die Bildelemente – als Leseranreiz für weitere Text- und Bildrelationierungen – eine unbestimmte Parallelrealität, die einen in letzter Hinsicht undurchschaubaren, aber gleichwohl intensiven Zusammenhang zum Referenzgegenstand des sprachlich Geschilderten suggerieren. So eröffnet die lose Koppelung von Bild und Text die semantische Grundlage für die Evokation einer kosmisch geprägten Parallelrealität zum Textgeschehen. Entsprechend dem mystischen Erzählmodell fungieren die Bildelemente in ihrer diskursdeiktischen Funktion als sichtbare Lineaturen, die „als Zeichen für etwas, das sich in der Tiefe befindet und deshalb unsichtbar ist, interpretiert werden müssen".[66]

Hiervon ausgehend läßt sich nun abschließend auch Position beziehen zu einer in der Forschung immer wieder diskutierten *cause de guerre*, die die politische Intention von Blakes früher *Prophecy* betrifft: die Frage nämlich, inwieweit Blake in *America* mit den amerikanischen Unabhängigkeitsbestrebungen sympathisiert oder sich dazu tendenziell eher skeptisch und reserviert verhält.[67] Aus den Analysen der Text-Bild-Beziehungen in *America* sollte deutlich geworden sein, daß diese Frage von vornherein falsch gestellt ist. Tatsächlich nämlich kann Blake sich in *America* einer solchen politischen Stellungnahme in dem Maße entziehen, als er die Frage nach der Rechtmäßigkeit der politischen Freiheitsansprüche im mystischen Wirklichkeitsmodus beantwortet und damit verwirft. Die Frage nach dem Unterschied zwischen legiti-

---

66 Esposito, *Soziales Vergessen* (wie Anm. 26), S. 62.
67 Vgl. David Aers, „Representations of Revolution: From *The French Revolution* to *The Four Zoas*", in: *Critical Paths. Blake and the Argument of Method*, hg. v. Dan Miller, Mark Bracher u. Donald Ault, Durham/London 1987, S. 244-270; Minna Doskow, „William Blake's *America* „ (wie Anm. 24), S. 170; William Richey, ‚The Lion & Wolf shall cease': Blake's America as a Critique of Counter-Revolutionary Violence", in: *Blake, Politics, and History*, hg. v. Jackie Di Salvo et al. (wie Anm. 3), S. 198; Northrop Frye, *Fearful Symmetry: A Study of William Blake*, Princeton 1947/1969, S. 210-218.

men Machtansprüchen und Willkürherrschaft im irdisch-temporalen Geltungsbereich wird im Zeichen einer medientechnisch höchst wirksam realisierten Suggestion einer hierarchisch höhergelegenen Ordnung kosmischer Transzendenz für hinfällig erkärt. Der in letzter Hinsicht undurchschaubare Bild-Text-Zusammenhang evoziert die numinose Gegenwart einer religiösen Fundamentalordnung, in der realhistorisch referenzierbare Aktionen und Reaktionen trotz ihrer vermeintlichen Gegensätzlichkeit ununterscheidbare Bestandteile eines fundamentalen Gesamtsinns bilden, der in seinen kosmischen Ausmaßen noch die Differenz zwischen Irdischem und Überirdischem übersteigt.

V.

Politische Theorien vergewissern sich über Ursprung und Geltung der von ihnen entwickelten gesellschaftlichen Ordnungsmodelle mittels der Leitunterscheidung zwischen Recht und Willkür sowie über daraus ableitbare Binnendifferenzierungen zwischen Naturzustand und Gesellschaftszustand, zwischen göttlichem und weltlichem, zwischen transzendentalem und empirischem Geltungsbereich. Aus unterscheidungstheoretischer Perspektive ließ sich andeuten, daß die politische Leitdifferenz auf den gesellschaftsstiftenden Akt dieser Entgegensetzung selbst nicht angewendet werden kann. Hieraus entstehen begriffliche und argumentative Indifferenzzonen, die sich, insofern sie die Unterscheidung des Unterschiedenen (Recht/Unrecht) betreffen, im Rahmen der politischen Systembildungen selbst nicht überwinden lassen. Die hieraus resultierenden Legitimationsdefizite werden durch diskursgeschichtlich bestimmte *Mystifikationen* kompensiert (invisibilisiert): Der *Immortal God* in Hobbes' Staatsentwurf erfüllt diese Funktion ebenso wie die *human nature* in den Theorien Paines und Burkes. *America* war demgegenüber als Ausprägung einer mystisch verankerten Imagination des Unbeobachtbaren zu beschreiben, die im Sinne einer *Konter-Mystifikation* auf die poetische Restitution einer *Beobachtung des Unbeobachtbaren* zielt. Gegenüber den politischen Diskursformen seiner Zeit verleiht dies Blakes Poesie prinzipiell jene „souveräne Gewalt der Religion"[68], die ihr von Georges Bataille vor gar nicht langer Zeit einmal emphatisch zugeschrieben wurde.

---

68 Georges Bataille, „William Blake", in: *Die Literatur und das Böse*, hg. v. Georges Bataille, übers. v. Cornelia Langendorf, München 1957/1987, S. 77.

BENJAMIN BIEBUYCK

Von der Mystik der enthüllenden Fülle zum Mysterium der befehlenden Leere. Mittelbarkeit und Unmittelbarkeit in Friedrich Nietzsches Sprachphilosophie

In Hermann Hesses 1927 veröffentlichtem, von einer mehrfachen Vermittlungsillusion zeugendem Roman *Der Steppenwolf* diagnostiziert der Protagonist Harry Haller nach einem befremdenden „Nachtgang" den zeitgenössischen „deutschen Geist" als verweiblicht und von Musik besessen:

> Im deutschen Geist herrscht das Mutterrecht, die Naturgebundenheit in Form einer Hegemonie der Musik, wie sie nie ein andres Volk gekannt hat. Wir Geistigen, statt uns mannhaft dagegen zu wehren und dem Geist, dem Logos, dem Wort Gehorsam zu leisten und Gehör zu verschaffen, träumen alle von einer Sprache ohne Worte, welche das Unaussprechliche sagt, das Ungestaltbare darstellt. Statt sein Instrument möglichst treu und redlich zu spielen, hat der geistige Deutsche stets gegen das Wort und gegen die Vernunft frondiert und mit der Musik geliebäugelt.[1]

Mit dieser Analyse positioniert sich Hesses Held im Zentrum einer kulturphilosophischen Lektüre von den Zeichen der Zeit, die in entscheidendem Maße vom Denken Friedrich Nietzsches geprägt wurde. Davon tragen nicht nur die Schachfiguren der „Aufbaukunst" Spuren sowie das Gefühl kosmischer Verlassenheit nach Hermines ‚Tod‘[2], sondern auch und vor allem die Sehnsucht, die Schranken der Sprache

---

1 Hermann Hesse, *Der Steppenwolf*, Frankfurt a. M. 1975, S. 148. Die Vermittlungsidee findet in erster Linie in der Herausgeberphantasie ihren Niederschlag, weiter auch in Hallers wegen Rauschgiftkonsums entstellten Beobachtungen.

2 Hesse, *Der Steppenwolf* (wie Anm. 1), S. 208-211 u. 229. Man vergleiche die fast wortwörtlichen Korrespondenzen mit Nietzsches Ausführungen über die Seele als eine „Subjekts-Vielheit" (*Jenseits von Gut und Böse*, in: *Kritische Studienausgabe der Werke (KSA)*, hg. v. G. Colli u. M. Montinari, Bd. 5, München 1999, S. 27; siehe auch Fragment 34 [123] im *Nachlaß 1884-1885*, in: *KSA*, Bd. 11, S. 461-462; vgl. Annemarie Pieper, *„Ein Seil geknüpft zwischen Tier und Übermensch"*. Nietzsches erster *„Zarathustra"*. Stuttgart 1990, S. 174) und dem berühmten Aphorismus ‚Der tolle Mensch‘ (*Die fröhliche Wissenschaft*, in: *KSA*, Bd. 3, insbes. S. 481).

durch mystisch-musikalisches Kommunizieren zu überwinden, selbst
wo diese Sehnsucht im Schlußphantasma des Romans gewissermaßen
neutralisiert wird. Anknüpfungspunkte für ein solches Verlangen, Sprache durch Musik zu ersetzen, finden sich vorwiegend in Nietzsches
wohl von Anfang an am intensivsten rezipierten Werk *Die Geburt der
Tragödie*, insbesondere in der zweiten Auflage von 1886 („Versuch
einer Selbstkritik"). Hier bedauert der Philosoph rückblickend, „dass
ich damals noch nicht den Muth (oder die Unbescheidenheit?) hatte,
um mir in jedem Betrachte für so eigne Anschauungen und Wagnisse
auch eine *eigne Sprache* zu erlauben".[3] Schon im dritten Absatz der
Vorrede erläutert er: „hier sprach […] etwas wie eine mystische und beinahe mänadische Seele, die mit Mühsal und willkürlich, fast unschlüssig darüber, ob sie sich mittheilen oder verbergen wolle, gleichsam in
einer fremden Zunge stammelt. Sie hätte *singen* sollen, diese ‚neue Seele'
– und nicht reden!"[4] Eben aus der Feststellung seiner kommunikativen
Unvollkommenheit nennt er das Buch final „unmöglich", „schlecht
geschrieben, schwerfällig, peinlich, bilderwüthig und bilderwirrig, gefühlsam, hier und da verzuckert bis zum Femininischen"[5] – Eigenschaften, die aber wenigstens teilweise gerade an die Sprache erinnern,
die in der von Hesse exemplarisch vertretenen und vorwiegend irrationalistischen Nietzsche-Rezeption des frühen 20. Jahrhunderts befürwortet wurde. Die Gleichzeitigkeit zweier sich offensichtlich ausschließender Sprachauffassungen, von denen allerdings nur eine nachdrücklich in das Nietzsche-Fieber der Moderne fortgewirkt hat, deutet
nicht in erster Linie auf eine problematische Antinomie in seiner Philosophie hin. Vielmehr lenkt sie die Aufmerksamkeit auf eine Dimension innerhalb seiner kommunikationsphilosophischen Überlegungen,
in der das figürliche Sprechen als die Sprache der Zukunft herausragt,
nicht aber weil sie ihre Position als Mittlerin, als Medium, zwischen
Mensch und Welt verstärkt, sondern da sie auf diese verzichtet. Denn
nicht weniger als andere Sprachregister ist das figürliche Sprechen für
die Fallstricke der Verweichlichung und Dekadenz anfällig. In vielerlei
Hinsicht ist das Mystische der Punkt, an dem sich die Wertschätzungen scheiden. Auch in ihm verbirgt sich also das für Nietzsches Denken überhaupt grundsätzliche Selektionsprinzip, das die Stärke von der
Schwäche, das Vornehme von dem Vulgären, das Große von dem Kleinen trennt.

---

3 Friedrich Nietzsche, *Die Geburt der Tragödie*, in: *KSA*, Bd. 1, S. 19.
4 Ebd., S. 15.
5 Ebd., S. 14.

Seit der mittlerweile berühmt-berüchtigten Wiederentdeckung des frühen Aufsatzes „Ueber Wahrheit und Lüge im aussermoralischen Sinne" durch vorwiegend französischsprachige Poststrukturalisten ist diese nachgelassene Schrift aus den frühen siebziger Jahren zum Leittext von Nietzsches Sprachphilosophie befördert worden.[6] Hierin entwickelt der noch junge Philologe die These, epistemologische Kategorien wie Wahrheit und Lüge seien grundsätzlich rhetorisch fundiert, da sie auf einer Dynamik von mehrfachen Übertragungen basieren, die sich durch Abnutzung aber allmählich versteinern – Nietzsche verwendet hier nachdrücklich die Terminologie der Metapher. Ausgangspunkt ist die konkrete Erfahrung einer Realität, die als Impuls ihren Eingang in die Nervenökonomie des Menschen findet und eine Umsetzung in Bild, Wort und letztendlich Begriff veranlaßt. Die Übertragungssequenz ist die Voraussetzung für die Vitalität der Sprache; wenn sich das Überspringen der ‚Sphären' durch wiederholten Gebrauch allmählich verfestigt und letztendlich versteinert, degradiert die Sprache zu einem „Columbarium"[7] von Begriffen, mit dem man zwar die Realität klassifizieren kann, für die die Vielfalt von Erfahrungen und Impulsen aber prinzipiell verriegelt bleibt. Auch wenn Quellenforschung in den vergangenen Jahrzehnten dargelegt hat, dass Nietzsche sich für das Verfassen dieses Aufsatzes weitgehend auf Gerbers sprachphilosophische Spekulationen verlassen hat und sein eigener Anteil eher gering war,[8] so müssen wir doch konstatieren: Der Kern seiner Sprachkonzeption liegt in der Hypothese, dass Sprache nicht so sehr das Vermögen hat, Inhalte zu vermitteln – d. h. als Medium aufzutreten –, sondern daß sie die Fähigkeit zum ‚Sphärenwechsel', zur Transformation besitzt. Denn sein Konzept der Übertragung beschreibt, womöglich implizit, Prozesse der fundamentalen Veränderung, der ‚Metamorphose';[9] nicht zufällig balanciert es übrigens auf gerade dem Präfix, das für seine Anthropologie der achtziger Jahre ausschlaggebend werden

6 Nietzsche, *Ueber Wahrheit und Lüge im aussermoralischen Sinne*, in: *KSA*, Bd. 1, S. 873-897.

7 Ebd., S. 886; siehe hierzu vor allem: Sarah Kofman, *Nietzsche et la métaphore*, Paris 1972, S. 96 ff.

8 Vgl. u. a. Anthonie Meijers, „Gustav Gerber und Friedrich Nietzsche. Zum historischen Hintergrund der sprachphilosophischen Auffassungen des frühen Nietzsche", in: *Nietzsche-Studien* 17 (1988), S. 369-390 und Anthonie Meijers u. Martin Stingelin, „Konkordanz zu den wörtlichen Abschriften und Übernahmen von Beispielen und Zitaten aus Gustav Gerber: ‚Die Sprache als Kunst' (Bromberg 1871) in Nietzsches Rhetorik-Vorlesung und in ‚Ueber Wahrheit und Lüge im aussermoralischen Sinne'", in: *Nietzsche-Studien* 17 (1988), S. 350-368.

9 Nietzsche, *Ueber Wahrheit und Lüge* (wie Anm. 6), S. 883.

soll – nicht als eine Ortsangabe (*super*), sondern als ein Wegweiser (*trans*). Auffallend ist, daß Nietzsche, zu dieser Zeit noch ausdrücklich im Diskursrahmen des klassischen Philologen, das Vermögen der Veränderung unmittelbar mit der Tragödie und dem Mystischen verbindet. Hierfür bringt er in seinen frühen Schriften nicht selten die Begrifflichkeit der Symbolisierung in Stellung, zuerst noch als (medialer) Ausdruck oder Äußerung,[10] schon relativ bald aber als eine autonome Zeichenwelt, in der sich die Wahrheit als Schein und Scheinbarkeit dartut.[11] Graduell werden die positiven Konnotationen von Symbolik besetzt durch Figürlichkeitskonzepte, die deutlich weniger technisch-philologischer Provenienz sind – vor allem der Begriff ‚Gleichnis‘ bewährt sich in dieser Hinsicht immer stärker. In *Menschliches, Allzumenschliches* assoziiert Nietzsche Symbolisierung mit einem vorwissenschaftlichen Denkstil und prognostiziert ihr imminentes Aussterben.[12] Und in dem Spätwerk ist das Symbol zum Symptom religiöser Verführung geworden, die mit Undeutlichkeiten operiert, von den konkreten Willensverhältnissen ablenkt und so außerhalb des Blickfeldes unwissender Zuhörer vor allem spirituelle Inhalte in deren Bewußtseinsraum hineinschmuggelt.[13]

Die Abnahme von Nietzsches Wertschätzung für Symbolik verläuft teilweise parallel zu seiner rückläufigen Anerkennung der Mystik und wird stark beeinflußt durch die kultur- und religionshistorischen Ausführungen in seinen ersten Schriften. Wie bekannt, beruht seine *Geburt der Tragödie* auf dem Bestreben, entgegenlaufende Tendenzen von Bildhaftigkeit sowie (visueller) Medialität einerseits und Unmittelbarkeit und Verschmelzung andererseits unter den Nennern des Apollinischen und Dionysischen miteinander in Einklang zu bringen. Die Kombination der beiden ist in der altgriechischen Gesellschaft, so Nietzsche, vor allem im Dithyrambus und in der Tragödie ermöglicht, der Rückfall der tragischen Kultur unter dem pervertierenden Einfluß des Sokratismus hat aber zur Folge, daß das Verlangen nach Unmittel-

---

10 Siehe u. a. *Die Geburt der Tragödie* (wie Anm. 3), S. 33: „Jetzt soll sich das Wesen der Natur symbolisch ausdrücken“.

11 Vgl. Nietzsche, *Die Dionysische Weltanschauung*, in: *KSA*, Bd. 1, S. 571.

12 Siehe: „Ehemals war der Geist nicht durch strenges Denken in Anspruch genommen, da lag sein Geist im Ausspinnen von Symbolen und Formen. Das hat sich geändert; jener Ernst des Symbolischen ist zum Kennzeichen der niederen Cultur geworden.“ (Nietzsche, *Menschliches, Allzumenschliches*, in: *KSA*, Bd. 2, S. 26; vgl. auch: S. 197).

13 Vgl. hierzu vor allem *Der Antichrist*: „ein ganz in Symbolen und Unfasslichkeiten schwimmendes Sein“; Christus als der „große Symbolist“; „die furchtbare Hintergedanklichkeit dieses Symbols“ (Gott am Kreuze), alle in: *KSA*, Bd. 6, S. 202, 206 bzw. 232.

barkeit nur noch in den informellen Strukturen geheimer mystischer Kulte seinen Niederschlag finden kann:

> Wenn an diesem [Euripides] die ältere Tragödie zu Grunde ging, so ist also der aesthetische Sokratismus das mörderische Princip: insofern aber der Kampf gegen das Dionysische der älteren Kunst gerichtet war, erkennen wir in Sokrates den Gegner des Dionysus, den neuen Orpheus, der sich gegen Dionysus erhebt und, obschon bestimmt, von den Mänaden des athenischen Gerichtshofes zerrissen zu werden, doch den übermächtigen Gott selbst zur Flucht nöthigt: welcher, wie damals, als er vor dem Edonerkönig Lykurg floh, sich in die Tiefen des Meeres rettete, nämlich in die mystischen Fluthen eines die ganze Welt allmählich überziehenden Geheimcultus.[14]

Von alters her waren die griechischen Mysterienkulte, so betont der junge Philologe, gesellschaftlich organisierte Institutionen der ‚Ekstase‘, sozial koordinierte Instrumente also, der Sozialität zeitweilig zu entkommen und metaphysischen Unmittelbarkeiten zu begegnen. Wie wir anderswo dargelegt haben, beharrt Nietzsche hier allerdings auf einem (Schopenhauerschen) Modell der Vermittlung, selbst wo die Medialität ausschließlich über Unmittelbarkeit eine konkrete Gestalt bekommt.[15] Der von orientalischen Religionen beeinflußte antike Mittelmeerraum kann daher insgesamt als ein mystischer eingestuft werden, der zuerst von dem Mysterienverräter Sokrates, später von dem „unmystischen Christentum" überwunden wird.[16] Das Mystische erleidet hierdurch allmählich eine doppelte Veränderung. Einerseits zieht sich die epiphanische Unmittelbarkeit des Dionysischen weitgehend aus dem öffentlichen Leben zurück, wodurch die mystische Erfahrung selbst mystifiziert wird. Während die Mysterien traditionell auf Erkenntnis, auf Wissen, auf Verklärung hinsteuerten („der weise Mensch als Ziel der Mysterien"[17]), wird die Mystik historisch immer stärker zum Instrument der Irrationalität – eine Konnotation, welche schon in den frühen nachgelassenen Schriften Nietzsches auftaucht und sich nunmehr zur Normbedeutung

---

14 Nietzsche, *Die Geburt der Tragödie* (wie Anm. 3), 87 f.

15 Koenraad Hemelsoet, Benjamin Biebuyck u. Danny Praet, „‚Jene durchaus verschleierte apollinische Mysterienordnung‘. Zur Funktion und Bedeutung der antiken Mysterien in Nietzsches frühen Schriften", in: *Nietzsche-Studien* 35 (2006), S. 1-28, insbes. S. 27. Für den Bezug zwischen dem Mystischen und dem Unmittelbaren, siehe auch: Nietzsche, *Nachlaß 1869-1874*, in: *KSA*, Bd. 7, S. 123.

16 Vgl. Fragment 2 [5]: „Das Christenthum siegte als *unmystische* Offenbarungsreligion über eine ganz mystisch gewordene Welt." (Nietzsche, *Nachlaß 1869-1874* (wie Anm. 15), S. 46) Zur orientalischen Herkunft: vgl. S. 156.

17 Ebd., S. 156.

entfaltet. So rechnet er die „witzige[.] Mystik" zu den „traurigsten Werkzeuge[n]" „zu Hinderniß und Verspätung der Wissenschaft".[18] Scho-
penhauers Konzept der „intuitiven Erkenntnis" ist letztlich noch als
„schlimmste Mystik" einzustufen.[19] Wiederholt verknüpft er demnach
das Mystische mit Schwindel, Unklarheit, romantischer Düsterheit und
religiöser Virulenz.[20] Andererseits verliert das Mystische die für die altgriechischen Mysterien grundsätzliche Erfahrungsdimension; deswegen
ist es nicht mehr ein Ort, an dem sich der Mensch bei der Begegnung mit
dem Unmittelbaren verwandelt, sondern vielmehr der Raum, wo man
„vermöge eines wunderbaren Seherauges" „einen unmittelbaren Blick
auf das Wesen der Welt, gleichsam durch ein Loch im Mantel der Erscheinung hätte".[21] Die Erfahrung des Unmittelbaren ist also nicht mehr
das Moment der Metamorphose, vielmehr bedingt eine besondere Be-
schaffenheit eines Menschen („Seherauge") die Möglichkeit, überhaupt
mit dem Unmittelbaren in Kontakt zu treten, was dann wiederum die
Besonderheit jenes Menschen bestätigt. Das Mystische bekommt hierdurch einen durchaus statischen, reaktiven Charakter, da es im Dienste
des menschlichen Verlangens steht, so zu bleiben, wie man ist. Diese
doppelte Veränderung erklärt, warum Nietzsche sich immer weiter von
der dem Dionysischen inhärenten Verschmelzungsidee entfernt. An die
Stelle der „Generation von der Zweiheit der Geschlechter, bei fort-
währendem Kampfe und nur periodisch eintretender Versöhnung", wie
die famosen Anfangssätze von Nietzsches Erstlingsschrift lauten,[22] tritt
die vielfach kritisierte *unio mystica*, bei der keine Verschmelzung mit
dem Unmittelbaren, sondern vielmehr ein (wunderbares) Aufgehen und
Auflösen in der Gottheit stattfindet.[23] Mit der Einsicht in die historische
Entwicklung des Mystischen radikalisiert sich ebenfalls Nietzsches ei-

---

18 Ebd., S. 561.
19 Nietzsche, *Nachlaß 1875-1879*, in: *KSA*, Bd. 8, S. 467.
20 Siehe u. a.: Nietzsche, *Nachlaß 1875-1879* (wie Anm. 19), S. 218; Nietzsche, *Nachlaß
   1884-1885* (wie Anm. 2), S. 261; Nietzsche, *Nachlaß 1885-1887*, in: *KSA*, Bd. 12, S. 60;
   Nietzsche, *Nachlaß 1887-1889*, in: *KSA*, Bd. 13, S. 11 u. 451. Auffallend hierbei ist,
   daß Nietzsche für Momente musikalischer oder philosophischer Ekstase, wie Hubert
   Cancik und Hildegard Cancik-Lindemaier darlegen („Nietzsches ‚Mysterienlehre'",
   in: *Mystik, Mystizismus und Moderne in Deutschland um 1900*, hg. v. M. Baßler u. H.
   Châtellier, Strasbourg 1998, S. 67) gerne Intensivausdrücke mystischer Prägung verwendet, allerdings selber nur selten „Mystik" gebraucht im Sinne einer „besonders intensive[n] Form innerlicher, persönlicher, subjektiver Religiosität" (S. 63) – zugunsten
   einer vielmehr interaktiven Konzeption des Begriffes.
21 Nietzsche, *Nachlaß 1875-1879* (wie Anm. 19), S. 467.
22 Nietzsche, *Die Geburt der Tragödie* (wie Anm. 3), 25.
23 In *Zur Genealogie der Moral* (*KSA*, Bd. 5, S. 381) verknüpft Nietzsche die brahmani-
   stische Erlösung des „tiefen Schlafes" mit der *unio mystica*, in *Der Antichrist* (wie
   Anm. 13), S. 246 das Bluttrinken.

gener Gebrauch des Begriffes. In einem nachgelassenen Fragment aus dem Herbst des Jahres 1880 distanziert er sich heftig von ideologischen und kulturellen Bewegungen, die sich auf seine Schriften berufen, mit denen er sich aber alles andere als geistesverwandt fühlt – dem deutschen Nationalismus und dem Antisemitismus einerseits, dem irrationalistischen und musikalischen Mystizismus andererseits:

> Früher dachte ich: wir sind anderer Art, anderer Herkunft, nichts war mir fremder als mich diesen Strömungen der Nationalität und der Neigung zur Mystik anzubieten! Ich sah sie – mir ekelte damals und jetzt dafür. Allein sein! abseits leben! war immer meine Devise. Was geht es mich an, daß die, welche damals darin mir gleich gesinnt erschienen, jetzt alle sich dort anbieten! Hier die Gespensterfinger des Spiritisten, und der mathematisch-magische Taschenspieler, dort ein gehirnausbrennender Cultus der Musik, dort die wiedererweckten Gemeinheiten einer Judenverfolgung – seht die allgemeine Übung im Hassen[24]

Hier ist jegliche Spur von Verschmelzung und Vereinigung verschwunden, als Alternative propagiert der Philosoph eine absolute Einsamkeit und Abseitigkeit. Von Unmittelbarkeit oder gar Nähe ist nicht mehr die Rede.

Die Diskrepanz zwischen einer mit Unmittelbarkeit und Ganzheitlichkeit assoziierten und einer von Stasis und Irrationalität durchdrungenen Mystik läßt sich, obgleich sie mit der Konnotationsdivergenz in Nietzsches Symbolbegriff übereinstimmt, nicht einfach auf die Ebene der Sprache übertragen. So schreibt sich die einflußreiche Studie von Sarah Kofman allzu willig fest in der mystischen Euphorie des frühen Nietzsche, wenn sie seine Ansichten zur Sprache wie folgt zusammenfasst: „La musique n'est la sphère symbolique la plus appropriée que parce qu'elle est apte à affirmer la diversité multiple de la vie. Elle est, en effet, la mère de tous les art, car elle éclate elle-même en mille métaphores; elle est un langage ‚capable d'interprétations infinies'".[25] Aber stimmt es, daß Nietzsche von Sprache in erster Linie verlangt, daß sie als Medium für Vielfältigkeit und unendliche Semiose fungiert? Als die auf das Erscheinen seiner Tragödienschrift folgende öffentliche Debatte, während deren Nietzsche von Ulrich von Wilamowitz-Möllendorff im Rahmen einer rhetorischen Abrechnung als Mystagoge porträtiert wurde,[26] den jungen Philologen von dem

---

24 Nietzsche, *Nachlaß 1880-1882*, in: *KSA*, Bd. 9, S. 213.
25 Sarah Kofman, *Nietzsche et la métaphore*, Paris 1972, S. 23.
26 Ulrich von Wilamowitz-Möllendorff, „Zukunftsphilologie!", in: *Der Streit um Nietzsches „Geburt der Tragödie"*, hg. v. K. Gründer, Hildesheim 1989, S. 27-55.

Mißerfolg seines Unterfangens überzeugte, entschied dieser sich nicht zu einer Umstilisierung als ‚bilderwütige' Pythia. Im Gegenteil: er faßte schon bald den Entschluß, einen Erzähltext zu schreiben, und erwog die Möglichkeit, sich in Zukunft als (literarischer) Schriftsteller zu entfalten.[27] In seinen Schriften sehen wir deutlich, daß die unterbrochene Reflexion über die Sprache ersetzt wird durch eine philosophische Praxis, welche durch einen sehr eigentümlichen sprachlichen Habitus charakterisiert wird. Der Jargon der Sprachphilosophie (z. B. der Begriff ‚Metapher') schwindet, und dank dem ingeniösen Gebrauch von Aphorismen und Gleichnissen gelingt es Nietzsche, die radikal immanente Version einer Sprachphilosophie performativ zu gestalten. Diese Version kennt keine systematische Auseinandersetzung mit dem Objekt, sondern erkennt, daß es unmöglich ist, eine Sprache zu besprechen, ohne Sprache zu sprechen, und – analog – eine Geschichte zu beschreiben, ohne Geschichte zu schreiben. Dies erklärt, warum Nietzsche in allen späteren Schriften – wenn auch nicht immer im gleichen Maße – für deutlich erzählerische Textformen optiert, in denen das Phantasma der Nähe, der Unmittelbarkeit auf der Ebene der Darstellung aufgelöst ist zugunsten einer systematischen Anerkennung der Not der Übertragung. Zwar macht er kurzfristig dramatische Entwürfe, letztendlich gestaltet sich die Endfassung jedoch immer narrativ. Der philosophische Erzähltext, so wie sie Nietzsche in Hülle und Fülle verfaßt hat, verabschiedet ja die Illusion, er habe den Gegenstand der Reflexion greifbar vor sich. Dagegen gibt er offen zu erkennen, daß die Darstellung seine Adressaten immer nur über die Vermittlung des Erzählers erreicht. Überdies verzichtet der philosophische Erzähltext auf den Anspruch, ein Vermittler von Welt und Wahrheit zu sein. Statt dessen entwirft er eine eigenständige philosophische Szene, die eindeutig im *hic et nunc* des Erzählaktes verwurzelt ist und die Machtverhältnisse in der repräsentierten Welt sowie die zwischen der Darstellung und dem Dargestellten exemplarisch verkörpert. Man kann allerdings schwerlich behaupten, daß Narrativität in letzter Instanz immer einen Lobgesang von

---

27 So hegte er die Absicht, die im Auftrag der Basler Freiwilligen Akademischen Gesellschaft im Frühjahr 1872 gehaltene Vortragsreihe, postum erschienen unter dem Titel „Ueber die Zukunft der Bildungsanstalten", als eine etwas längere Rahmennovelle zu publizieren. In einem aus dem April 1873 datierenden Brief an Malwida von Meysenbug verriet er seine literarischen Ansprüche (*Kritische Studienausgabe der Briefe (KSB)*, hg. v. G. Colli u. M. Montinari, Bd. 4, München 1986, S. 142). Vgl. zu dieser Vortragsreihe: Benjamin Biebuyck, Koenraad Hemelsoet u. Danny Praet, „Metamorphosen der Verzweiflung. Philosophie des Erzählens in Nietzsches ‚Ueber die Zukunft der Bildungsanstalten'", in: *Deutsche Chronik,* hg. v. R. Duhamel u. G. van Gemert. Würzburg (im Erscheinen).

Vielfalt und Interpretierbarkeit singt. Was soll sie aber aus Nietzsches Sicht schon erreichen? Was bedeutet es, wenn er in seinem Erstling angibt, dass das „höchste Ziel" der „Kunst überhaupt" werde erst erreicht wird, wenn „Dionysos [...] die Sprache des Apollo, Apollo aber schliesslich die Sprache des Dionysus [redet]"?[28]

Einen wichtigen Hinweis in die Richtung einer Antwort erbringen uns – unerwartet – Nietzsches Gebrauch und Konzeptualisierungen von sprachlicher Mittelbarkeit, die er allerdings immer dazu einsetzt, gerade der Vermittlung auszuweichen: Gänsefüßchen, Maske, Gleichnis. So kennzeichnet er in der Vorbereitungszeit von *Jenseits von Gut und Böse*, Mitte der achtziger Jahre, seinen Aphorismenstil als „eine Philosophie der ‚Gänsefüßchen'":

> Wer Tags, Nachts und Jahrein Jahraus mit seiner Seele im vertraulichsten Zwiste und Zwiegespräche zusammengesessen hat, wer in seiner Höhle – es kann ein Labyrinth oder auch ein Goldschacht sein – zum Höhlenbär oder Schatzgräber wurde, wer wie ich sich allerhand Gedanken, Bedenken und Bedenkliches durch den Kopf über das Herz laufen ließ und läßt, das er nicht immer mittheilen würde, selbst wenn er Geister seiner Art und ausgelassene tapfere Kameraden um sich hätte: dessen Begriffe selber erhalten zuletzt eine eigene Zwielicht-Farbe, einen Geruch ebensosehr der Tiefe als des Moders, etwas Unmittheilsames und Widerwilliges, welches jeden Neugierigen kalt anbläst: – und eine Einsiedler-Philosophie, wenn sie selbst mit einer Löwenklaue geschrieben wäre, würde doch immer wie eine Philosophie der „Gänsefüßchen" aussehen.[29]

Weil er nur mit sich selbst im Dialog ist, wünscht der Einsiedler-Philosoph, so lautet die Argumentation, sich nicht mehr gegenüber einem intendierten Adressaten mitzuteilen, vielmehr verbirgt und verschweigt er sich in seinen Äußerungen. Sein Verschweigen wird allerdings nicht verhüllt, sondern direkt dem „Neugierigen" offenbart – eine unmittelbare Mittelbarkeit, deren Kennzeichen die „Gänsefüßchen" sind. Interessant ist, daß Nietzsche mittels der Opposition zwischen „Löwenklaue" und „Gänsefüßen" die ursprüngliche Figürlichkeit der letzten indirekt revitalisiert. Weiterhin unterstreicht er die Mittelbarkeit dadurch, daß das Wort auch selber zwischen Anführungszeichen erscheint. Es versteht sich von selbst, daß die Gänsefüßchen Signale der Hervorhebung sind und so der Rhetorik eines Textes Ausdruck verleihen. Zugleich geben sie zu erkennen, daß der Sprecher sich von seiner

---

28 Nietzsche, *Die Geburt der Tragödie* (wie Anm. 3), S. 140.
29 Nietzsche, *Nachlaß 1884-1885* (wie Anm. 2), S. 580.

Sprache distanziert, daß sie ihm nicht als Instrument der Selbstaussage dient. Vor allem aus Nietzsches Gebrauch von Anführungszeichen geht dies deutlich hervor: so simuliert er den Rückgriff auf gängige Konzepte, jedoch nur um sie zu verneinen.[30] Er braucht sie nicht ‚in den Mund‘ zu nehmen, wie es im elften Aphorismus von *Jenseits von Gut und Böse* heißt, und kann sich also nicht durch sie beschmutzen.[31]

Der Einsatz von Mittelbarkeit kommt noch prägnanter zum Ausdruck in der besonders in den achtziger Jahren häufig verwendeten Metaphorik der ‚Maske‘ – einer Denkfigur, die vorwiegend in Kontexten auftaucht, in denen auch die Mittelbarkeit der Anführungszeichen operiert. Im Aphorismus 289 von *Jenseits von Gut und Böse* beschreibt er die Empfindlichkeit des Einsiedler-Philosophen wie folgt:

> Jede Philosophie ist eine Vordergrunds-Philosophie – das ist ein Einsiedler-Urtheil: „es ist etwas Willkürliches daran, dass er hier stehen blieb, zurückblickte, sich umblickte, dass er hier nicht mehr tiefer grub und den Spaten weglegte, – es ist auch etwas Misstrauisches daran." Jede Philosophie verbirgt auch eine Philosophie; jede Meinung ist auch ein Versteck, jedes Wort auch eine Maske.[32]

In der Figürlichkeit der ‚Maske‘ hallt die Faszination des frühen Nietzsche für den Schein und seine Wahrhaftigkeit nach. Daß die Maske als Versteck fungiert, impliziert aber nicht, daß sich hinter ihr etwas Wichtiges (lies: Tiefes) verbirgt. Im Gegenteil, das Tiefe verdankt seinen ‚Status‘ gerade dem Tatbestand, daß sich um ihn herum eine Maske gestaltet: „Jeder tiefe Geist braucht eine Maske: mehr noch, um jeden tiefen Geist wächst fortwährend eine Maske, Dank der beständig falschen, nämlich *flachen* Auslegung jedes Wortes, jedes Schrittes, jedes

---

30 Eine ähnliche Distanzierungsstrategie entwickelt Nietzsche mit dem Adjektiv „sogenannt". Mit ihm zitiert er einerseits wertneutral Fachbegriffe aus bestimmten Wissenschaftssprachen. Andererseits benutzt er es als „Handschuh" (vgl. *Der Antichrist* (wie Anm. 13), S. 223), um für ihn anrüchige Begriffe zur Sprache zu bringen. Hin und wieder – Symptom einer potenzierten Unberührbarkeit – verdoppelt er die Indirektheit: „die sogenannte ‚Seele'" (*Menschliches, Allzumenschliches I* (wie Anm. 12), S. 97), „das sogenannte ‚Ich'" (*Morgenröthe*, in: *KSA*, Bd. 3, S. 107), „die sogenannte ‚Heiligkeit'" (*Der Antichrist* (wie Anm. 13), S. 231). In *Ueber die Zukunft der Bildungsanstalten* begegnet eine solche Verdopplung – insbesondere in Bezug auf die Bildung – sechsmal.

31 Vgl. Nietzsche, *Jenseits von Gut und Böse* (wie Anm. 2), S. 60: „‚Gut‘ ist nicht mehr gut, wenn der Nachbar es in den Mund nimmt". Vgl. Eric Blondels Charakterisierung der Gänsefüßchen („Les guillemets de Nietzsche", in: *Lectures de Nietzsche*, hg. v. J.-F. Balaudé u. P. Wotling, Paris 2000, S. 83) als „geste d'enfermement, d'incarcération, de déportation".

32 Nietzsche, *Jenseits von Gut und Böse* (wie Anm. 2), S. 234.

Lebens-Zeichens, das er giebt."[33] Die Maske ist also nicht als indirekter
Vermittler des Gesichtes zu deuten, sondern als Versteck einer Leere.
Hierin liegt der Unterschied zu dem Symbolischen, in dem sich das Ge-
meinte (*in effigie*) deutlich vom seinem Vehikel, dem Gesagten (*in natura*), abhebt. Der Transport von Inhalten unter dem Vorwand des
Symbolischen erscheint Nietzsche, in Übereinstimmung mit dem in den
späten Schriften vorherrschenden medizinischen Diskurs, als eine Form
des Parasitierens: Über seine „Hintergedanklichkeit" vergegenwärtigt
das Symbol Inhalte, die von sich aus zu faul sind und sich nicht zu ir-
gendwelcher Aktivität bewegen können. So nisten sie sich in kommunikativen Kontexten ein, zu denen sie ohne die Hilfe des Symbols
keinen Zugang hätten. Die Zweideutigkeit, die aus dem Symbol spricht,
hat daher eine pervertierende Funktion – Nietzsche spricht in *Sokrates
und die griechische Tragödie* von einer mystischen „Superfoetation"[34]
–, deren Wirkung exemplarisch skizziert wird in folgendem Dialog aus
Veza Canettis um 1933 unter tiefem Einfluss von Karl Krauss verfaß-
tem, dezentriert erzählendem Roman *Die gelbe Straße*, in dem eine
junge Künstlerin, Diana, ihre Besorgnis um das Wohlergehen ihrer von
einem anrüchigen Geschäftsmann umworbenen Mutter artikuliert:

> „Ich fürcht ja nur für dich, weil er so taktlos ist, er kann dich einmal sehr
> kränken. Er spricht nur Zweideutigkeiten und du bist ahnungslos."
> „Nicht so ahnungslos, wie du glaubst, Diana." „Bist du dir klar darüber,
> wer dieser Tiger ist?" „Mir ist sein flackernder Blick nicht entgangen."
> „Weißt du, was er spricht?" „Du hast es gesagt, er spricht zweideutig."
> „Wie willst du dich vor ihm schützen?" „Indem ich nur die Deutung ver-
> stehe, die mir gemäß ist." „Du siehst nur dich in den andern wieder, Mut-
> ter." „Das ist mein Halt, Diana." „Ich sehe die andern in mir, das ist meine
> Qual." „Und deine Kunst, Kind."[35]

Während Canetti allerdings das Vermögen ihrer Protagonistin betont,
den Implikationen der Zweideutigkeit aus dem Wege zu gehen, steht
für Nietzsche die Hinterhältigkeit des Symbols im Zentrum seiner
Sprachphilosophie. Die Maske, unter der sich nur das Nichts verbirgt,
weist diese Dynamik des Parasitierens nicht auf und vermittelt in der
Gestalt einer manifesten Sprachform nicht einen latenten Inhalt. So illustriert sie wiederum die Bedeutung einer Mittelbarkeit, die nicht der
Vermittlung dient.

---

33 Ebd., S. 58.
34 Nietzsche, *Sokrates und die Griechische Tragödie*, in: *KSA*, Bd. 1, S. 629.
35 Veza Canetti, *Die gelbe Straße. Roman*. Frankfurt a. M. 1995, S. 132.

Die dritte und letzte Form, die wir hier kurz erörtern können, bereichert die Indirektheit der Maske mit einer zeitlichen, räumlichen und personalen – kurz: narrativen – Dimension: das Gleichnis. Aus vielen Nachlassfragmenten geht hervor, daß Nietzsche seine Gleichnisse sorgfältig vorbereitete und strategisch in die zu publizierenden Texte integrierte.[36] In allen seinen veröffentlichten Texten tauchen sie auf – zwar mit ungleicher Frequenz – und gestalten eine rhetorische Synthese zwischen Reflexion und Erzählung, allerdings ohne die Unterschiede zwischen dem philosophischen Kontext und der figürlichen Ausführung zu verharmlosen. In der letzten Rede des ersten Teils von *Zarathustra* gibt der Protagonist zu erkennen, daß Gleichnisse in erster Linie nicht eine thetische, sondern eine indizierende Funktion haben: „sie sprechen nicht aus, sie winken nur".[37] Ihr Winken ist aber erst gewährleistet, wenn es sich nicht in einem Analogon erschöpft. Das Gleichnis dient also nicht dazu, „himmelweit entfernte Dinge, in düsterer Phantasie und witziger Mystik" miteinander zu identifizieren, oder „ein fortwährendes feinstes Symbolisieren und Gleichsetzen" anzukurbeln.[38] Es richtet sich dagegen so ein, daß zwei Darstellungsbereiche zusammengebracht werden, ohne daß der eine auf den anderen reduziert wird. Aus dem Gleichnis läßt sich also nicht ohne weiteres eine Lehre oder eine Botschaft ableiten. Im Einklang mit Nehamas' Lektüre von Zarathustras nicht-expliziertem Geflüster in seinem Gespräch mit dem Leben („Das andere Tanzlied, 2"[39]), liegt die Ansicht nahe, dass Nietzsche die Mittelbarkeit des Gleichnisses gerade dazu einsetzt, deutlich zu machen, daß sie *keinen* repräsentierbaren Inhalt vermittelt, sondern eine Leere.[40] Die Leere ist allerdings nicht mit der Unterdeterminiertheit zu verwechseln, die, so der zunehmend mystikkritische Nietzsche, dem mystischen Diskurs anhaftet. Im Gegensatz zu jener Vagheit glänzt in dem Gleichnis das Pathos des Befehls. In ihm wähnt sich der

---

36 Vgl. den (nicht ausgeführten) ausdrücklichen Hinweis in Fragment 23 [174]: „Die ausgeschlüpfte Seidenraupe schleppt eine Zeitlang die leere Puppe noch nach sich; Gleichnis" (Nietzsche, *Nachlaß 1876-1878*, in: *KSA*, Bd. 8, S. 467).

37 Nietzsche, *Also sprach Zarathustra. Ein Buch für Alle und Keinen*, in: *KSA,* Bd. 4. S. 98.

38 Nietzsche, *Nachlaß 1880-1882* (wie Anm. 24), S. 261. Vgl. ebenfalls: *Nachlaß 1869-1874* (wie Anm. 15), S. 636: „Vergleichen d. h. Gleichsetzen".

39 Nietzsche, *Also sprach Zarathustra* (wie Anm. 37), S. 285; vgl. Alexander Nehamas, „For Whom the Sun Shines: A Reading of ‚Also Sprach Zarathustra'", in: *Friedrich Nietzsche: Also sprach Zarathustra,* hg. v. V. Gerhardt, Berlin 2000, S. 179 f.: „What Zarathustra tells life is something he and only he can say; it is equivalent to ‚‚his way", which no others can follow without betraying it."

40 Vgl. in poststrukturalistischer Lesart: Stephan Braun, *Topographien der Leere – Friedrich Nietzsche. Schreiben und Schrift*, Würzburg 2007, insbesondere S. 15-30.

Angeredete nicht einem inspirierenden, metaphysischen Meister nahe, vielmehr wird er durch die Genauigkeit der gleichnishaften Rede von der Illusion einer solchen Autorität distanziert. Das figürliche Erzählen benutzt daher die Präzision der kombinierten Darstellungsbereiche und deren narrative Einbettung, um imperativ einen freien Raum für den Zuhörer zu eröffnen. Grundlegend ist, daß es diesen Ort nicht selber mit importierten Inhalten besetzt, sondern den Zuhörer eigens dazu verpflichtet, sich selber in diesem Vakuum zu erheben. So stellt sich heraus, daß Kofman sich irrt, wenn sie Vielfältigkeit und unendliche Interpretierbarkeit als Nietzsches zentrale sprachphilosophische Zielvorstellungen umschreibt. Diese kommen nicht mit seiner Würdigung jedes Sprechaktes als Gesetzgebung überein. Das Rückgreifen des Gleichnisses auf die radikale Immanenz der narrativen Vermittlung, bei der sich ein sich selbst im Sprechen determinierender Erzähler in einem spezifischen Erzählkontext gegenüber einem von ihm selbst selektierten Publikum mitteilt, bei der dieser über in Zeit und Raum situierte Personen spricht, die auch selber ihr Sprechen dem spezifischen Rede- und Geschehenskontext verdanken, erweist sich als eine Vorbedingung für die Versöhnung von Befehl und Freiheit. Der Angeredete kann die narrative Aufforderung nicht überhören, doch wird ihm keine mystisch vermittelte Botschaft aufgedrängt. Eben der solchermaßen kreierte Freiraum versperrt der von Nietzsche zunehmend kritisierten *unio mystica* den Weg; er ist dafür verantwortlich, daß ein Buch sich notwendigerweise zugleich an „Alle und Keinen" richten kann. Der Angeredete nähert sich nicht dem Sprecher an, er wird aber dazu aufgefordert, nicht passiv so zu bleiben, wie er ist, sondern derjenige zu werden, der er sein soll. Nietzsches Eroberungs- und Erkundungslogik gemäß soll der Zuhörer zwar gehorchen, aber nicht dem Lehrer folgen: „Nun heisse ich euch, mich verlieren und euch finden; und erst, wenn ihr mich Alle verleugnet habt, will ich euch wiederkehren."[41] Nicht (intuitiv) zu verstehen ist seine Aufgabe, sondern in eigener Machtentfaltung zu handeln. Wie er dies konkret auch machen kann – und auf jeden Fall sind nicht alle Wege hier gleichwertig –, die Entgegnung des Angeredeten zerstört die Gleichnisrede nicht, sondern verstärkt ausschließlich ihre Maskenhaftigkeit, weil sie den Primat ihrer Wirkung über die Mitteilung anerkennt. So bringt der befehlende Gleichnissprecher dem Zuhörer Befreiung: sich selbst experimentell in der Sprache zu erheben.[42]

---

41 Nietzsche, *Also sprach Zarathustra* (wie Anm. 37), S. 101.
42 Vgl. seine Umschreibung des „Gedankens, dass das Leben ein Experiment des Erkennenden sein dürfe" als der „grosse Befreier" (*Die fröhliche Wissenschaft* (wie Anm. 2), S. 553).

Seine Schriften überblickend können wir ohne Zögern schlußfol-
gern, daß Nietzsche seine Philosophie der sprachlichen Mittelbarkeit
aktiv und konsequent praktiziert hat. Nicht nur im *Zarathustra*, sondern auch in den Aphorismensammlungen erzählt er mit der zielgerichteten Präzision des Gleichnisses, um eine Mystik der offenbaren-
den, enthüllenden Fülle durch ihr Pendant der befehlenden Lehre zu
ersetzen. Auf diskursiver Ebene springt hierbei einerseits das vorwiegend sprachlose *aphoristische Ich* ins Auge, das die Vielstimmigkeit der
einzelnen Aphorismen ordnet, numeriert und bestenfalls mit einem
kongenialen, einigermaßen perspektivierenden Titel versieht, das selber
aber niemals konkretere Gestalt erlangt. Andererseits spüren wir, wie
Nietzsche in seinem einzigen philosophischen Roman den in der zeitgenössischen Belletristik immer nachdrücklicher hervorstechenden, mit
psychologischem Scharfblick versehenen Erzähler ersetzt durch eine
eher repetitive Erzählinstanz, die es kaum wagt, den Geisteszustand des
Protagonisten zu skizzieren, und der es sowohl ihm als auch den anderen (namenlosen) Gestalten überläßt, sich durch immer abwechselnde
Selbstfiguralisierungen (sprachlich) zu formen und umzuformen –
während er doch der „Psychologe" ist, „der nicht seines Gleichen
hat".[43] Die Art und Weise, in der sie sich selbst mit immer neuen Cha-
rakterisierungen versehen, erinnert *expressis verbis* an das Häuten einer
Schlange und deutet nicht nur darauf hin, daß das Romanpersonal nicht
über eine auch nur zeitweilig fest umrissene oder fixierbare Identität
verfügt. Auch lenkt sie die Aufmerksamkeit darauf, daß in diesem sonst
so wenig narratologisch differenzierten Text radikal auf eine gottähnli-
che Erzählfunktion verzichtet wird, und trotz der eher altmodisch anmutenden Er-Erzählung die Konturierung der zentralen Handlungs-
gestalten der selbstorganisierenden Potenz einer flüchtigen, figürlichen,
eingebetteten Sprache überlassen wird. Daß die Gestalten hierbei weniger auf einen Namen als auf eine Vielzahl von metaphorischen Bezeichnungen zurückgreifen, illustriert, daß auch die Selbstcharakteri-
sierungen einer ständigen Revisions- und Verhandlungsdynamik un-
terworfen sind.[44] Auf der Ebene der Textproduktion wiederholt sich
die soeben beschriebene Dynamik. Schon in seinen frühesten Schriften
kritisiert Nietzsche die Presse, die er als Medium der Masse versteht

---

43 Nietzsche, *Ecce Homo*, in: *KSA*, Bd. 6, S. 304: „Dass aus meinen Schriften ein *Psychologe* redet, der nicht seines Gleichen hat, das ist vielleicht die erste Einsicht, zu der
ein guter Leser gelangt – ein Leser, wie ich ihn verdiene, der mich liest, wie gute alte
Philologen ihren Horaz lasen."
44 Zarathustra identifiziert sich unter anderem als „Nordwind" (*Also sprach Zarathustra*
(wie Anm. 37), S. 109), „Pfeil" (S. 247), „Jäger" (S. 283) und „Tropfen Thau's" (S. 402).

und jeglichen legislativen Impuls aus der Sprache entfernt.[45] Während er sich in den siebziger Jahren zurückhaltend und neutral zu verlagspolitischen Angelegenheiten verhält, nimmt nachher der Eifer, seine Publikationen wieder selber in den Griff zu bekommen, spektakulär zu. Nicht nur versucht er hartnäckig, die Urheberrechte über seine veröffentlichten Schriften wiederzugewinnen und durch Vorworte den in ihnen ausgesprochenen Appell neu auszurichten. Auch entfaltet er gegenüber der Materialität seiner Publikationen ein besonders und sich immer rekonfigurierendes Spiel von Verhüllung und Verschweigen. Bekanntlich publizierte er 1885 den vierten Teil seines *Zarathustra* privat, um nur wenigen Bekannten und Freunden ein Exemplar zu schicken – wenige Jahre später beauftragte er seinen Freund Peter Köselitz damit, alle verteilten Exemplare zurückzufordern. Auch dies hielt ihn aber nicht davon ab, im neuen Vorwort zur *Geburt der Tragödie* (1886) – einer Schrift, die wegen des Bezugs zu dem 1883 verstorbenen Wagner auch bei der Neuauflage beträchtliche Aufmerksamkeit erhalten sollte – eben aus diesem Teil ausführlich und mit Quellenangabe zu zitieren.[46] Und signalisierte er nicht feinsinnig, dass es kein besseres Mittel gibt, sich zu verbergen, als durch die Veröffentlichung eines Buches?[47] Dies alles unterstreicht Nietzsches Vorhaben, die Sprache als eine Kraft zu gestalten, die – wortwörtlich – den Sprecher *macht*: eine dynamische, vitale Entität, über die nicht nur der Sprechende sich bewähren kann, sondern auch der Zuhörende zur Sprache gebracht wird, in keinem der beiden Fällen selbstidentisch, sondern zwangsläufig in ständiger Metamorphose.

Die vokative, sogar imperativische Dimension von Nietzsches (publizierten) Schriften erklärt, weshalb er in erster Linie bei anarchistischen Lesern und Gruppierungen Gehör fand, die in ihnen die philosophische Legitimierung einer radikalen, gesetzesbrechenden Selbsterhebung erkannten. Um die Jahrhundertwende wurde dem (biologisch) erlöschenden Philosophen eine stärker deutschnationale Aura verpasst und gereichte er der Sprachkritik der frühen Modernisten zum Nutzen.[48] Besonders diese sahen in Nietzsches Denken den leidenschaftlich erlebten Bruch zwischen Wirklichkeit und Sprache bestätigt. Die Überzeugung, daß alles traditionelle Sprechen notwendigerweise als eine

---

46 Nietzsche, *Die Geburt der Tragödie* (wie Anm. 3), S. 22; vgl. *Also sprach Zarathustra* (wie Anm. 37), S. 366.
47 Nietzsche, *Jenseits von Gut und Böse* (wie Anm. 2), S. 233: „schreibt man nicht gerade Bücher, um zu verbergen, was man bei sich birgt?
48 Vgl. die Hinweise durch Zeitgenossen auf Bismarck und den berühmten Chandos-Brief Hofmannsthals.

Lüge zu verstehen sei, leitete in das Projekt über, durch die Musikalität der Sprache deren Authentizität wiederherzustellen. Unterstützung hierfür fanden sie unter anderem in Nietzsches Sprachmystizismus, den sie allerdings – wie ich dargelegt zu haben hoffe – sehr einseitig im Sinne der enthüllenden Fülle interpretierten. Abgesehen von seinen frühen Spekulationen in diese Richtung, hat Nietzsche seine Vorliebe für die entgegengesetzte Auffassung von Sprache immer deutlicher unter Beweis gestellt. Die parenthetische Narratio in „Wie die ‚wahre Welt‘ endlich zur Fabel wurde" ist in dieser Hinsicht erhellend.[49] Geradezu revolutionär ist die Radikalisierung der Ich-Erzählposition im lyrischen Setting der *Dionysos-Dithyramben*, wie beispielsweise in der ausschließlich indirekt narrativen „Klage der Ariadne", in der die Konstellation von diktierender Leere und Einsamkeit ihren Höhepunkt erreicht.[50]

Bei der Lektüre von Nietzsches Schriften wäre es also fatal, die Ambivalenz und die Entwicklung seines Mystik-Konzeptes, besonders im Umfeld seiner Sprachphilosophie, zu übersehen, und nicht nur weil es sonst unmöglich ist, die zweideutige Wertschätzung seines Erstlings adäquat zu deuten. Dies verhindert aber nicht, daß neue Ambivalenzen sich auf diese Weise ankündigen. Wir haben bereits darauf hingedeutet, daß Nietzsches Distanzierung von einem auf Medialität basierenden Kommunikationsmodell eben in einem mehrfachen Einsatz von Mittelbarkeit resultiert. Hierbei stellte sich hieraus, daß diese Mittelbarkeit allerdings die Idee einer Vermittlung von Inhalten ausschließt. Hierbei kommt die Vermutung auf, daß die Hervorhebung der Mittelbarkeit den stark präsentischen Charakter seiner Willensphilosophie auszugleichen habe. Wie läßt sich aber erklären, daß ein philosophisches Projekt, das gerade die Fülle des Lebens, den Überfluß an Lebenskraft in den Vordergrund stellt, im Bereich der Sprache ein Loblied auf die Leere singt? Es versteht sich, daß diese komplexe Frage ihre Zeit verlangt und eine nuancierte Analyse erfordert. Tentativ wäre jedoch schon darauf hinzuweisen, daß Nietzsche jegliche mimetische Korrespondenz zwischen Sprache und Willensrealität abstreitet, insofern Sprache nicht als eine Veräußerlichung von Machtwillen verstanden wird. Dies legt die Hypothese nahe, daß der Überfluß der Willensvielfalt überhaupt

---

49 Nietzsche, *Götzen-Dämmerung*, in: *KSA*, Bd. 6, S. 80f.
50 Nietzsche, *Dionysos-Dithyramben*, in: *KSA*, Bd. 6, S. 398ff. Was die Kategorisierung des Gedichts betrifft, spricht Wolfram Groddeck von einem „Gattungswechsel von der lyrischen zur dramatischen Form" (Wolfram Groddeck, Die *Dionysos-Dithyramben: Bedeutung und Entstehung von Nietzsches letztem Werk*, Berlin 1991, S. 180).

erst zu voller Entfaltung gelangen kann, wenn die Sprache ihn nicht bändigt, sondern für ihn den Freiraum schafft. So ist sie auch in dieser Hinsicht nicht als eine Aktualisierung, oder gar Medialisierung, der Fülle anzusehen, sondern als produktiver Ort der Leere.

MARC JONGEN

Die zweiten Hieroglyphen.
Entwurf einer Theorie der Hyperbilder[1]

Einleitung

Vilém Flusser sagt in seiner *Kommunikologie*, daß „alle Texte Bilder meinen, oder daß Texte nichts als Beschreibungen, Erklärungen, Auflösungen von Bildern sind."[2] Das gleiche sagt Johann Jakob Bachofen im 19. Jahrhundert in romantischer Färbung: „Der Mythos ist die Exegese des Symbols."[3] Mit anderen Worten, alles Gesprochene, Erzählte lebt von einem bildhaft Geschauten. Ich glaube, daß man dies auf die Ebene des (laut- und schriftlosen) Denkens übertragen kann, daß es sogar hier erst seine eigentliche Plausibilität gewinnt: Alles Denken ist die Exegese eines geistigen Bildes. Auch der innere Diskurs meint ein Bild; nur indem ich innerlich auf einen geistigen Sachverhalt gleichsam hinschaue, kann ich Begriffe davon bilden, kann ich das, was ich meine, wie man so sagt: „in eigenen Worten" ausdrücken und immer wieder neue und andere Worte für diesen einen Sachverhalt finden. Verliere ich hingegen das innere Bild aus den Augen, dann werde ich „den Faden verlieren" und höchstens noch mechanisch wiederholen, was ich bereits gesagt oder früher gedacht habe. Beim Hörer werde ich in diesem Fall nicht mehr den Eindruck lebendigen Denkens, sondern den eines Automaten erwecken. Der berühmte – und berüchtigte – „Geist, der lebendig macht", ist so gesehen immer der Geist, der im Bilde ist.

In einem sehr subtilen Sinn ist also alles Denken ein Übersetzungsvorgang, nämlich von inneren „Schauungen", die einen bestimmten Sachverhalt noch vage und unartikuliert im Blick haben, in distinkte, klar artikulierte Begriffe. Die Vorteile dieses sprachlichen, diskursiven Codes brauchen im einzelnen nicht aufgezählt werden. Er ermöglicht

---

1 Der vorliegende Text ist die überarbeitete und erweiterte Fassung eines Vortrags mit dem Titel „Entwurf einer Theorie der Hyperbilder", gehalten am 26.08.2006 auf der Tagung „Erfahrung und Bild in Mystik und Wissenschaft" des Forschungsprojekts „Mystik und Moderne" am Forum Scientiarum in Tübingen. Der mündliche Stil wurde bewußt beibehalten.
2 Vilém Flusser, *Kommunikologie*, Frankfurt a. M. 1998, S. 128.
3 Zit. in Leopold Ziegler, *Überlieferung*, München 1949, S. 303.

allererst die Kommunizierbarkeit der Gedanken und damit den Ausbruch des Subjekts aus der Einsamkeit seiner Innerlichkeit, den Anschluß von Ego an Alter – in der gesprochenen Dialog-Situation in präsentischer Gegenwart, im Medium der Schrift auch über die Distanz der Orte und Zeiten hinweg. Der Preis, der für diese Kommunikationsfähigkeit bezahlt werden muß, ist eine mit der Übersetzung des Bild- in den Schriftcode konstitutiv einhergehende Komplexitätsreduktion, die insbesondere poetische Naturen immer geschmerzt hat: „Warum kann der lebendige Geist dem Geist nicht erscheinen! / *Spricht* die Seele, so spricht ach! schon die *Seele* nicht mehr."[4]

Nun ist zwar jedes Denken ein Übersetzen im beschriebenen Sinn; das heißt aber noch lange nicht, daß jedes Denken sich dessen bewußt wäre. Selbst in der Philosophie, die solche Besinnung eigentlich zu kultivieren hätte, fehlt sie oft gänzlich. Das Denken in Hyperbildern möchte ich in einer ersten Annäherung als ein solches charakterisieren, daß sich der eigenen Übersetzungstätigkeit als seiner fundamentalen Wesensbestimmung bewußt ist – und zwar nicht erst in nachträglicher Reflexion, sondern schon in seinem Vollzug selbst, in einer geistigen Transparenz, die seine Form bestimmt, ja *ausmacht*. *Hyper*bild – und nicht einfach Bild – heißt es deshalb, weil es nicht sinnliche Gegenstände abbildet, also keine gewöhnlichen Vorstellungsbilder hervorbringt, sondern geistige Strukturen und Komplexe anschaulich macht, die ihrerseits aus Begriffen, Sprache, Theorien aufgebaut und vermittels dieser ins Bewußtsein eingedrungen sind. Das Präfix ‚hyper' bezieht sich also in erster Linie auf das Medium der logischen Begrifflichkeit und bezeichnet eine Form bildhaften Denkens, die *nach* oder *über* der Sprache, den Begriffen und ‚Theorien' steht.

Um auf die Gefahr der Überexplikation hin jegliches Mißverständnis auszuschließen: Wir sprechen hier nicht von archetypischen Schauungen etwa à la C. G. Jung, die die Psyche überfluten und beispielsweise aztekische Götter halluzinieren lassen, auch wenn ihr entsprechende Darstellungen bisher völlig unbekannt waren. Wir sprechen von einem subtilen Anschaulichwerden, einer Art Gestaltschau avanciertester geistiger Erzeugnisse, die nur durch kulturelles Lernen, durch Sozialisation in der modernen Zivilisation zu erwerben sind, deren Erwerb also gerade das *Überwunden-Haben* des magischen Bilddenkens voraussetzt. Die heute avancierteste, nämlich die kybernetische Theorieformation – in dem erweiterten Sinn, der (Post-)Strukturalis-

---

4 Friedrich Schiller, *Tabulae Votivae*, „Sprache" (1796), *Sämtliche Werke*, hg. v. Gerhard Fricke u. Herbert G. Göpfert, Bd. 1, München 1987, S. 313.

mus, Informationstheorie, Systemtheorie umfaßt – hat auch noch das
begriffsvermittelte Vorstellungsdenken hinter sich gelassen, ist also von
sich selbst her radikal unanschaulich und weitestmöglich von magischer
Bildhaftigkeit entfernt. Daß sie in einer neuen – hyperbildlichen – Weise
der Anschauung zugänglich gemacht werden könnte, bedeutet eine
Wette darauf, daß die Urbedeutung von ‚Theorie‘, nämlich *theoría*,
‚Schau‘, auf der Höhe des ernüchterten, kybernetischen Zeitgeistes zu
neuen Ehren gebracht werden kann. Was zu demonstrieren ist.

Meine weiteren Ausführungen gliedern sich in drei Abschnitte:
Zunächst möchte ich eine phänomenologische Charakterisierung des
Denkens in Bildern – also noch nicht in Hyperbildern, sondern in der
klassischen mystisch-metaphysischen Form – vorlegen, wobei Plotin
als Kronzeuge dieser Bewußtseinsform auftreten wird. Danach soll in
einem Zwischenschritt – im Rahmen der gebotenen Kürze – gezeigt
werden, wie sich der moderne Geist, die moderne Wissenschaft von
dieser Bewußtseinsform entfernt haben und wie sie sich gerade aufgrund dieser Distanzierung, die sich zuweilen bis zur Amnesie steigerte,
als eigenständige Bewußtseinsform hatten entwickeln können. Schließlich möchte ich in einem dritten Schritt demonstrieren, wie von der
heutigen, denkbar unmystischen Position aus eine Brücke zu älteren
imaginativen Schichten der Psyche geschlagen werden kann dergestalt,
daß daraus ein Neues, ein ‚Drittes‘ emergiert. Gotthard Günthers
Überlegungen zu einer mehrwertigen, nicht-aristotelischen Logik sollen dabei als eine Art Sprungbrett in die Hyperbildlichkeit dienen.
Vilém Flusser schließlich wird bei der Antwort auf die Frage assistie-
ren, ob es einen der hyperimaginativen Bewußtseinsebene angemesse-
nen Code geben kann – und womöglich bereits gibt –, der ihr besser
entspräche als Sprache und Schrift.

I. Bild-Denken

„Mystik und Wissenschaft“[5] – was sich syntaktisch so leicht, durch ein
schlichtes ‚und‘, verbinden läßt, bezeichnet der Sache nach ein höchst
kompliziertes und spannungsreiches Verhältnis. Peter Sloterdijk ging in
seinem Buch *Weltfremdheit* von 1993 so weit, den typischen Teilneh-
mer am Wissenschaftsbetrieb als jemanden zu definieren, „der *nicht*
weiß, was hohe Zustände in der Kontemplation sind.“[6] In der Tat muß

---

5 Vgl. den Tagungstitel in Fußnote 1.
6 Peter Sloterdijk, *Weltfremdheit*, Frankfurt a. M. 1993, S. 126. Herv. im Original.

man historisch sehr weit zurückgehen, um auf Gestalten der Geistesgeschichte zu stoßen, die beides, Mystik und Wissenschaft, noch in
einer Person auf hohem Niveau vereinten: Jakob Böhme (mit starken
Vorbehalten), Meister Eckhart (schon überzeugender). Der für das
Abendland klassische Vertreter dieser seltenen Spezies, die Logik und
Mystik zur philosophischen Synthese zu verschmelzen wußten, ist der
Neuplatoniker Plotin, der im dritten Jahrhundert n. Chr. lebte. Umso
bemerkenswerter, daß bereits Plotin den Unterschied zwischen Wissenschaft (*epistéme*) und Schau (*theoría*), der sich im Laufe der folgenden Jahrhunderte mehr und mehr zum unversöhnlichen Gegensatz
auswachsen wird, klar festgehalten hat. In der Schrift Nr. 31 (nach Harder), „Die Geistige Schönheit", macht er diesen Unterschied an zwei
Codes, dem Begriffscode und dem Bildcode, fest:

> Nicht darf man also glauben, dass es wissenschaftliche Thesen (*axiómata*)
> sind, die dort oben [in der geistigen Welt] die Götter schauen und die drei-
> mal seligen Wesen, sondern alle genannten Dinge sind dort oben schöne
> Bilder (*kalà agálmata*), wie sie einmal jemand in der Seele eines Weisen
> gefunden hat, Bilder, *die nicht gemalt sind, sondern seiend.* Weshalb auch
> die Alten die Urbilder (*idéas*) seiend und Wesenheiten genannt haben.[7]

„Wissenschaftliche Thesen" ist eine modernisierende und daher ana-
chronistische Übersetzung des griechischen *axiómata*, die sich aber
durchaus rechtfertigen läßt, wenn man sich den erstaunlich modern
anmutenden ‚medientheoretischen Exkurs' vor Augen führt, der an
diese Stelle unmittelbar anschließt:

> Das haben auch, scheint mir, die ägyptischen Weisen, sei es auf Grund
> exakter Wissenschaft, sei es aus angeborener Klugheit erfaßt: sie verwen-
> deten zur Darlegung ihrer Weisheit nicht die Buchstabenschrift, welche
> die Wörter und Prämissen nacheinander durchläuft und auch nicht die
> Laute und das Aussprechen der Sätze nachahmt, vielmehr bedienen sie
> sich der Bilderschrift, sie gruben in ihren Tempeln Bilder ein, deren jedes
> für ein bestimmtes Ding das Zeichen ist: und damit, meine ich, haben sie
> sichtbar gemacht, daß es dort oben kein diskursives Erfassen gibt, daß
> vielmehr jedes Bild dort oben Weisheit und Wissenschaft ist und zugleich
> deren Voraussetzung, daß es *in einem einzigen Akt* verstanden wird und
> nicht diskursives Denken und Planen ist.[8]

---

7   *Plotins Schriften*, übers. v. Richard Harder, Bd. III a, Hamburg 1964, S. 49. Herv.
    v. M. J.
8   *Plotins Schriften* (wie Anm. 7), S. 49. Herv. v. M. J.

Plotins Ansicht, die ägyptische Hieroglyphenschrift sei eine Bilderschrift, beruht, wie man seit der Entzifferung der Hieroglyphen durch
Champollion im Jahr 1822 weiß, auf einer Fehldeutung, der schon die
Antike erlegen war und auf deren Grundlage bis in die Neuzeit hinein
über Hieroglyphen als ,heilige Zeichen' spekuliert worden ist. Es
kommt aber für Plotins Gedankengang gar nicht primär darauf an, ob
die Schrift der Ägypter tatsächlich eine reine Bilderschrift war oder
nicht, sondern nur darauf, ob eine solche ,hieroglyphische' Schrift *prinzipiell denkbar ist* – und das ist sie sehr wohl. Interessanterweise hat Jan
Assmann darauf hingewiesen, daß die ägyptischen Hieroglyphen,
ursprünglich eine auf Bildern basierende Kombination aus Konsonan-
ten- und Sinnzeichen, sich in ihrer Spätzeit dem Konzept einer reinen
Bilderschrift tatsächlich angenähert haben, so daß es sich bei den jahr-
hundertelangen Spekulationen über die ägyptische ,Urschrift' – von der
man glaubte, daß ihre Symbole einen unmittelbaren Zugang zu den
bezeichneten Ideen gewährt hätten – keineswegs *ausschließlich* um Pro-
jektionen handelte.[9]
   Wichtig an der plotinischen Unterstellung scheint mir, daß die Hieroglyphen hier für *Symbole geistiger Schauungen* gelten, also gewissermaßen für eine ,platonische Schrift', die die überweltlichen *Ideen*
unmittelbarer in Zeichen bannt und damit den Boden der Sinneswelt
weniger stark berührt als die alphabetische Lautschrift. Während in
letzterer die Zeichen tatsächlich *Semata*, also Grabmäler des Geistes
sind, wären sie in der hieroglyphischen Schrift eher dessen *Somata*,
lebendige Körper; der Geist muß nicht erst sterben, um in sie einzu-
gehen.
   Ich werde diesen medientheoretischen Faden später wieder aufneh-
men; vorerst empfiehlt es sich, bei dem vorgetragenen Plotin-Zitat noch
etwas länger zu verweilen und auf einige Formulierungen darin zurück-
zukommen, da sich aus ihnen eine Phänomenologie des bildhaften
Denkens, Plotins ,Schau', in Grundzügen explizieren läßt. Drei Punkte
möchte ich besonders hervorheben:
   Erstens gebraucht Plotin die Formulierung: „dort oben" (werden die
Bilder geschaut). Das heißt, sie sind nicht von dieser Welt, sind dem
gewöhnlichen Sinn verborgen, umgeben von einer Aura des Geheimnisses. Goethe, der auf seine Art versucht hat, die kontemplative Schau
in die Wissenschaft wieder einzuführen und dabei des öfteren auch auf

---

9 Zur Faszinationsgeschichte der Hieroglyphen, die bis heute andauert, vgl. Aleida u.
   Jan Assmann (Hg.), *Hieroglyphen. Altägyptische Ursprünge abendländischer Grammatologie*, München 2003.

Plotin verwies, wird von dem „offenbaren Geheimnis" sprechen, das
die Natur dem Forscher darbiete. Ich glaube, man muß diese topologi-
sche Angabe – *dort oben* – durchaus ernst nehmen, als eine exakte
Metaphorik, die die Selbsterfahrung der schauenden Seele präzise trifft.
Der Übergang vom diskursiven ins bildhafte Erkennen bedeutet ein
kognitives ‚High-Werden', das als innerer Aufstieg erfahren wird. Das
‚vertikale Gewerbe' hat Peter Sloterdijk die Metaphysik in diesem Sinn
einmal genannt – und noch viel mehr trifft diese Charakterisierung auf
die philosophische Mystik zu. Ich bemerke nur am Rande, daß damit
das Denken in Bildern auch den Prototyp *geistiger Erfahrung* darstellt,
jenes Themenkomplexes also, den unsere Tagung[10] gemeinsam mit dem
des Bildes im Titel führt. Bild und Erfahrung sind in der Tat nicht aus-
einanderzudividieren. Zur Erfahrung wird der geistige Vollzug dann,
wenn die Intensität des *Erlebens,* das jedem Denkakt als einem biolo-
gischen Vorgang *auch* eignet, die Schwelle des Bewußtseins überschreitet, wobei sich verschiedene Niveaustufen unterscheiden lassen. Auf
den höchsten Stufen hat die Erfahrung verwandelnde Kraft: Man lebt
vorher, man lebt nachher. Plotin soll die höchste Stufe der Kontemplation, die Einigung oder *Henosis,* viermal in seinem Leben erfahren
haben. Auch *einmal* hätte schon genügt, um alles für immer zu verändern: „Einmal lebt ich, wie Götter, und mehr bedarfs nicht", sagt ein
Dichter, den zu zitieren der Tübinger *genius loci* gebietet.[11]

   Der zweite Ausdruck Plotins, den ich hervorheben möchte, lautet:
„nicht gemalt, sondern seiend" (sind diese Bilder). Sie sind also keine
mimetischen Abbilder von irgendetwas außerhalb ihrer selbst, sie vermitteln nichts anderes als sich selbst, sind in diesem Sinne „Urbilder",
unmittelbar seiend, „Wesenheiten", wie es heißt. Wenn wir einmal von
dem metaphysischen Weltbild absehen, das durch Ausdrücke wie
„Urbilder" oder „Wesenheiten" sogleich als schwere geistesgeschicht-
liche Hypothek mittransportiert wird, und uns nur fragen, auf welche
phänomenologische Eigenschaft des bilderschauenden Bewußtseins sie
hinweisen, so ist dies offenbar ein engeres Zusammenrücken als üblich
von Signifikat und Signifikant im Bewußtsein. Der Geist wird hierdurch ‚selbstgenügsam', er sucht nicht mehr nach einem Sein außerhalb
seiner, da er nun selbst ein ‚seiender' geworden ist. Bei seiner Schau
handelt es sich nicht um ein Pittoreskwerden der geistigen Inhalte, sondern um ein geistiges Innesein, dem sozusagen der innere – jedoch nicht
‚subjektive', sondern ganz und gar objektive – Ideenhimmel aufgeht.

---

10 Vgl. Fußnote 1.
11 Friedrich Hölderlin, „An die Parzen", in ders.: *Gedichte*, Frankfurt a. M. 1984, S. 36 f.

Und je tiefer die Immersion des Bewußtseins in den Ideenhimmel, desto bildhafter (im rein pneumatischen Sinn) dessen Wahrnehmung.

In der metaphysischen Hypostasierung dieser Denkerfahrung durch Plotin – ‚Hypostasierung' hier im ursprünglichen Wortsinn genommen – wird daraus die psychokosmologische Stufenfolge der Hypostasen abgeleitet: Seele – Geist – das Eine. Ohne dieses ontologische System der Welterklärung hier ausführlich besprechen zu können, ist für unseren Zusammenhang festzuhalten, daß man den metaphysischen Überbau einklammern und die schauende *Denkerfahrung*, die ihm zugrunde liegt, in eine nachmetaphysische, strikt phänomenologische Sprache übersetzen kann, ja muß. Vom Standpunkt der Metaphysik aus bedeutet das natürlich eine Entzauberung, vom ernüchterten modernen Standpunkt aus bedeutet es hingegen die Wiederentdeckung und Fruchtbarmachung der Potentiale philosophischer Mystik für die Theorie der Gegenwart.

Ich komme zum dritten Punkt: Plotin sagt, daß die Bilder „nicht diskursiv, sondern in einem einzigen Akt verstanden" werden. Daher auch die Bezeichnung „Bild". Ein Bild gibt dasjenige „auf einen Schlag", was das begriffliche, diskursive Denken nur im zeitlichen Nacheinander erkennen kann. Wenn es ein echtes Bild ist, dann gibt es sogar immer mehr, als der Text geben kann, dann ist es nie vollständig versprachlichbar. Anhand eines Kunstwerks kann man sich das leicht klarmachen: Ein kommentierender Text mag auf fünfhundert Seiten jedes Detail eines Bildes beschreiben und alle nur möglichen Interpretationen anführen; er vermag kategoriell nicht, die sinnliche Qualität des Bildes zu vermitteln. Damit sind nicht nur die Qualität der Farben und der sonstigen gestalterischen Elemente gemeint – die in der *Philosophy of Mind* so genannten ‚Qualia' –, sondern auch die subtilen atmosphärischen Qualitäten, die ausschließlich der visuelle Anblick evozieren kann. Die sinnliche Präsenz des Bildes ist eher körperlich spürbar denn sprachlich artikulierbar: „Es gibt allerdings Unaussprechliches. Dies *zeigt* sich, es ist das Mystische."[12] Dieses Mystische, von dem Wittgenstein meint, daß man darüber schweigen solle, hat aber gar nichts von Kerzenschein und Choralgesang an sich, sondern bezeichnet eine Form der ‚Information', für die Text und Sprache offenbar keine adäquaten Medien sind.

Das Versprechen eines mystischen *Denkens* liegt nun darin, eine derartige Unmittelbarkeit wie im Fall des Kunstwerks auch auf der kogni-

---

12 Ludwig Wittgenstein, *Tractatus logico-philosophicus* 6.522, *Werkausgabe* Bd. 1, Frankfurt a. M. 1999, S. 85.

tiven Ebene möglich zu machen. Damit wäre Präsenz im doppelten
Sinn verbunden: im räumlichen Sinn von ‚Anwesenheit' und im zeitlichen Sinn von ‚Gegenwart'. Auch wenn die *totale Präsenz* ein Grenz-
begriff ist, der ‚in dieser Welt' *a priori* nicht realisiert werden kann, so
weist das Bilddenken gegenüber dem diskursiven Denken doch eine
geänderte Zeitstruktur und entsprechend ein geändertes Zeiterleben
auf. Wieder liefern die sinnlichen Äquivalente, Gemälde und Text, das
geeignete Anschauungsmaterial: Der Text wird vom Auge linear durch-
laufen, man weiß am Anfang noch nicht, was am Ende kommen wird,
es gibt ein eindeutiges Vorher und Nachher. Das Gemälde dagegen ist
sofort als Ganzes da, und wenn man für die Betrachtung der Details
selbstverständlich ‚Zeit braucht', so ist das eher eine ‚kreisende Zeit',
die aufgrund der ständigen Präsenz und Konstanz des Ganzen eher statischen Raumcharakter als linearen Bewegungscharakter hat.

In dieser *verdichteten Zeit* hat, logisch gesehen, das Widersprüchli-
che gleichzeitig Platz, hat auf gewisse Weise der Satz vom Widerspruch
seine Gültigkeit verloren. Wohlgemerkt nicht so, daß A und non A miteinander einfach identifiziert würden, sondern so, daß die Gegensätze
vexierbildhaft ineinander umschlagen, daß ein und dieselbe Sache als
dies *und zugleich* als ganz anderes, ja als sein Gegensatz erscheinen
kann. Als Folge der Enthaltung jeglichen Ur-teils, des schwebend
durchgehaltenen Blicks auf das Ganze in seiner Widersprüchlichkeit,
herrscht eine Stimmung grundsätzlicher Ambivalenz im bildhaften
Denken. Sein charakteristisches *Clair-obscur* verbindet übergroße Hel-
ligkeit, Sinnfülle und Klarheit mit einer eigentümlichen Unschärfe, Kri-
tiklosigkeit und Ausgeliefertheit an das Geschaute – nicht unähnlich
dem Traum, den man in diesem Sinn die Mystik der kleinen Leute nennen könnte. Es gibt eine Dialektik von Erleuchtung und Verblendung,
die unmittelbar aus der Struktur des bildhaften Denkens hervorgeht
und die *Erleuchtung* prinzipiell in der Gefahr stehen läßt, in *Verblendung* umzuschlagen, so daß es oft nur eine Frage des Standpunktes ist,
jemanden als erleuchtet oder als verblendet zu beurteilen.

Daß bildhaftes Denken durchaus realitätsnäher sein kann als rationales, leuchtet sofort ein im Hinblick auf ein solch komplexes Gebilde
wie den menschlichen Charakter, in dem Tugenden und Laster, um es
traditionell zu formulieren, nicht nur nebeneinander bestehen, sondern
sich sehr oft als die zwei Seiten derselben Münze erweisen. Rational,
diskursiv betrachtet kann immer nur eine Seite vergegenwärtigt werden
(*omnis determinatio est negatio*), und entsprechend kurzsichtig oder
halbblind wird man sich einem Menschen gegenüber verhalten, wenn
man auf solche Sicht eingeschränkt bleibt. Bildhaft schauend gerät das

Ganze der Charakterstruktur und damit auch deren Ambivalenz in den Blick; entsprechend ‚weise‘ wird das eigene Verhalten gegenüber dem betreffenden Menschen ausfallen. Gehen wir von dem besonderen Fall aus, daß dieser Mensch die eigene Person ist, so bringt die rationale Herangehensweise einen Neurotiker oder schizoiden Intellektuellen hervor, die schauende einen ‚Weisen‘, der dem *gnothi seautón* gerade dadurch entspricht, daß er auf exakte Urteile über sich ‚selbst‘ verzichtet.[13] Hieran zeigt sich im übrigen, daß selbst der umgangssprachliche Begriff von ‚Weisheit‘ an den philosophischen Weisheitsbegriffs eines Plotin, der im schauenden Bewußtsein wurzelt, rückgebunden bleibt.

Das bildhafte Denken steuert von seiner inneren Dynamik her auf einen geheimen Mittelpunkt, einen Quellgrund zu (und erreicht ihn doch nie), der, wäre er *jetzt hier*, in der absoluten, transzendenten Einheit von Signifikat und Signifikant bestünde, auf einen Punkt also, an dem der Geist ganz bei sich selbst wäre – und sich selbst dabei als Medium ausgelöscht hätte. Je weiter sich das Denken diesem Punkt nähert, desto mehr steigert sich der in jedem Bild enthaltene Bedeutungsüberschuß ins Sakrale, Numinose – um irgendwann, am Punkt Omega, in die Bilderlosigkeit, Bedeutungslosigkeit und damit in die völlige Unmittelbarkeit umzukippen. Wie immer die Phänomene des Heiligen, der Mystik und selbst der Begriff ‚Gott‘ sonst noch erklärt werden können – sie sind *auch* als notwendige Resultanten des Mediums ‚Bild‘ zu verstehen, als strikt aus der ‚Grammatik‘ der Bilder abzuleitende Derivate. Die Ambivalenz des Sakralen, das zwischen anziehend und abstoßend, heilig und verflucht changiert, wurzelt in der ambivalenten Struktur des Bildcodes; ‚Gott‘ ist dasjenige, was sich zeigt, wenn das heilige, magische Lebensgefühl, das das Bild ursprünglich evoziert, bis zur höchsten Potenz getrieben bzw. bis auf seinen letzten Grund zurückverfolgt wird. Der Gott, den wir nicht loswerden, solange wir noch an die Grammatik der Sprache glauben – nach Nietzsches berühmtem Wort –, ist nur der Gott der Philosophen. Solange wir noch für Bilder empfänglich sind, werden wir den Gott der Mystiker nicht los – und dieser ist weit mächtiger und faszinierender.

---

13 Daß in der modernen, rationalisierten Lebenswelt Charaktere derart irrelevant oder abgeschliffen werden, daß sie sich gemäß der rationalen Verkürzung umgeformt haben und bildhaft gar nichts mehr an ihnen wahrzunehmen ist, steht auf einem anderen Blatt und kann hier nicht weiter erörtert werden. Vgl. exemplarisch Herbert Marcuse, *Der eindimensionale Mensch*, Frankfurt a. M. 1967.

II. Entbilderung

Die Frage ist freilich, ob wir ihn überhaupt loswerden *wollen*, ob wir den Befreiungskampf um jeden Preis fortsetzen wollen, oder ob es nicht klüger ist, vom polemischen auf ein kooperierend-spielerisches, womöglich auch co-kreatives Verhältnis umzustellen. Tatsache ist, daß es im Verlauf der Geistesgeschichte zur Losreißung des Bewußtseins von dem transzendenten Einheitspol gekommen ist, daß dieser mehr und mehr als eine Versuchung verstanden wurde, der das Denken zu widerstehen und vor dessen Sirenengesang es sich wie Odysseus in Sicherheit zu bringen hat, indem es sich am Mast der Individualität fest anbinden muß, bevor es sich ihm nähert. Die menschliche Bewußtseinsgeschichte kann als eine große Emanzipationsbewegung von der Unmittelbarkeit, von der ambivalenten Bilderschau mit ihrer heilig-verfluchten Lebensstimmung aufgefaßt werden, bei allen gegenläufigen Bewegungen, Rückfällen oder Rückgriffen, die sie begleiteten und die im übrigen keineswegs nur als reaktionär oder regressiv zu werten sind. Schon Plotin lebt ja in einem relativ späten Stadium dieser Entwicklung. Seine Erkenntnis durch *Anamnesis* kann man metaphysisch begreifen, wie er selbst es tut, also als vertikalen Aufstieg in die Zeitlosigkeit; man kann sie aber auch – gleichsam in makrohistorischer Psycho- oder Pneumaanalyse – als späten Nachhall einer viel älteren, nämlich der magisch-animistischen Bildkultur begreifen, als durch die metaphysische Brille gesehene und insofern aeternalistisch mißdeutete Erinnerung an eine Zeit, da der Mensch noch ausschließlich durch Bilder programmiert wurde (um mit Vilém Flusser zu reden).

Vergegenwärtigt man sich die Länge der Zeitspanne, in der das menschliche Denken bildhaft organisiert war, also die ungeheuren Zeiträume der sogenannten Vorgeschichte, dann wird einem umso drastischer bewußt, wie spät eigentlich erst die entscheidenden Emanzipationsschritte von dieser Bewußtseinsstruktur erfolgt sind. Noch bis weit in die geschichtliche Epoche, die Epoche der linearen Texte hinein, blieb Gott, der transzendente Einheitspol, als der große Organisator des Wissens intakt, wurde die Sehnsucht nach der verlorenen Einheit, die auf das alte Bilddenken zurückweist, von Theologie und Mystik kultiviert. Erst sehr spät begann dem Denken aufzufallen, daß im Verlauf seiner vergeblichen Versuche, die Einheit präsent zu machen, anders gesagt, ,Gott' in der Sphäre menschlichen Denkens adäquat abzubilden, buchstäblich ,unter der Hand' ein Berg von Theorien oder schlicht von Texten entstanden ist, deren Urheber nicht Gott, sondern das menschliche Denken selbst war. Ab dem Moment, da dies in einem

Akt der Selbstreflexion klar wird – worin man ein wichtiges Kriterium für Modernität erblicken darf – beginnt eine Art Selbsteinkreisung, Selbstumzingelung des Denkens, in deren Verlauf die altehrwürdigen Begriffe, die einst die Fenster zur Wirklichkeit waren – Gott, Welt, Seele, das Wesen, das Leben usw. – wie Beutetiere einer Spinne in die Fäden anderer Begriffe eingesponnen werden, bis sie schließlich nur noch in mumifizierter – alias dekonstruierter – Form vorliegen.

Innerhalb dieser Selbsteinkreisung des Denkens gibt es mehrere entscheidende Drehbewegungen oder *turns*; ein wichtiger ist die berühmte ‚kopernikanische Wende‘ Kants, der letzte große war der *linguistic turn* Anfang des zwanzigsten Jahrhunderts, durch den eine reflexive Wendung auf das philosophische Medium der Welterschließung, die Sprache, erfolgt ist. Letzterer war es unfaßbar lange gelungen, sich selbst als Medium weitgehend zu invisibilisieren. Nach dem *linguistic turn* gleichen die Denker Fischen in einem Aquarium, denen die Wände des Aquariums sichtbar geworden sind und die ab jetzt wissen, daß ihnen der unmittelbare Zugang zur Welt versperrt ist. Niklas Luhmann wird die Metaphorik noch verschärfen und alle Theoriebildung dem „Blindflug über geschlossener Wolkendecke"[14] vergleichen. Während Luhmann dies im coolen Ton des Begriffstechnokraten vorbringt, allenfalls von süffisanter Schadenfreude gegenüber „Alteuropa" untermalt, hat Martin Heidegger die Fragwürdigkeit, in die das Denken durch seine Selbsteinkreisung geraten ist, diese Abschottung des Denkens gegenüber der Welt, mit dem ganzen Ernst und der Eindringlichkeit des Spätabendländers beschrieben. In *Was heißt Denken?* schreibt er:

> Wenn wir dem nachdenken, was dies sei, daß ein blühender Baum sich uns vorstellt, so daß wir uns in das Gegenüber zu ihm stellen können, dann gilt es allem zuvor und endlich den blühenden Baum nicht fallen, sondern ihn erst einmal dort stehen zu lassen, wo er steht. Weshalb sagen wir „endlich"? Weil das Denken ihn bisher noch nie dort hat stehen lassen, wo er steht.[15]

Und am allerwenigsten, dürfen wir ergänzen, das Denken in Heideggers unmittelbarer Gegenwart, in der die ‚Seinsvergessenheit‘ ihre Klimax erreicht hat. Die Krise der Rationalität, die Heidegger diagnostiziert, besteht darin, daß Worte und Texte das Sein nicht mehr eröffnen, nicht mehr ‚lichten‘, sondern mehr und mehr nur noch sich selbst

---

14 Vgl. Niklas Luhmann, *Soziale Systeme. Grundriß einer allgemeinen Theorie*, Frankfurt a. M. 1985, S. 12 f.
15 Martin Heidegger, *Was heißt Denken?*, Stuttgart 1992, S. 28 f.

bedeuten. Als der prototypische Repräsentant dieser Stufe der Bewußtseinsentwicklung, geradezu als ihr Märtyrer, der sie exemplarisch
durchlitten hat, kann Ludwig Wittgenstein gelten. Sein Bild vom Denken ist bekanntlich das einer Fliege, die den Ausweg aus dem Flie-
genglas sucht. Wittgensteins herausragende Bedeutung bestand darin,
daß er auf die Sprache gekreuzigt war, zugleich aber auch eine Sehnsucht nach Erlösung von diesem Zustand in ihm lebte. Das unterscheidet ihn von den reinen Logikern und Positivisten in seinem Umfeld,
wie Bertrand Russell oder dem Wiener Kreis, die sich in der logisch
kodifizierten Welt ohne jegliches Mangelgefühl häuslich einzurichten
versuchten.

Nach Vilém Flusser ist nun die Heideggersche Seinsvergessenheit,
das Verblassen der Kraft der Sprache, nur ein Sonderfall eines allgemeineren Gesetzes, wonach jedes Medium im Laufe der Zeit seine
ursprüngliche Eigenschaft, einen Zugang zur Welt zu eröffnen, verliert
und sich statt dessen in ein Gefängnis verkehrt, das den Weltzugang
geradezu versperrt. In diesem Zustand der Krise taucht dann ein neues
Leitmedium auf, das die Krise vorübergehend lindert, indem es das alte
Medium in sich aufnimmt und damit erneut transparent macht, jedoch
um den Preis, einen noch tieferen Graben zwischen Mensch und Welt
bzw. zwischen Sein und Bewußtsein aufzureißen. So ist es den alten
magischen Bildern ergangen, die zu einer wuchernden Phantastik aus-
uferten, welche dann von der rationalen, linearen Welt der Texte einge-
dämmt und überwunden wurde. Und so geht es mit den Texten heute,
in die wir den Glauben verloren haben, deren ‚Gemachtes‘ uns über-
deutlich und zuweilen schmerzlich bewußt ist, die also längst nicht
mehr die Welt, sondern nur noch sich selbst bedeuten.

Aus medientheoretischer Sicht muß zur Erklärung der Krise der
Schrift und der Texte auch ganz technisch-materialistisch auf die Entstehung des Buchdrucks verwiesen werden, der zu einer beispiellosen
Inflation der Texte – Heideggerisch gesagt: zum *Geschreibe* – geführt
hat und damit generell zur Schwächung der Kraft des Wortes. Ein Blick
auf den heutigen Buchmarkt kann jeden Autor, der sich noch einen Sinn
für die frühere Heiligkeit der Schrift oder auch nur eine Vorstellung von
der einstigen Bedeutung des Intellektuellen bewahrt hat, nur verzwei-
feln lassen. Auf der Habenseite dieser Stufe der Bewußtseinsentwicklung ist zu verbuchen, daß jetzt Weltbilder und Wertesysteme ganzer
Epochen, die die Menschen jahrhundertelang in ihren Bann geschlagen
hatten, auf abstrakte logische Strukturformeln, gleichsam auf ihr Kno-
chengerüst zurückgeführt werden können, so daß etwa Gotthard
Günther sagen kann, es sei völlig unerheblich, ob man das irreflexive

Sein (des logisch zweiwertigen Denkens) als Gott, Materie, Absolutes oder sonstwie bezeichne. Der spezifische Inhalt eines Weltbilds in seiner werthaften und affektiven Färbung ist ganz gleichgültig geworden, man *schaut hindurch* und sieht seine Struktur, sieht die logische Konstruktion eines Weltbilds, die dessen Urhebern mehr unterlaufen ist, als daß sie sie bewußt geleistet hätten.

Hierin deutet sich bereits der ins Hyperbildliche weisende Ausweg aus der Krise an. Heideggers Ausbruchsversuch aus der verfahrenen Lage des modernen Denkens bestand bekanntlich in einem Rückgang zu den Anfängen der philosophischen Begrifflichkeit, zur frühen griechischen Philosophie mit dem Ziel, den ausgelaugten Worten wieder neues Leben einzuhauchen, das Denken gewissermaßen einer Eigenbluttherapie zu unterziehen. Könnte es aber nicht sein – und damit komme ich zu meinem Theorie-Vorschlag –, daß Heidegger zwar dem Therapieansatz nach richtig lag, daß er aber in seinem Rückgang zu den Ursprüngen des Denkens zu früh haltgemacht hat? Daß man vielmehr über die Schwelle der rationalen Begrifflichkeit hinaus oder hinter sie zurück ins magisch-bildhafte Denken vorstoßen muß, um den entscheidenden Schritt nach vorne zu tun und die Krise der Rationalität zu meistern?

Zeichen, die sich auf diese Weise deuten lassen, sind längst vorhanden. In den verschiedensten wissenschaftlichen Disziplinen sind seit einigen Jahren Rehabilitierungen des Bildes und seiner epistemischen Potenz im Gange; als Sammelbegriff für diese Bestrebungen hat sich – in Anlehnung an den *linguistic turn* – der Ausdruck *iconic turn* eingebürgert, wobei der Philosoph Ferdinand Fellmann schon vor längerem vorgeschlagen hat, besser von einem *imagic turn* zu sprechen,[16] da nur durch den Verweis auf die Imagination als ein kognitives Vermögen der Anspruch einer echten epistemologischen Wende wirklich eingelöst würde. So verstanden hätten wir es bei diesem erneuten *turn* offenbar nicht mit einer weiteren Schraubenwindung in der Selbsteinkreisung des Denkens zu tun, sondern mit dem Versuch, die Reflexionsschraube in die entgegengesetzte Richtung zu drehen – oder, um exakter im Bild zu bleiben: die Schraube über den festesten Punkt hinaus weiterzudrehen, so daß sie sich wieder nach außen windet, das Denken also seine welteröffnende Kraft auf neuer Stufe zurückgewinnt.

Der erwähnte Austrocknungs- oder Selbsteinspinnungprozeß des Geistes hat ja ein zwiespältiges Ergebnis gezeitigt: Gott, das Urbild, die

---

16 Vgl. Ferdinand Fellmann, *Symbolischer Pragmatismus. Hermeneutik nach Dilthey*, Reinbek 1991.

Unmittelbarkeit, das Geheimnis, das Heilige sind zwar nicht mehr in Amt und Würden, organisieren nicht mehr wie selbstverständlich das System des Wissens, gleichzeitig hat sich aber auch erwiesen, daß sie sich nicht gänzlich loswerden lassen. Oben war davon die Rede, daß sie heute in mumifizierter Form vorliegen, was einer Art von Unsterblichkeit, oder besser: untoter Existenzweise gleichkommt. Wir wissen nun zwar, daß wir mit Gott, dem Bild, dem Phantasma der Unmittelbarkeit weiterhin leben müssen, aber wir wissen nicht recht wie. Den *imagic turn* erfolgreich vollziehen hieße neben anderem, sich in ein freies, kreatives Verhältnis zu den vermeintlichen ‚Gespenstern der Metaphysik' zu setzen. Eine kleine Wendung des Blickwinkels bewirkt hier schon Entscheidendes: So ist die Unmittelbarkeit zwar ein ‚Phantasma', aber was besagt dieses Wort? Ein Phantasma ist ein Datum der Einbildungskraft, und man wird ihm nur so lange das Vorzeichen ‚nichts als' voranstellen, wie man der Phantasie keine epistemologische Kompetenz zuzubilligen bereit ist. Erkennt man in ihr jedoch, wie die Theorie (besser: Praxis) der Hyperbilder es tut, die notwendige imaginative Ergänzung zur realitätsstiftenden Kraft des symbolischen Denkens,[17] dann läßt sich im imaginativen Feld in neuer Gelassenheit navigieren. Von den Geistern, die in diesem Feld begegnen, wird man sich weder in den Bann schlagen lassen, noch wird man seine Kräfte im spiegelfechterischen Kampf mit ihnen vergeuden, sondern man wird in ein Verhältnis des ‚ernsten Spiels' zu ihnen eintreten.

III. Hyperbildlichkeit

Wir sind jetzt an einem Wendepunkt unserer Überlegungen angelangt, an dem der Weg sich sozusagen gabelt: Die eine Seite führt in das prärationale, alte, magische Bilddenken zurück, das sich der Rationalitätsstrukturen bemächtigt und sie einkassiert; auf der anderen Seite tut sich ein transrationaler Bereich auf, der erst noch zu erschließen und auszumessen ist, von dem aber jetzt schon klar ist, daß er die (aristotelische, metaphysische, zweiwertige) Rationalität nicht unter-, sondern überbietet. An dieser Weggabelung lauert die Gefahr des Ressentiments gegen den ‚Intellektualismus', gegen den ‚toten Buchstaben', gegen die ‚Wissenschaft', letztlich gegen die gesamte moderne Zivilisation. Das

---

17 Auf suggestive Weise werden Anschauung und symbolisches Denken gegeneinander ausgespielt in der inspirierten, wenn auch einseitigen Studie von Erich Hörl, *Die heiligen Kanäle. Über die archaische Illusion der Kommunikation*, Zürich/Berlin 2005.

Privileg, dieser Gefahr exemplarisch erlegen zu sein, kommt vielleicht Ludwig Klages zu, dessen Hauptwerk *Der Geist als Widersacher der Seele* den unausgestandenen Konflikt zwischen Imagination und analytischer Rationalität schon im Titel führt. Von Klages' Bildtheorie ist gleichwohl, nebenbei bemerkt, noch immer einiges zu lernen. Ambivalenter ist der Fall Ernst Jüngers zu beurteilen, der die Entstehung der modernen Technik als ‚Heraufkunft der Titanen' deutet. Offenbar bedient er sich dabei einer mythischen Denkfigur, die wegen der massiven Komplexitätsreduktion, die sie impliziert, in die Kategorie regressiver, prärationaler Imagination zu gehören scheint – und als solche von der aufklärerischen, ‚linken' Intelligenz auch bekämpft worden ist. Andererseits kann diese Figur in dem Maße durchaus hyperbildliche Qualität annehmen, wie sie an die komplexe Faktenlage des Phänomenbestands, den sie erfassen will, vermittelt wird. Sie erzeugt dann einen echten Erkenntnismehrwert, indem das Hypermoderne und das Archetypische dergestalt in ihr zusammenschießen, daß ununterscheidbar wird, ob wir es mit einer ‚absolut modernen' oder einer ‚absolut traditionellen' Erklärung zu tun haben. Beide, Tradition und Moderne, erscheinen dadurch in verwandeltem Licht.[18]

Das Denken in Hyperbildern, wir sagten es eingangs schon, kommt *nach* dem Logos, positioniert sich über dem Diskurs, nicht alternativ dazu und schon gar nicht in Opposition zu ihm. Es markiert einen ‚imagic turn' *auf den Gipfeln der Reflexion,* was die paradoxe Zumutung des Anschaulichwerdens von Diskursen bedeutet, also von Gebilden, die aus Begriffen, dem konstitutiv Unanschaulichen, geformt sind. „Der Begriff als das vorgestellte Allgemeine ist wesensmäßig nicht abbildbar", schreibt Heidegger in seinem Kantbuch.[19] Daran ist folgendermaßen anzuschließen: Zwar sind *Begriffe* nicht abbildbar, sie formieren sich aber durch Theorien und Diskurse zu geistigen Strukturen, zu ‚Diskurslandschaften', die ‚sich zeigen', das heißt einer Form imaginativer Gestaltschau zugänglich sind. Wenn daran überhaupt etwas geheimnisvoll ist, dann im Sinn von Goethes ‚offenbarem Geheimnis'. Hyperbilder sind gleichsam chemische Reaktionsprodukte aus (moderner) Reflexion und (traditioneller) Imagination – postmoderne Schauungen, wenn man so will. Das heißt auch, daß sie kein zeitunabhängiges Vermögen des menschlichen Geistes bezeichnen, sondern eine zutiefst geschichtliche Kategorie, die sich aufgrund ganz

---

18 Vgl. hierzu ausführlich vom Verfasser: *Nichtvergessenheit. Tradition und Wahrheit in der Hypermoderne* (in Vorbereitung).
19 Martin Heidegger, *Kant und das Problem der Metaphysik*, Gesamtausgabe Bd. 3, Frankfurt a. M. 1991, S. 94.

bestimmter, historisch adressierbarer Entwicklungen des Geistes herausgebildet hat.[20]

Heidegger bestimmt als gemeinsame Quelle von Verstand und Sinn-
lichkeit im Anschluß an Kant die transzendentale Einbildungskraft,
und als deren Wesen macht er die „Zeit" aus. Darin klingt eine wesentliche Bestimmung der Hyperimagination an, der sich ein durch und
durch historischer, also *zeitlicher* Raum erschließt. Sie hat es mit Gebilden – Theorien, geistigen Formationen – zu tun, die einen klaren historischen Index tragen und als deren Erbin sie sich erkennt. Hätte man
Plotin von Hyperbildern erzählt, er hätte sie wohl mit den (zeitlosen)
Ideen identifiziert, und von seiner historischen Warte aus hätte er damit
auch recht gehabt; die Denkmittel, anderes darunter zu verstehen,
waren damals schlicht noch nicht entwickelt. Hegel hätte die Rede von
Hyperbildern wohl als Schwärmerei abgetan, die in der Unfähigkeit
wurzelt, sich zur Reinheit des Begriffs zu erheben. Damit wäre er
ebenso im Recht gewesen, denn das begriffliche Denken mußte erst
seine volle Potenz entfalten und – in der Hegelschen Philosophie selbst
– bis an die Grenzen seiner Leistungsfähigkeit getrieben werden, bevor
die Imagination wieder in eine avancierte epistemologische Stellung
vorrücken durfte.

Anhand der Betrachtung der nachhegelschen Philosophie läßt sich
hyperbildliches Denken denn auch sehr gut einüben: Nach Hegel zer-
brach die Kraft des Begriffs als alleiniges Instrument, die geschichtliche
Entwicklung des Geistes auf dem Weg zu sich selbst noch zu durchdringen. Der Glaube an eine Monoperspektive, die die einzig richtige
wäre, wurde nachhaltig erschüttert. Mittlerweile lassen sich unzählige
Perspektiven auf die Entwicklung nach Hegel – und auf die philosophische Entwicklung überhaupt – werfen, wobei der Begriff ‚Entwicklung' in einigen dieser Modelle gar nicht mehr vorkommt. Indem sich
die Pluralität der Ansichten nicht mehr zu einer einheitlichen Perspektive – der berühmten ‚großen Erzählung' – runden läßt, wird das Denken, sofern es sich nicht bewußt in eine einseitige Beschränktheit
begeben will, über die Sphäre rationaler Begrifflichkeit förmlich hin-
ausgedrängt. Jetzt erst, auf dieser aus Verlegenheit so genannten ‚post-
modernen' Stufe des Geistes eröffnet sich diesem die Möglichkeit, die
synchronen und diachronen Diskurslandschaften, die seine gegenwär-
tige Gestalt konstituieren, hyperbildhaft in Augenschein zu nehmen.
Was sich dabei als Gesamtbild zeigt, ist in sich radikal heterogen und
ein ‚Ganzes' nur auf jene paradoxe Art, die einander ausschließende
Perspektiven umfaßt und sie *als solche* erst eigens sichtbar macht.

---

20 Ein Grundzug dieser Entwicklungen wurde in Abschnitt 2 skizziert.

Nebenbei bemerkt, wirkt hyperbildhaftes Denken damit als strukturelles Gegengift gegen jegliche Art des Fanatismus oder Fundamentalismus; es steht in der Tradition sowohl der Skepsis als auch der Mystik, die in ihren hohen und geklärten Formen auf je eigene Weise traditionell entfanatisierend gewirkt haben. Die Zukunft ist ihm ein offener Möglichkeitsraum, den keine linear aus der Vergangenheit fortgeschriebene *idée fixe* mehr unter ihre Gewalt bekommen kann, weder die klassenlose Gesellschaft noch der liberale Weltmarkt noch was immer sonst.

Um nicht bloß im abstrakten und allgemeinen zu verbleiben, sondern die konkrete Evokation eines Hyperbildes zu wagen, möchte ich jetzt Gotthard Günther in den Zeugenstand rufen, dessen Idee einer mehrwertigen Logik und eines damit einhergehenden nachmetaphysischen Weltalters, das durch kybernetische Technik geprägt sein wird, sich bis auf Haaresbreite der Hyperbildlichkeit genähert hat. Günthers Theorie ist insofern für die Situation ‚nach Hegel‘ von paradigmatischer Bedeutung, als er die Geburt logischer Mehrwertigkeit in Hegels ‚großer Logik‘ ortet, welche er selbst – im Sinne einer ‚operationsfähigen Dialektik‘ – lediglich zu formalisieren trachtet. Wie gleich an einer Textstelle demonstriert werden soll, hätte es nur einer kleinen – aber entscheidenden – Drehung bedurft, um diese transklassische, nichtaristotelische Logik mit Imagination kurzzuschließen. Günther hätte dadurch nicht nur zeigen können, wie die nachhegelsche Konstellation des Geistes zwangsläufig imaginative Qualität annimmt, sondern auch, daß der Imagination eine Schlüsselstellung im Verstehen der kybernetischen Technik, alias Computertechnik, und damit in der künftigen menschlichen Bewußtseinsentwicklung zukommt.

Es kann hier nicht der Ort sein, Günthers komplexes Gedankengeflecht *in toto* zu rekonstruieren. Schon wenn man aber bedenkt, daß in seiner mehrwertigen Logik der Satz vom ausgeschlossenen Dritten nicht mehr gilt, dann drängt sich der Vergleich zur bildhaften Schau auf, die, wie wir sahen, ebenfalls ein *Tertium datur* kennt. Freilich kennt sie es auf prä-aristotelische Weise, das heißt sie hat es zur Scheidung von A und non A noch gar nicht gebracht, während es Günther natürlich um eine trans-aristotelische Position zu tun ist, die den kontradiktorischen Gegensatz von A und non A in übergeordneten logischen Kontexturen auflöst. Dieses neue logische Instrumentarium zieht laut Günther eine ebenso neue, nichtaristotelische, nichtmetaphysische Ontologie nach sich, deren Hauptmerkmal, in aller Kürze gesagt, darin besteht, daß die *Information* als eigener Seinsbereich, also ontologisch gleichwertig zwischen Geist und Materie, Subjekt und Objekt zu stehen kommt.

Während letztere im Regime der Zweiwertigkeit die beiden einzig möglichen onto-logischen Stellen innehatten, objektiviert sich nun die Information in der empirischen Welt als jenes ganz reale *Tertium* neben Denken und Ding, von dem die alte Ontologie meinte, daß es „nicht gegeben" sein könne: als Soft- und Hardware.

Angesichts dieser revolutionären Neuerungen (Peter Sloterdijk würde sagen: angesichts dieser epochalen Explikationen), die nach 2500 Jahren ein neues Kapitel der Denkgeschichte aufzuschlagen beanspruchen, wirkt es nun einigermaßen enttäuschend, wenn Günther zugleich behauptet, das menschliche Denken, das Denken des Subjekts, bleibe der Entdeckung der Mehrwertigkeit zum Trotz für alle Ewigkeit strikt zweiwertig.[21] Die drei- oder mehrwertige Logik ist demnach zwar ein Kalkül, mit dem operiert werden kann und muß, sie bleibt aber über die drei logischen Pole Ich, Du und Es verteilt, für die sich kein gemeinsames, übergeordnetes Subjekt des Denkens finden läßt, mit anderen Worten, die transklassische Logik ist im individuellen menschlichen Bewußtsein nicht abbildbar.

Dies kategorisch zu statuieren, ist zweifellos korrekt und unabweislich – solange man sich innerhalb des Bereichs des Logischen bewegt. Was es hieße, diesen Bereich zu übersteigen, läßt sich anhand einer Textstelle bei Günther deutlich machen, an der er diese Übersteigung eindrucksvoll leistet, ironischerweise ohne sich dessen bewußt zu sein. Die Passage handelt genau von der erwähnten Verteilung der dreiwertigen Logik über drei Subjektstellen oder Bewußtseinslagen, die ihre vollständige Abbildung im individuellen, nur-menschlichen Denken verhindert. Als Kern der Unmöglichkeit eines „dreiwertigen Bewußtseins" gibt Günther einen „nie aufgehenden Rest" im Bewußtsein an, der sich der reflexiven Durchlichtung prinzipiell entziehe:

> Die dritte, das System des Selbstbewußtseins vollendende Bewußtseinslage einer Subjektivität, die weder Ich noch ontologisch gegebenes Du ist, existiert nur als unerledigter Reflexionsrest, den wir menschliches Selbstbewußtsein nennen. Jener Reflexionsrest bleibt durch den Prozeß des reflexiven Denkens unbewältigt, weil er sich eben nicht total in subjektive Reflexivität auflösen kann. Er ist jenes Andere, jenes Moment der Irreflexivität, um das der Strom des Bewußtseins wie um einen Fremdkörper spült, ohne ihn zu durchdringen und transparent machen zu können.[22]

---

21 Vgl. Gotthard Günther, *Das Bewußtsein der Maschinen. Eine Metaphysik der Kybernetik*, Baden-Baden/Krefeld 1963, S. 79 f.
22 Ebd., S. 64.

Bevor wir auf das Entscheidende hinweisen, sei noch einmal betont, daß der Epochenstil des kybernetischen Zeitalters nach Günther genau darin besteht, diesen Reflexionsrest nicht mehr wie zu Zeiten des Animismus in die unbelebten Dinge zu projizieren, die dann magisch belebt erscheinen, auch nicht wie im metaphysischen Idealismus ans Ende der Zeiten zu verlegen, wo er als totales göttliches Selbstbewußtsein alle Ich- und Du-Subjektivität in sich aufgehoben hätte – beides waren unbefriedigende, weil nicht-operationale, illusorische Lösungen –, sondern ihn als *Handlung* in die objektive Außenwelt abzuführen, ihn *technisch* im Sein zu implementieren. Nichts anderes bedeute Maschinenbau, genauer gesagt der transklassische Maschinenbau der Computer und Roboter. Der atmosphärische Gegensatz dieser Mentalität zum metaphysischen Weltalter zeigt sich eindrucksvoll im Vergleich zu Plotin, der an einer wunderbaren Stelle sagt, daß die Seelen in der geistigen Welt füreinander ganz transparent, daß sie einander ganz Auge seien und ohne Stimme oder Worte miteinander kommunizierten: „denn alles ist dort durchsichtig und es gibt kein Dunkles, Widerständiges, sondern ein jeder und jedes ist für jeden sichtbar bis ins Innere hinein; denn Licht ist dem Lichte durchsichtig."[23] Reinen Seelen oder Engeln bliebe „ein Reflexionsrest zu tragen peinlich"; sie haben keinen solchen und daher auch Maschinenbau nicht nötig.

Zu einer derartigen ‚einwertigen' Schau, wie Plotin sie für die Seelen in der geistigen Welt statuiert, führt kein (weltlich-zeitlicher) Weg zurück, hierin ist Günther absolut zuzustimmen. Merkwürdigerweise übersieht Günther aber, daß er selbst sich längst einer anderen, einer hyperbildlichen Schau bedient, um genau dasjenige damit zu leisten, was seiner Theorie nach von menschlichem Bewußtsein gar nicht geleistet werden kann: die Ab-bildung der dreiwertigen Logik im Bewußtsein. Wie das? Nicht zufällig gebraucht Günther eine *Metapher*, ein *Bild*, um die Aporien der Dreiwertigkeit zu erklären; spricht er doch von „jene[m] Moment der Irreflexivität, um das *der Strom des Bewußtseins wie um einen Fremdkörper* spült, ohne ihn zu durchdringen und transparent machen zu können." Es gibt ein Ungesagtes, vom Autor Übersehenes an dieser Metapher des ‚vom Strom umspülten Fremdkörpers', das ironischerweise die Aussage des Satzes dementiert, ja ins gerade Gegenteil verkehrt. Dieses Ungesagte ist nichts anderes als *das Moment des Metaphorischen selbst*, das dem Denken als genuines *Hyper-Bild* in dem Moment aufgeht, da es sich von der Ebene des Logischen abstößt und in die translogische Imagination eintritt. Nur auf das

---

23 *Plotins Schriften* (wie Anm. 7), S. 61.

rationale, das zweiwertige Denken trifft es nämlich zu, einen undurchdringlichen Reflexionsrest zu umspülen, ohne ihn transparent machen zu können. Eben dieses vergebliche Bemühen *kann aber geschaut werden*, und damit ist eine neue Ebene geistiger Transparenz, die Ebene der Hyperbildlichkeit erreicht, die das herkömmliche Begriffsdenken nicht desavouiert, sondern durchleuchtet, lichtet. Die logische Substanz des Gedankens *erscheint* dann nicht bloß *wie* ein Fremdkörper, sondern sie *ist* dieser Fremdkörper, der sich im lauteren Licht der Schau *partout* nicht auflösen will. Die Ebene der logischen Begrifflichkeit – pathetisch: der Logos – ‚zeigt sich‘ in diesem Licht allererst als solcher und in diesem Sich-Zeigen, dessen *Quale* wir als hyperbildlich bezeichnet haben, liegt eine Form des Gewahrseins, der Klarheit und der Transparenz, die durch noch so hoch getürmte logische Kontexturen schlechterdings nicht eingeholt werden kann.

Daß Gotthard Günther sich – wie viele andere maßgebliche Autoren auch – auf Schritt und Tritt in derartigen Imaginationen bewegt, anscheinend ohne davon ein Bewußtsein zu haben, macht den ‚blinden Fleck‘ eines Denkens aus, das von einem ‚performativen Selbstwiderspruch‘ ganz eigener Art geprägt ist: Die performative Ebene ist hier der konstativen schon weit voraus und spricht somit nicht gegen, sondern für den Autor. Rücken wir diesen blinden Fleck ins Licht, dann stellt sich die Lage so dar, daß hyperbildliches Denken den transklassischen Maschinenbau zwar nicht erübrigt – dies würde einen Rückfall in die plotinische Schau, die mystische Einwertigkeit bedeuten –, daß es aber den (trans-logischen) Reflex logischer Mehrwertigkeit im Bewußtsein darstellt und damit die dem kybernetischem Weltalter entsprechende Bewußtseinsform. Wenn, mit anderen Worten, der Ausdruck ‚mehrwertiges Bewußtsein‘, nach dem Günther explizit fragt, überhaupt einen Sinn hat, so ist er identisch mit ‚Hyperbildlichkeit‘. Umgekehrt gilt, daß Hyperbilder, wenn man sie logisch modellieren wollte, nur in mehrwertigen Kontexturen anschreibbar wären.

Dieser Befund erhält sein besonderes Gewicht vor dem Hintergrund der schicksalhaften – oder Heideggerisch: geschickhaften – Frage, ob und wie es möglich ist, das menschliche Bewußtsein wieder auf gleiche Augenhöhe mit seinen technischen Artefakten zu heben. Zu Recht sah Heidegger in der modernen Technik die *Gefahr schlechthin*, da sie den Menschen zu überflügeln, abzuhängen und zu marginalisieren droht. Heideggers radikal-kontemplative, nicht-operationale Denkmittel ließen ihn allerdings nur bis zur allgemeinen Feststellung dieser Gefahr gelangen und hinderten ihn, ins Wesen des Technischen weiter vorzudringen, zumal die transklassische oder Informationstechnologie in

ihrem konkreten Funktionieren dem philosophischen Verstehen anzu-
verwandeln.

Nehmen wir mit Gotthard Günther an, daß der Kybernetik eine
mehrwertige Ontologie zugrunde liegt, dann tut sich sofort eine
Ahnung auf, inwiefern hyperbildhaftes Denken zur Erhellung der
transklassischen Technik Wesentliches beitragen könnte. Die Ahnung
konkretisiert sich weiter, wenn wir auf Vilém Flusser zurückkommen,
dessen medientheoretische ‚große Erzählung‘ oben noch nicht zu Ende
erzählt wurde. In der historischen Lage des Opakwerdens der Texte
sind es nach Flusser die sogenannten *Technobilder*, die einen neuen
Weltzugang erschließen, indem sie auf die Texte, auf die Sphäre logischer Begrifflichkeit, in gewisser Weise hinzuschauen erlauben: Technobilder sind Bilder, die Texte bedeuten, die (magische) Bilder bedeuten, die Dinge bedeuten – so Flussers medientheoretisches Dreistadi-
engesetz, auf die knappste Formel gebracht. Technobilder reißen damit
zwar wie jedes neue Leitmedium den Abgrund zwischen Welt und
Mensch weiter auf, helfen aber zugleich, die Krise der Textkultur zu
überwinden. Zu ihnen gehören natürlich Fotografie, Film, Computer-
bilder, das entscheidende Kriterium für ein Technobild liegt jedoch nach
Flusser nicht in der spezifisch technischen Machart, sondern darin, daß
es ein ‚Bild von Begriffen‘ ist. Auch ein simples Strichdiagramm auf
einem Blatt Papier kann dieses Kriterium erfüllen.

Und hatten wir Hyperbilder nicht ganz genau so definiert, als ‚Bilder von Begriffen‘? Während wir auf dem Weg mystischer Innenschau
auf Hyperbildlichkeit stießen, kommt uns Flusser nun aus dem harten,
seelenlosen Außen entgegen und macht auf einen materiellen Code aufmerksam, der dem hyperbildlichen Bewußtsein ein adäquateres Kom-
munikationsmedium als die Sprache zur Verfügung zu stellen scheint.
War demnach die Sprache das ‚Haus des Seins‘ im Zeitalter des textuell
organisierten Bewußtseins, so läge mit dem ‚Universum der technischen
Bilder‘ ein neues, noch weitgehend unbewohntes Seinshaus schlüssel-
fertig vor, das darauf wartet, vom hyperbildlichen Bewußtsein bezogen
zu werden.

Jetzt sind wir in der Lage, den medientheoretischen Faden wieder
aufzunehmen, den wir bei Plotins Hieroglyphendiskurs liegen ließen:
Technobilder sind für die hyperbildliche oder Hyper-Imagination das,
was die (imaginäre) Hieroglyphenschrift für die Plotinische Schau war:
ihr kongeniales Übertragungsmedium. Während freilich die ‚ersten
Hieroglyphen‘ ein Phantasma blieben, genährt von der Sehnsucht nach
vollkommener Auslöschung des Mediums als Medium, nach dessen
‚einwertigem‘ Transparentwerden für die ‚Sache selbst‘ ohne jeden

Reflexionsrest, verleugnen die modernen oder ‚zweiten' Hieroglyphen der Technobilder ihren medialen Charakter nicht, sondern etablieren sich im Gegenteil selbst-bewußt und selbst-reflexiv als eigenständige mediale Sphäre. Und dies nicht etwa im Gegensatz zum alten Medium der Texte, sondern als deren Potenzierung, als *Textur zum Quadrat* gewissermaßen. Was sie mit den ‚ersten Hieroglyphen' verbindet, ist ihre Anschaulichkeit, die jetzt aber eine ganz neue, eine drei- statt einwertige Fassung angenommen hat.

Um den Unterschied mit Flussers Worten noch einmal genau zu markieren:

> Das Bild, das man lernt, sich von Begriffen zu machen, ist nicht die Bedeutung, die der Begriff meint, sondern es gibt ihm erst Bedeutung. Und die Imagination, die solche Bilder entwirft, weil sie von der Konzeption dazu provoziert wird, steht nicht zwischen Konzept und Welt, sondern zwischen Konzept und dem sich von dem Konzept entfernenden Menschen. Es ist daher besser, diese Bilder zweiten Grades – diese Bilder, welche nicht Szenen, sondern Texte bedeuten – von den ersten auch terminologisch zu unterscheiden und sie *Technobilder* zu nennen.[24]

Flusser hat die „Imagination, die solche Bilder entwirft" (er nennt sie auch „Technoimagination") mehr als Desideratum gefordert und von Ferne anvisiert als erschöpfend theoretisch ausgearbeitet. Nur soviel ist bei ihm klar: daß wir die Technobilder, von denen die große Mehrzahl der Menschen *bis dato* unbewußt, auf magische Art programmiert wird, erst technoimaginativ einholen, das heißt geistig durchdringen müssen, um von Programmierten wieder zu Herren der (post-)historischen Lage zu werden. Gleich einem Propheten an der Schwelle zum gelobten Land beschreibt Flusser die Situation der gegenwärtigen Zivilisation

> als Wettlauf zwischen der Tendenz zur Automation und Autonomie der bestehenden Apparat-Operator-Komplexe, und dem Versuch, die Technoimagination bewußt zu machen. Siegt die erste Tendenz, dann wird sich unsere Kommunikationssituation zu Totalitarismus und Massifizierung verfestigen. Siegt die zweite, dann ist eine unvorstellbare (und daher unbegreifliche) Öffnung für eine neue Daseinsform gegeben.[25]

Ich habe mich heute bemüht, mit Ihnen gemeinsam einen Blick durch diese unvorstellbare und unbegreifliche Öffnung ins gelobte Land der Hyperbildlichkeit zu tun.

---

24 Flusser, *Kommunikologie* (wie Anm. 2), S. 135.
25 Ebd., S. 229.

OSWALD SCHWEMMER

Die Grenzen der Begriffe und der Sinn der Bilder

I. Bildliches und begriffliches Denken: Eine erste Orientierung

Bildliches oder, allgemeiner gesprochen, figuratives Denken hat in der Philosophie keinen guten Ruf. Gilt es doch als ungenau, höchstens literarisch gefällig und jedenfalls in klare und folgerichtig aufgebaute begriffliche Darstellungen aufzulösen. Ein strenger Philosoph hat als erstes alle metaphorischen Ausdrücke aus seinem Text zu tilgen und sie durch wahrheits- oder zumindest begründungsdefinite Ausdrücke in einer terminologisch bereinigten Sprache zu ersetzen.

Wenn auch solch strenges Beharren auf einer von allen Bildern gereinigten Begrifflichkeit seinen spröden Charme inzwischen weitgehend verloren hat und sich meist nur noch in den akademischen Reservaten der analytischen Philosophie findet, ist es uns als sprachlicher Gestus der philosophischen Einrede und Nachfrage doch vielerorts noch erhalten geblieben. Mit diesem ihrem Gestus scheint sich die Philosophie allerdings gegen die Strömungen der neuesten Zeit abzuschotten und aus dem allgemeinen Diskurs über Bilder und Begriffe auszugliedern. Hat doch nach dem *linguistic turn* und dem *cultural turn* nun auch ein *iconic turn* seine ebenso anregende wie anziehende Wirkung entfaltet und neue Disziplinen ausgerufen: wie etwa eine Bildwissenschaft oder eine Bildanthropologie. Würde man in einigen Großthesen das dabei genutzte Verständnis vom Verhältnis zwischen Bildern und Begriffen fassen wollen, so könnte man sich in einer programmatischen Umkehrung des philosophischen Begriffdenkens versuchen: *Begriffe begrenzen und ordnen, Bilder zeigen. Begriffe stellen für sich selbst nichts dar, Bilder sind für sich selbst bereits Formverhältnisse aus einem eigenen Recht. Begriffe ohne Bilder sind leer. Aber Bilder ohne Begriffe sind nicht blind.*

Von diesem Begriffsdenken aus, also von der anderen Seite der Gegenüberstellung her gesehen, kann man vorbringen, daß mit den Begriffen die Logik in die Sprache gekommen ist. Denn dadurch, daß Begriffe begrenzen und ordnen, befestigen sie auch die Bedeutung des von ihnen Begrenzten und Geordneten. Sie schaffen durch die Möglichkeit, in beliebigen Kontexten aufzutreten, eine Bedeutungsstabilität im Wechsel der Kontexte und Situationen. Wo ein bestimmter Begriff auftaucht, wird unterstellt, daß er sich auf dasselbe bezieht, was immer dieses Selbe im übrigen sein mag.

Mit dieser – wohlgemerkt: unterstellten – Bedeutungsstabilität der Begriffe ist eine Grundvoraussetzung für aussagenlogische Schlußformen gegeben. Denn wenn die in die Aussageformen einsetzbaren Aussagen eine zeichenidentische Bedeutungsstabilität besitzen, können sie durch Zeichen ersetzt und können formale Relationen zwischen diesen Zeichen hergestellt werden. Geht es dabei um die zentralen Fragen nach der Wahrheit und Richtigkeit solcher von Aussagen und Aussagenfolgen, dann haben wir es mit logischen Folgerungen zu tun: mit formalen Operationen, die eine Erhaltung der Wahrheitswerte sicherstellen. Logische Schlüsse sind dann korrekt, wenn sie den Wahrheitswert der Prämissen nicht verändern.[1]

Geht man einen Schritt weiter, so kann man auch die Wahrheitswerte nur noch formal betrachten, etwa als die Instanzen einer allgemeineren Relation, in der es nicht mehr nur um die Wahrheitswerte von Aussagen, sondern überhaupt um Wertzuschreibungen geht. In einem solchen verallgemeinerten Sinn ginge es in der Logik um die Klärung von Wertzuschreibungen welcher Art auch immer: um Stellungnahmen, die innerhalb von Folgerungssystemen betrachtet werden.

Damit ist eine begriffliche Fassung der Stellungnahmen erreicht, die diese aus der bildlichen Präsentation von beispielhaften Darstellungen heraushebt und sie damit auch aus ihrer Kontext- und Situationsabhängigkeit befreit. Aus Vorbildern – im wörtlichen Sinne auch der Bildlichkeit verstanden – werden Beurteilungen, die über den Wechsel der Kontexte und Situationen hinaus abgegeben und aufrecht erhalten werden können.

Bildliche und begriffliche Artikulationen, so kann man resümierend sagen, öffnen eine jeweils unterschiedliche Welt von Orientierungsformen. Auf der einen Seite steht eine Welt figurativer Aspekte, die jeweils im ganzen als Formverhältnisse, und zwar als Formverhältnisse im Bezug auf bestimmte Kontexte und Situationen, erfaßt werden. Auf der anderen Seite steht eine Eigenwelt symbolischer Artikulationsformen, die zueinander in formalisierbare, nämlich im Prinzip kontext- und situationsinvariante Folgerungsverhältnisse, in symbolische Systeme, gebracht werden können.

---

1 Dies schließt auch das *ex falso quodlibet* ein, nämlich daß aus einer falschen Prämisse alles mögliche geschlossen werden kann.

In der Welt der figurativen Aspekte gelingt uns eine Repräsentation der Realität, die diese auch in ihren dynamischen und interaktiven Verhältnissen zu erfassen erlaubt. In der Welt der symbolischen Systeme können wir unser Verhältnis zur Realität formulieren und unsere Stellungnahmen in verschiedenen normativen – z. B. ethischen, politischen, ästhetischen oder auch allgemein methodologischen – Dimensionen durch die Formulierung von Prinzipien, Gesetzen oder Regeln systematisieren.

II. Begriffliche und bildliche Artikulationsformen im mystischen Denken: Nikolaus von Kues

Beide Welten gehören zu unserer Kultur und stehen in der europäischen Tradition in einem wechselvollen Spannungsverhältnis. Beide Welten gehören auch zu unserer Wissenschaftskultur, wenn auch nicht in gleichem Maße, wie ich schon eingangs sagte, zur Philosophie. Blickt man hingegen auf die europäische Tradition der Mystik, so scheinen beide Artikulationsformen, weil sie nämlich überhaupt Formen einer explizierenden Artikulation sind, außerhalb des mystischen Denkens zu stehen. So macht Reinhard Margreiter in seiner – wie ich meine: wegweisenden – Untersuchung *Erfahrung und Mystik*, die in ihrem Untertitel bereits auf die *Grenzen der Symbolisierung* hinweist,[2] als Charakteristika mystischer Erfahrung zwölf „Konvergenzpunkte" aus, zu denen auch die folgenden zählen:

(1) die *Transkategorialität* und Aufhebung nicht nur aller Unterscheidungen, sondern auch aller Unterscheidungsformen und der Unterschiede zwischen ihnen;

(2) das *Schweigen* oder auch ein apophantisches oder paradoxes Sprechen, das der Unausdrückbarkeit des in der göttlichen Sprache Gehörten Rechnung trägt;

(3) die *Negation von „Bild" und „Weise"*, mit der die konstitutive Partikularität und damit Unzulänglichkeit einer jeden symbolischen (und nicht nur jeder sprachlichen) Repräsentation anerkannt wird.[3]

---

2 Reinhard Margreiter, *Erfahrung und Mystik. Grenzen der Symbolisierung*, Berlin 1997.

3 Im einzelnen hebt Margreiter (wie Anm. 2), als Charakteristika mystischer Erfahrung hervor:

(1) die *Alleinheit*, die insbesondere von Eckhart als ein reales Geschehen, nämlich als die Entgrenzung des Ich zur Einheit mit Gott (der „Verneinung aller Verneinungen"), dargestellt wird;

Auf der anderen Seite kann man feststellen, daß diese Charakteristika von den Mystikern selbst oft in einer besonderen Verschränkung von bildlichen und begrifflichen Artikulationsformen zur Sprache gebracht werden. Darüber hinaus finden wir in der philosophischen Tradition immer wieder – und zwar an grundlegenden Stellen der jeweiligen Darstellungen – mystische Elemente, die diese Verschränkung besonders deutlich zeigen.

Paradigmatisch sei hier auf Nikolaus von Kues und seine Rede von einer *docta ignorantia* und der *coincidentia oppositorum* hingewiesen. Dabei ist interessant, daß diese mystisch interpretierbaren Formeln aus der Einsicht gerade in die symbolische Vermitteltheit des Glaubens wie allerdings auch des Wissens heraus geprägt sind. Diese Vermitteltheit entsteht dadurch, daß uns zu den göttlichen Dingen, den *divina* – wie im übrigen zu den geistigen Dingen, den *spiritualia*, überhaupt[4] – nur der Zugang durch Symbole offensteht.[5]

---

(2)　die *Transkategorialität* und Aufhebung nicht nur aller Unterscheidungen, sondern auch aller Unterscheidungsformen und der Unterschiede zwischen ihnen;

(3)　die gesteigerte *Emotionalität*, die als ekstatische Liebe beschrieben wird und sich nicht ein begrenztes Ziel richtet, sondern auf das umfassende Sein – oder Gott – selbst als den abgründigen Grund;

(4)　die *Umkehrung* und Erlösung aus der Erfahrung der unio mystica heraus zur Authentizität eines übernatürlichen Selbstseins, einer Harmonie und Seligkeit;

(5)　die *Gelassenheit* in befreiter Willenlosigkeit;

(6)　die Augenblicklichkeit eines „nunc stans", die zumeist im Sinne einer Zeitenthobenheit verstanden wird;

(7)　das Leiden und das Erleben von Einsamkeit und Todesnähe – oft im Kontext der Rede vom Nichts, von der Einöde, von Wesentlichkeit (und bei Eckhart bezeichnenderweise nur beiläufig benannt);

(8)　die Vorstellung von einem mystischen Weg, einer Methode, für die die Aktivitäten und Tugenden oft nur eine Vorbereitung auf die unio mystica bedeuten, in sich selbst aber eher – als zu sehr auf den Eigenwillen und bestimmte Kategorien bezogen – ein Hemmnis für diese unio darstellen;

(9)　das Schweigen oder auch ein apophantisches oder paradoxes Sprechen, das der Unausdrückbarkeit des in der göttlichen Sprache Gehörten Rechnung trägt;

(10)　die Negation von „Bild" und „Weise", mit der die konstitutive Partikularität und damit Unzulänglichkeit einer jeden symbolischen (und nicht nur jeder sprachlichen) Repräsentation anerkannt wird;

(11)　die Esoterik und Innerlichkeit, die daraus ergibt, daß für die mystische Erfahrung eine besondere „Sensitivität" erforderlich ist; und schließlich auch

(12)　parapsychologische Phänomene wie Visionen, Auditionen und Elevationen, die vor allem in der volkskundlichen Literatur mit der mystischen Erfahrung verbunden werden.

4　„[...] quod spiritualia per se a nobis inattingibilia symbolice investigentur", in: Nikolaus von Kues, *De docta ignorantia*, lib. I, XI.

5　„[...] cum ad divina non nisi symbola accedendi nobis via pateat [...]". Ebd.

Symbole aber sind auch in der Unendlichkeit ihrer Verweisungs-
möglichkeiten endlich. Sie besitzen eine endliche Unendlichkeit, eine
finita infinitas[6], schon weil sie perspektivisch bleiben müssen. Als vom
Menschen erzeugte Zeichenwelten sind sie (1) etwas, das auf etwas verweist, das es selbst nicht ist, und besitzen sie (2) eine eigene Struktur,
die sich von der Struktur dessen, worauf sie verweisen, grundlegend
unterscheidet, und sind sie (3) ein Teil der kontingenten endlichen Welt,
die immer auch anders sein kann, als sie ist. Alles, was gesagt oder überhaupt symbolisch dargestellt wird, wird in einer anderen Sprache
anders und kann überhaupt mit anderen Symbolen anders gesagt oder
dargestellt werden. Dies ist die eine Differenz, die Cusanus in seinem
Liber de mente ausgerechnet den *Idiota*, also den Laien, den begriffs-
stutzigen Philosophen erklären läßt.[7] Und diese Differenz ist in einer
zweiten sozusagen eingebettet, nämlich in die Differenz alles endlichen
– und damit auch des symbolischen – Seins zwischen dem, was es
tatsächlich, also hier und jetzt, ist, und dem, was es auch noch hätte sein
können, und dem, was es andernorts oder zu anderer Zeit jeweils ist.
Alles endliche Sein – und damit auch das symbolische Sein, in dem sich
unser Begreifen artikuliert – ist für Cusanus daher ein Immer-anders-
sein, ein *aliud esse*, das sich vom schlechthin Anderen zu diesem
Immer-anders-sein, dem ‚Nicht-anderen' des göttlichen Seins, auf eine
unüberbrückbare Weise unterscheidet. „Inter finitum et infinitum nulla
est proportio."

Die theoretischen Konsequenzen, die Cusanus aus diesem Diffe-
renz-Gedanken zieht, haben sich insbesondere unter den genannten
Formeln der *coincidentia oppositorum* und der *docta ignorantia* wie die
Siegel einer rätselhaften Geheimlehre in unsere – also die von uns so
genannte christlich-abendländische – Geistesgeschichte eingebrannt.
Als gedankliche Öffnung einer sich schließenden Weltanschauung
haben sie aber in dieser unserer Geschichte so gut wie überhaupt nicht
wirken können. Und wo sie es denn, wenn auch nur in den Spuren
einer Spekulation über die Unendlichkeit des Universums, im Falle des
Giordano Bruno gleichwohl taten, reagierte die prompte Inquisition
anderthalb Jahrhunderte später, nämlich im Jahre 1600, mit dem Ver-
brennen auf dem Scheiterhaufen.

Die beiden Formeln des Cusanus haben nicht nur theoretische
Bedeutung. In den Worten der Sprache wie in den Maßen bzw. Pro-
portionen der Mathematik gibt es eine unüberwindbare Endlichkeit

---

6 Nikolaus von Kues, *De docta ignorantia*, lib. I, cap. 2 und lib. II, cap. 1.
7 Nikolaus von Kues, *Liber de mente*, cap. 2.

und damit Einseitigkeit der Blickrichtung. Will man diese Einseitigkeit gleichwohl überwinden, wird man in Widersprüche getrieben,[8] da man in der durch die Symbole mitgegebenen Perspektive notgedrungen verbleiben muß und sie zugleich doch überwinden will. In der Sprache gegen die Sprache reden zu wollen, führt zum Zusammenbruch der sprachlichen Unterscheidungen, durch die die Sprache überhaupt aufgebaut wird. Will man aber das *Non-aliud*, das ‚Nicht-andere' des göttlichen Seins bzw. (so könnte man es auch ohne den Bezug auf Gott sagen) will man das Sein selbst fassen, ist das unmögliche Überschreiten der Perspektivität als solcher notwendig. Das Zuendedenken der symbolischen Endlichkeit kann sich dann nur noch in der *coincidentia oppositorum*, im Zusammenfall der Gegensätze, erfüllen. Und dies wiederum zu wissen, ist die durch dieses Zuendedenken belehrte Unwissenheit, die *docta ignorantia*, die einzig uns am Ende all unserer denkenden Bemühungen zusteht.

Folgt man dieser Gedankenbewegung – und sieht man sie überhaupt als eine Bewegung reflektierter und in diesem Sinne wissenschaftlich ausgewiesener Gedanken –, dann ist zunächst einmal die strukturelle Begrenztheit im Grunde aller symbolischer Artikulationsformen, die bei Cusanus allerdings nur in ihrer begrifflichen, logischen und mathematischen Ausprägung thematisiert werden, anzuerkennen und denkend noch einmal zu artikulieren. Diese Artikulation erfaßt die Überbegrifflichkeit des begrifflichen Denkens in einem Spannungsverhältnis begrifflicher Polaritäten, die nur noch figurativ zu erfassen ist: in einer Art begrifflicher Bildlichkeit oder formaler Metaphorik.

Selbst in dieser bildlosen Abstraktheit formaler begrifflicher Bezüge zeigt sich damit die Unverzichtbarkeit eines figurativen Denkens, das in die analytische Reflexion über die Grenzen des begrifflichen Denkens eingeht. Dieser Gedanke hat Tradition und gehört zum Kernbestand des auch sich selbst noch einmal reflektierenden Denkens in vielen Kulturen. Er fordert aber zugleich seinen Gegen- oder Spiegelgedanken heraus: Können wir eine analytische und damit in einer gewissen Weise begrifflich-stellungnehmende Reflexion auch innerhalb der bildlichen Artikulation ausmachen? Gibt es eine bildliche Artikulationsform der analytischen Reflexion?

Eben diese Frage möchte ich mir stellen. Aber ich werde sie nicht auf direktem Wege zu beantworten versuchen. Er führt über einige Bemerkungen zu einer allgemeineren Frage, nämlich zu der Frage nach dem Sinn der Bilder.

---

8 Vgl. zum Ganzen der Einschränkung der menschlichen Blickrichtung und Aufhebung dieser Einschränkung im Sehen Gottes: Nikolaus von Kues, *De visione Dei*.

III. Form und Sinn

Eine erste Bemerkung gilt dem Verhältnis von Form und Sinn. Wir sehen eine Form, ein Liniengefüge oder ein Farbengeflecht, eine Wölbung oder eine Kante. Aber wir sehen nicht nur diese Form. Wir sehen sie als Verweisungsmomente auf ihr Auftreten auch in anderen Konstellationen. Die Form in einer Rockfalte und in der Kante eines Felsens, in einem Nasenrücken – den das Englische übrigens als *„bridge* of the nose"* sieht – und im Sturzflug einer Seeschwalbe: Die Form in der Vielfalt ihres Auftretens schafft ein Netz von Verweisungen, sozusagen Verwandtschaftsbeziehungen der Formen, die unsere Sehwelt zusammenhalten.

Aber nicht nur das. Über diese Verweisungsverhältnisse bildet sich für uns Sinn aus: sichtbarer Sinn. Denn Sinn ist in seiner Grundform Verweisung, Zusammenhang, Ordnung. Sinn wird durch Form in die Welt gebracht, weil Form Verweisung, Zusammenhang und Ordnung ermöglicht. Sinn entsteht in der Formwahrnehmung.

Die allgemeine Rede von einer Formwahrnehmung soll diesen Zusammenhang von Form und Sinn über das Sehen hinaus ausweiten. Denn Verweisungszusammenhänge ergeben sich, wo überhaupt Formen erfaßt werden, also auch in den anderen Wahrnehmungsbereichen der anderen Sinne. Allerdings wird man auch sehen müssen, daß wir in einem deutlich unterschiedlichen Verständnis in den verschiedenen Sinnesbereichen von Form zu reden haben.[9] Insbesondere das Verhältnis von Begrenzung und Form und damit auch von Prägnanz und Form, das uns aus einem am Sehen ausgerichteten Formverständnis vertraut und vielfach auch selbstverständlich erscheint, verliert beim Tasten, Riechen oder Schmecken seine zentrale Bedeutung. Da es hier aber um Bildlichkeit und damit um den Bereich des Sehens geht, soll auch weiterhin von den Formen des Sichtbaren, den Formen, die gesehen werden können, die Rede sein.

IV. Formsinn und Gegenstandssinn

Formen sind noch keine Bilder, Formsinn ist noch kein Bildsinn. Aber Formsinn fügt sich in unserem alltäglichen Sehen zu einem Gegenstandssinn. Entgegen einer in der Philosophie seit alters her gepflegten

---

9 Vgl. dazu Hans Jonas, „Der Adel des Sehens. Eine Untersuchung zur Phänomenologie der Sinne", in: *Kritik des Sehens*, hg. v. Ralf Konersmann, Leipzig 1997, S. 247-72.

Meinung, die sich schon auf Aristoteles berufen kann, führt der Weg
unserer Wahrnehmung und Erkenntnis nicht in einer linearen Entwicklung vom Besonderen zum Allgemeinen, von der sinnlichen Wahrnehmung des konkreten Einzelnen zur Bildung von Allgemeinbegriffen
und immer weiterreichenden Verallgemeinerungen. Vielmehr ist das
erste, was wir erkennen, ein, wie man sagen könnte, *mittleres Allge-
meines.* Bereits 1896 formulierte Henri Bergson mit großer Hellsich-
tigkeit:

> Es scheint also demnach, daß wir weder mit der Wahrnehmung des Indi-
> viduums noch mit der begrifflichen erfassenden Art anfangen, sondern
> mit einer dazwischen liegenden Erkenntnis, mit einem verworrenen
> Gefühl der *hervorstechenden Eigenschaft* oder der Ähnlichkeit: dieses
> Gefühl, gleichweit entfernt von der völlig begriffenen Allgemeinheit wie
> von der deutlich wahrgenommenen Individualität, erzeugt sie beide durch
> eine Dissoziation. Die gedankliche Analyse läutert es zum Allgemeinbe-
> griff; das unterscheidende Gedächtnis verdichtet es zur Wahrnehmung des
> Individuellen.[10]

Was Bergson hier im intuitiven Vorgriff formuliert, wird vor allem
durch die Gestaltpsychologie und – deutlich später – durch sprach-
theoretische und -psychologische Untersuchungen wie etwa durch die
Prototypentheorie von Eleanor Rosch[11] empirisch fundiert. Das
anschauliche Welterfassen zeigt sich in diesen Untersuchungen als ein
aktives Gestalten, als ein ständiger Prozeß der Konfiguration, der
Musterbildung und Mustererfassung.

In der Mustererkennung können wir die übliche Form der Weltzu-
wendung sehen, die ohne eine besondere Aufmerksamkeit unser all-
tägliches Wahrnehmungsleben charakterisiert. Es ist die anonyme Form
unseres Wahrnehmens, die uns vor aller Aufmerksamkeit auf besondere
Einzelheiten oder auch Konfigurationen in unserem – räumlichen und
zeitlichen – Wahrnehmungsfeld die anschauliche Weltwirklichkeit
gegenwärtig hält. Beides, die detaillierende Betrachtung der Einzelheiten und die komponierende Erfassung von anschaulichen Verhältnissen

---

10 Henri Bergson, *Materie und Gedächtnis. Eine Abhandlung über die Beziehung zwischen Körper und Geist,* mit einer Einleitung von Erik Oger, Nachdruck der 1919 in
Jena erschienenen Übersetzung von Julius Frankenberger, Hamburg 1991, S. 154.
11 Vgl. z. B.: Eleanor Rosch, „Principles of Categorization", in: *Cognition and Categorization,* hg. v. Eleanor Rosch u. B. B. Lloyd, Hillsdale, N. J. 1978, S. 27-48. Eine
informative Zusammenfassung der Prototypentheorie findet sich in George Lakoff,
Women, Fire, and Dangerous Things. What Categories Reveal about the Mind, Chi-
cago/London 1987, S. 58-67.

zwischen diesen Einzelheiten, ist von dieser anfänglichen Mustererkennung her zu leisten. Es ist so nicht nur eine Richtung, in die der Weg zu einer individuellen Artikulation unserer Weltwahrnehmung führt. Vielmehr wird diese Artikulation in zwei Richtungen erreicht: einmal in der Beachtung von Nuancen und dem Erkennen von Einzelheiten und zum anderen in der Entdeckung von Strukturen und anschaulichen Zusammenhängen.

Mit einer stärkeren Nuancierung wird auch eine deutlichere Strukturierung möglich, und durch eine strukturierende Sicht können viele Nuancen überhaupt erst entdeckt werden. Vor aller individuellen Artikulation, die wir als eine eigene Leistung zu erbringen haben, leben wir in einem ständigen Prozeß der anonymen Formbildung. Susanne Langer hat diesen Prozeß eindringlich beschrieben:

> Es zeigt sich also, daß die Bedingungen der Rationalität tief in unserer rein animalischen Erfahrung liegen – in unserer Wahrnehmungsfähigkeit, in den elementaren Funktionen unserer Augen, Ohren und Finger. Das geistige Leben beginnt schon mit unserer physiologischen Konstitution. Ein wenig Nachdenken macht einsichtig, daß, da jede Erfahrung einmalig ist, die sogenannten ,wiederholten' Erfahrungen in Wirklichkeit analoge Vorkommnisse sind, die sämtlich in eine Form passen, welche durch Abstraktion bei der ersten Gelegenheit gewonnen wurde. Die Vertrautheit von Phänomenen ist nichts weiter als die Eigenschaft, daß etwas sehr genau in die Form einer früheren Erfahrung paßt. Unsere angeborene Gewohnheit, Eindrücke zu hypostasieren, Dinge und nicht Sinnesdaten zu sehen, beruht, glaube ich, darauf, daß wir prompt und unbewußt aus jeder Sinneserfahrung eine Form abstrahieren und uns dieser bedienen, um die Erfahrung als ein Ganzes, als ,Ding' zu begreifen.[12]

In unserem alltäglichen anonymen Wahrnehmen bilden sich die Formen zu Dingen und, wie wir hinzufügen können, Ereignissen um, entwickelt sich aus dem reinen Formsinn der uns vertraute gegenständliche Charakter der Welt, der gegenständliche Sinn.

---

12 Susanne K. Langer, *Philosophie auf neuem Wege. Das Symbol im Denken, im Ritus und in der Kunst,* Frankfurt a. M. 1984, S. 96. (Amerikanische Erstausgabe: *Philosophy in a New Key. A Study in the Symbolism of Reason, Rite and Art.* Cambridge, Mass. 1942.)

V. Bildsinn und Bildwelt

Der Sinn der Bilder ist damit noch nicht erreicht. Bilder sind nicht nur Vergegenständlichungen. Bilder sind Konfigurationen von Dingen und Ereignissen, von Gegenständen und ihren Umgebungen, ihren Zwischenräumen und Hintergründen, ihren Zwischenzeiten und Dauern. In den Bildern schließen sich diese vergegenständlichenden Formverhältnisse zu ganzen Wahrnehmungsszenarien zusammen, zu ding- und ereignishaften Konstellationen. Diese erlauben uns, immer wieder bestimmte Situationen zu identifizieren und damit das, was uns begegnet, als etwas, das wir wiedererkennen und hinsichtlich seiner Bedeutung für uns einordnen können, wahrzunehmen. Die Welt wird für uns so zu einer Bildwelt, zu einer Welt, die sich durch unsere verbildlichende Wahrnehmung zu einer Welt von Bildern geformt hat, in der wir uns zurechtfinden und also orientiert verhalten können.

Die Entstehung einer solchen Bildwelt ist von jeher ein zentrales Thema der um ihre Begriffe bemühten Philosophie, aber auch der an unserer Weltwahrnehmung interessierten empirischen Wissenschaften gewesen. Kant sah in unserer Anschauung eine *synthesis speciosa* am Werk[13], eine „figürliche Synthesis", die als „transzendentale Synthesis der Einbildungskraft" den synthetischen „Einfluß des Verstandes auf den inneren Sinn" ausmacht.[14] In späteren philosophischen Entwürfen etwa des Pragmatismus, vor allem aber in der Philosophie Henri Bergsons und Martin Heideggers wird demgegenüber – und zwar mit Recht – das praktisch interessierte, bedürfnis- und interessengeleitete Weltverhältnis als entscheidender Faktor unserer Verbildlichungsarbeit hinzubenannt.

Wie dem aber auch letztlich sein mag und wie man es am Ende auch aus den im übrigen durchaus begriffsgeleiteten Untersuchungen der Kognitionspsychologie wahrzunehmen haben wird: Bevor begriffliche Ordnungen entstehen können, müssen sich bildliche Formverhältnisse befestigt haben, muß eine Bildwelt unserer Wahrnehmung Richtungen und Bahnen vorgeben, in und auf denen das Wahrgenommene seine orientierte Verlässlichkeit gewinnt.

---

13 „Diese *Synthesis* des Mannigfaltigen der sinnlichen Anschauung, die a priori möglich und notwendig ist, kann *figürlich* (synthesis speciosa) genannt werden, zum Unterschiede von derjenigen, welche in Ansehung des Mannigfaltigen einer Anschauung überhaupt in der bloßen Kategorie gedacht würde, und Verstandesverbindung (synthesis intellectualis) heißt." Immanuel Kant, *Kritik der reinen Vernunft*, B 151.
14 Ebd. B 154.

Diese bildliche Sinnordnung weist dabei andere Strukturen auf als die begriffliche. Wo die figurative Wahrnehmung Zusammenhänge der Form, gewöhnlich akzentuiert durch unser praktisches Weltverhältnis, erfaßt, legen Begriffsordnungen logikfähige Zusammenhänge aus: Zusammenhänge der Folgerichtigkeit, der sich einschließenden oder ausschließenden Klassifikationen, der Ableitungen oder Begründungen und insgesamt Zusammenhänge des propositionalen Übergangs von welcher Form auch immer. Wo sich bildliche Sinnordnungen aus Formbezügen ergeben, werden mit begrifflichen Sinnordnungen formale Bezüge ausgelegt. Formbezogene Zusammengehörigkeit auf der einen, formale Folgerichtigkeit auf der anderen Seite – so läßt sich der Unterschied zwischen den beiden Sinnordnungen charakterisieren.

Eine Zwischenbemerkung sei an dieser Stelle erlaubt. Schon dieser Unterschied zwischen den beiden Sinnordnungen läßt nämlich in den Begriffsordnungen eine Tendenz zur Immanenz erkennen. Verleitet doch die Konzentration auf begriffliche Zusammenhänge dazu, sich auch in seinen philosophischen Analysen und Argumentationen nur noch auf die formale Seite von Folgerichtigkeitsverhältnissen zu beschränken – und damit seinen Weltbezug zu verlieren.

Ein kleines Beispiel mag dies wenigstens andeutungsweise erläutern. Nehmen wir dazu den Anfang der Hegelschen Logik, den Ersten Abschnitt in der Lehre vom Sein: „Das Sein ist das unbestimmte Unmittelbare; es ist frei von der Bestimmtheit gegen das Wesen, so wie noch von jeder, die es innerhalb seiner selbst erhalten kann. Dies reflexionslose Sein ist das Sein, wie es unmittelbar nur an ihm selber ist."[15] Was Hegel hier in einer verwickelten Kunstsprache sagt, läßt sich als ein kleines und reines Begriffsspiel rekonstruieren. Denn wer eine Behauptung unvollständig läßt und nur sagt, ‚etwas ist ...', ohne zu sagen, was etwas ist – und ohne das ‚ist' im Sinne des Existenzquantors zu verwenden und damit eine Existenzbehauptung aufzustellen –, sagt noch gar nichts. Seine Rede bleibt unbestimmt. Sie bezieht sich weder auf ein Prädikat bzw. eine Eigenschaft – ist somit „frei von der Bestimmtheit gegen das Wesen" – noch auf irgendeine besondere Weise, z. B. auf ein Mehr oder Weniger, im bloß möglichen Etwas-Sein – ist somit auch „frei von der Bestimmtheit [...], die es innerhalb seiner selbst erhalten kann". Das ‚ist' bzw. ‚Sein' steht als Kopula lediglich für eine Verknüpfungsfunktion, ohne irgendetwas miteinander zu verknüpfen, ist also das ‚ist' bzw. ‚Sein', „wie es unmittelbar nur an ihm selber ist".

---

15 Georg Wilhelm Friedrich Hegel, *Wissenschaft der Logik*, hg. v. Georg Lasson, Erster Teil, 2. Aufl., Hamburg 1963, S. 66.

Was Hegel hier in einer verrätselten Ausdrucksweise vorführt, bezieht seine Einsichtigkeit daraus, daß nur der Wortgebrauch der Begriffe in den Blick genommen wird, ohne deren Anwendung auch nur in Erwägung zu ziehen. Das gewaltige Sinngebäude, das Hegel auf diesem Anfang errichtet, entsteht aus den Verknüpfungen, die sich als folgerichtige Explikationen der begrifflichen Bedeutungsverhältnisse begründen lassen. Die von Hegel eingeforderte „Aufmerksamkeit auf den Begriff" läßt diese Explikationen als einen „immanenten Rhythmus der Begriffe"[16], als Selbstentfaltung begrifflich artikulierter Folgerichtigkeitsverhältnisse sehen, die sich in diesem ihrem immanenten Rhythmus als universell gültige Sinnzusammenhänge auszuweisen beanspruchen.

Kommen wir damit zu den Bildern, genauer: den Bildwelten, zurück, die sich in unserer alltäglichen Wahrnehmung ergeben. Diese Bildwelten entwickeln sich um Bilder herum, die festgehalten, die gemalt und gezeigt werden. Mit diesen gemachten Bildern stellt sich eine Art Kanonisierung des Sehens ein. Denn wir sehen das, was wir sehen, durch die Bilder, die wir gesehen haben, hindurch. Die gemachten Bilder machen uns so sehen, wie wir sehen und wie wir übersehen. Unsere Bildwelten sind daher immer auch geführte Sehwelten, die uns nicht nur Sichten öffnen, sondern auch verdecken oder doch verdunkeln können. In dieser Verschränkung von Bildern und Sichten gibt es Selbstläufe, getragen von der Akklamation der kollektiven Bildwahrnehmungen, und Gegenläufe, Versuche zur Öffnung neuer oder anderer Sichten, Versuche, dem Bild vor seiner Kollektivierung eine Individualität zu geben. Es geht um eine Kritik des Sehens durch das Bild.

VI. Formen der Aufmerksamkeit im doppelten Sehen

Wodurch entsteht die neue und andere Sicht im Bild? Drei Dinge, nämlich drei Formen der Aufmerksamkeit, sollen hervorgehoben werden.

Das erste: Sehen ist Übersehen, ist überall das Hervortreten der Differenz von Figur und Hintergrund. Sehen ist Prägnanzbildung. Beim Malen ist dies anders. Auch der Hintergrund muß gemalt werden. Auch

---

16 Georg Wilhelm Friedrich Hegel, *Phänomenologie des Geistes*, Vorrede, nach dem Text der Originalausgabe hg. v. Johannes Hoffmeister, 6. Aufl., Hamburg 1952, S. 48: „Sich des eignen Einfallens in den immanenten Rhythmus der Begriffe entschlagen, in ihn nicht durch die Willkür und sonst erworbene Weisheit eingreifen, diese Enthaltsamkeit ist selbst ein wesentliches Moment der Aufmerksamkeit auf den Begriff."

dem Hintergrund muß der Maler seine Gestaltungsarbeit zukommen lassen. Obgleich er ihn als Hintergrund, als das Unthematische eines Bildes malt, thematisiert er ihn durch sein Malen. Damit erzeugt er durch sein Malen eine Prägnanzverschiebung, rückt er den Hintergrund ins Bild, zeigt er dem Sehen sein Übersehenes, erzwingt er eine andere Sicht, eine Sichtumkehr oder eine doppelte Sicht von Figur und Hintergrund, die sich in den Alltag hinein in einem neuen aufmerksamen Sehen erhalten kann. Die abstrakte Malerei kann man geradezu als eine Auflösung der Sehprägnanz verstehen, als eine Form des reflexiven Malens, mit dem die prägnante Differenz von Figur und Hintergrund durch ihre Abwesenheit einer radikalen Kritik ausgesetzt wird.

Das zweite erwähnten wir schon. Es ist die Aufmerksamkeit des Blicks, der die Details und das Ganze, die Nuancen und die Konfiguration einer Sicht aufeinander bezieht. Die Nuancierung ist als solche eine Konfigurierung. Und die Konfigurierung ergibt sich durch die Nuancierung, so wie die Nuancierung ohne die gleichzeitige Konfigurierung das Bild in Einzelheiten zerfallen ließe. Man kann sich diesen wechselseitigen Bezug geradezu experimentell vor Augen führen, indem man Verschiebungen und Ersetzungen in einem Bild anbringt. Selbst die geringste Veränderung, sei es in der Konfiguration, sei es in der Nuancierung, verändert das Bild in seinem Charakter. Meist verliert es seine innere Spannung, die als eine „gegenstrebige Harmonie", wie sie Heraklit am Bild von den Saiten des Bogens und von der Leier veranschaulicht,[17] das Ineinander von Nuancierung und Konfigurierung in ein Bild faßt.[18] Auch hier geht es um eine doppelte Sicht, die sich der Versuchung des flüchtigen Blicks auf das mittlere Allgemeine widersetzt.

Das dritte weitet den Blick über das Bild hinaus aus. Denn die Spannung des Bildes zwischen Nuancen und Konfigurationen entwickelt sich in Kontexten, in einer Grammatik der Verweisungen und Gewich-

---

17 Heraklit, Fragment 51: „Sie begreifen nicht, daß es [das All-Eine], auseinanderstrebend, mit sich selber übereinstimmt: widerstrebende Harmonie wie bei Bogen und Leier." Vgl. dazu auch Fragment 8: „Das Widerstrebende vereinige sich und aus den entgegengesetzten (Tönen) entstehe die schönste Harmonie, und alles Geschehen erfolge auf dem Wege des Streites." Hier zitiert nach *Die Vorsokratiker. Die Fragmente und Quellenberichte*, übers. u. eingeleitet v. Wilhelm Cappelle, Stuttgart 1968, S. 134.

18 Eine augenfällige Demonstration liefert übrigens Max Imdahl mit der Verschiebung der Christusfigur im Bildfeld des Centurioblattes im Codex Egberti. Nur in der Stellung, in der die Christusfigur tatsächlich in das Bild gerückt ist, gewinnt sie ihre überragende Bildbedeutung. (Max Imdahl, „Bildsyntax und Bildsemantik. Zum Centurioblatt im Codex Egberti", in: ders., *Zur Kunst der Tradition* (Gesammelte Schriften, Bd. 2), Frankfurt a. M. 1996, S. 86-93.)

tungen, die sie überhaupt erst lesbar macht. Der aufmerksame Blick
muß daher auf eine Arbeit des Lesens zurückgreifen können. Ob ich
etwa ein Bild von Cy Twombly lediglich als Gekritzel wahrnehme oder
als symbolische Gesten, die den Anfang der Sinnbildung in eine Bildform zwischen Kritzeln, Malen und Schreiben bringen, hängt von meiner Fähigkeit ab, einen Kontext für das Bildereignis aufzubauen.

Aber auch die scheinbar so vertrauten und uns unmittelbar zugäng-
lichen Bilder Leonardos erschließen sich in ihrem inneren Bildsinn erst
dem geschulten Blick, der die Arbeit des Lesens geleistet hat. Die Bildwelten, deren Sichten in einem Bild fortwirken, bieten sich nicht einfach dar. Sie müssen aufgesucht werden. So ist denn dieser dritte
doppelte Blick auf diese Bildwelten neben dem Bild eine Sache nicht
nur der Aufmerksamkeit, sondern auch der Wissensbildung im Sehen
selbst, die Sache eines Bild- und Seh-Wissens.

VII. Bilder und Bildzeichen

Neben dieser Kritik des Sehens durch das Bild gibt es aber auch noch
eine andere Richtung der Kritik, nämlich die an den Bildern selbst, die
nur durch eine begriffliche Analyse geleistet werden zu können scheint.
Diese Kritik bezieht sich nicht auf Kunstwerke, sondern auf die Bilder
und bildhaften Elemente, die uns in der Alltagswelt nahezu überall
begegnen und vielfach als Orientierungsmarken genutzt werden.

In der vielsprachigen modernen Welt kann man sogar beobachten,
daß die bildlichen Anzeigen die früheren sprachlichen Hinweise mehr
und mehr ersetzen und darüber hinaus sich überhaupt in unserer Welt
der Gebrauchsgegenstände und Sichtflächen sozusagen bis in die letzten Winkel hinein verbreiten. Sie umwerben den Blick und erzeugen
dadurch eine ständige Sehbereitschaft der Menschen, die sich vom
Gezeigten führen läßt. Dabei stumpfen die stets präsenten Bildreize in
unseren Alltagsumgebungen unseren Blick zugleich ab. Die Bilder wan-
deln sich in visuelle Assoziationsanreize, in Auslöser für unsere Fantasie und im übrigen nicht nur für unsere Bildfantasie. Unsere
Wahrnehmung soll dadurch getroffen und – im Sinne der Märkte und
Meinungsforen – bewirtschaftet werden.

Nicht mehr um Bilder geht es dabei, sondern um Bildzeichen. Denn
selbst wenn es Bilder sind, die da gezeigt werden, soll unser Blick darauf nicht verweilen. Es soll keine Spannung der Formverhältnisse aufgebaut, ja im Betrachten des Dargebotenen nicht einmal zugelassen
werden. Das, was in der Form von Bildern unserem Blick dargeboten

wird, sind in der Tat nur Reize, die zum Anreiz werden sollen. Indem es den Blick auf sich zieht, sich ihm aber als Bild verweigert, wirkt es als Verweis auf etwas anderes als es selbst, ist es ein Zeichen, ein Bildzeichen.

Bildzeichen verändern unser Sehen. Sie müssen sich wiederholen, um wirken zu können. Damit erzeugen sie für sich selbst eine Art von All- und Dauerpräsenz. Und sie stehen nicht für sich selbst, sondern erreichen uns im Verband der Verweisungen, eben als Zeichen, und arbeiten Zeichen für Zeichen, Blick für Blick eine eigene Welt der Assoziationen aus. Sie verschmelzen mit anderen Zeichen zu einem Komplex von Verweisungen, der sich irgendwann so festgefügt in die Blicke einnistet, daß er emblem- oder logofähig wird.

An diesem Punkt greift die Kulturkritik ein. Sie hätte zu zeigen, wie die Reduktion der Bilder auf Bildzeichen und die differenzierungsblinde Verschmelzung der Bildzeichen zu Emblemen und Logoformen die selbständige Arbeit des aufmerksamen Blicks durch pauschale Assoziations- und Identifikationsangebote überdeckt. Die traditionsgemäß melancholische Antwort dieser Kulturkritik könnte dann lauten: Nachdem wir dabei sind, unsere Lesefähigkeit zu verlieren und uns auf die digital gesteuerte Visualisierung zu verlassen, sind wir nun durch die Reduktion der Bilder auf Bildzeichen dabei, uns auch unserer Sehfähigkeit – der Fähigkeit, wirklich Bilder zu sehen – zu berauben. Eine solche Kulturkritik würde mit der Strenge einer begrifflich geordneten Stellungnahme eben diesen drohenden Verlust unserer Sehfähigkeit analysieren und ihn in den Zusammenhang weiterer Verluste unserer Weltorientierung rücken.

VIII. Das Bild als Gegenbild der Bildzeichen

Statt den Weg einer begrifflichen Kritik einzuschlagen, möchte ich auch hier wieder bei den Bildern bleiben und in der Kunst, in den Bildern selbst, ein kritisches Potential ausmachen. Es ist dies eine Bebilderungskritik durch das Malen von Bildern. Da kann man auf Pop Art und Junk Culture, auf Noveau Realisme und Common Object Painting, auf Neo Dada und New Vulgarism, auf Antikunst und Know-Nothing-Genre[19] hinweisen und immer neue Kunstrichtungen ausmachen: Ihnen allen ist gemeinsam, die allgegenwärtigen Bildzeichen in die Kunst einzubauen,

---

19 Diese Aufzählung habe ich übernommen aus Martin Hentschel, *Solve et Coagula. Zum Werk Sigmar Polkes, Die drei Lügen der Malerei*, Ostfildern-Ruit 1997, S. 41.

sie zu Elementen von Bildern zu machen. In einem gewissen Sinn kann man in diesen Kunstrichtungen eine malende Widerlegung von Walter Benjamins Klage über den Verlust der Aura des Kunstwerks im Zeitalter der technischen Reproduzierbarkeit[20] sehen.

Wie kaum jemandem sonst ist Sigmar Polke das, wie es schien, eigentlich Unmögliche gelungen. Er bestückt seine Bilder mit den Symbolen der bürgerlichen Trivialkultur – mit Palmen und Nierentischen, mit strahlenden Schönheitsklischees und dem Dürerschen Hasen, mit texanischen Cowboys und Zeitungsausschnitten –, mit den photographisch dokumentierten Schrecksymbolen von Krieg und Vertreibung, malt per Hand Rasterbilder, die nicht wie gemalt aussehen, füllt ein Bild mit Handtüchern oder Hemden, benutzt transparente Bildträger, die er von beiden Seiten bemalt, oder als Bildträger auch Stoffe, die man sonst vors Fenster hängt oder für die Kleidung verwendet.

Dabei sind es nicht nur die Bildzeichen, die Sigmar Polke in seine Bilder – teils sozusagen „wörtlich", teils in assoziativer Verwandlung – einfügt oder die er als Bilder malt. Es ist auch ihr sprachlich sedimentierter Außensinn, den er nutzt und teilweise durch Texte im Bild oder als Bildtitel paraphrasiert.

I Don-T Really Think About Anything Too Much ist der Titel eines Bildes,[21] auf dem eine den Betrachter anlächelnde Frau mit Sonnenbrille und heller Bluse vor einer gemusterten und in lichten pastellfarbenen Streifen gemalten Fläche mit einem Revolver zur Seite zeigt. Die heitere Atmosphäre, die durch die hellen Farben geschaffen wird, wird auch durch die in einer schwarzen Siebstruktur die Hälfte der Bildfläche einnehmende Zielscheibe in der Form eines Rumpfes und mit hell markierten ovalen konzentrischen Zielringen nicht eingetrübt. Scheinen doch die hell umrandeten Quadrate auf oder in den Farbstreifen, die bis auf eine untere Leiste den Hintergrund des Bildes ausmachen, durch den Zielscheiben-Rumpf hindurch, machen ihn durchsichtig und zu einem filigranen Netzgegenstand.

Der genauere Blick sieht dann allerdings auch eine Auflösung des Bildes, irritierende Vor- und Hintergrundwechsel, eine dunkle Rätselfigur. Die plastische Körperform der lächelnden Frau wird überdeckt von den Hintergrundquadraten. Der zunächst erblickte Körper verwandelt sich in einen Scheinkörper, in ein durchsichtiges Gewebe.

---

20 Walter Benjamin, *Das Kunstwerk im Zeitalter seiner technischen Reproduzierbarkeit* (1936), in: ders., *Gesammelte Schriften*, Band I, 2, hg. v. Rolf Tiedemann u. Hermann Schweppenhäuser, Frankfurt a. M. 1977, S. 431-69, 471-508.
21 Vgl. die Reproduktion in Sigmar Polke, *History of Everything. Paintings and Drawings 1998-2003*, New Haven, Mass./London 2003, S. 53.

Das noch einmal von einem verschobenen schwarzen Quadratrahmen überdeckte Ornamentquadrat auf dem Arm der Frau zwischen ihr und dem Zielscheibenrumpf wirkt wie ein Stempel oder ein Brennzeichen, wie ein freischwebendes Markenzeichen oder aber auch eine bedrohliche Markierung. Es trennt den Arm mit der Pistole ab wie eine gefährliche Zone. Zugleich scheint es einen Zielbereich auszugrenzen, der zu treffen ist. Von dort reicht das Netzgewebe wie der Griff eines Maschinengewehrs an den Arm, auf dem das schwarze Quadrat sozusagen das Gelenk markiert. Und der Arm, der Unterarm verliert seine Zugehörigkeit, wird zu einem eigenen Wesen: gestützt von einem Maschinengriff und von einer nach oben weisenden gittrigen Stabform in seiner Position und Festigkeit stabilisiert. In seiner Form wird es getragen von einem Schattenwesen, das vieldeutig bleibt wie ein totes Tier, das seine Form verliert.

Im Zentrum der Zielscheibe wird die 10, die dort stehen müßte, überdeckt von einem Fleckengemisch, Leben andeutend und doch in die Bildfläche gleichsam verebnend, die Terracotta-Farbe des ornamentalen Bildstreifens ins Rötliche verschiebend und so zwischen Leben, getroffenem Leben und Formfarbrätsel in der Schwebe sich haltend.

Und wiederum das Bild selbst im ganzen: zweigeteilt in Szenerie und ornamentierte Raumfläche. Das Szenische ist ein durchscheinendes Gewebe vor der mit den farbigen Quadraten und Streifen eines Hintergrundes und auf der einfarbig hell getönten Grundfläche. Das, was als ding- und körperhafte, im Falle der ihren Revolver präsentierenden und mit ihm zeigenden Frau fotografisch realistisches Stück der Weltwirklichkeit das Auge als auf das zentrale Titelthema auf sich zieht, erweist sich in der malerischen Ausführung als arrangiertes Schein-Szenario von filigranster Textur.

Stabil, so scheint es, bleibt alleine die ornamentierte Fläche, mit ihrem Bodenstreifen tiefenlos gleichwohl eine Raumform suggerierend, das thematische Bildgeschehen aus der Zeit und der Welt herausnehmend – wären da nicht die bedrohlichen Rätselelemente: die tote Form eines Lebewesens, das harte in seinem Schwarz den Arm markierende Quadrat und der Arm selbst, der am Körper der Frau seine Form verliert und in einer von diesem Körper abgetrennten Sichtbarkeit zum monströsen Teil einer fragmentarischen Maschinengewehrform wird: der so dabei ist, sich aus dem Körper auszugliedern und ein Eigenleben zu führen, gehalten allein durch die Richtungs- und Stützelemente der Maschinengewehr-Bildzeichen.

Man könnte nun fortfahren und die malerischen Feinheiten des Bildes hervorheben. Auch sie schaffen Formverhältnisse, mit denen Sinn erzeugt und in Formen der Bildlichkeit gebracht wird. Hier mögen wir uns aber bescheiden mit dem, was auch dem Auge des um Aufmerksamkeit bemühten Laien zugänglich ist: Es gibt einen Bildsinn, der den idiomatischen Textsinn – „I Don't Really Think About Anything Too Much" – und die individuelle Bildform ineinander verschränkt.

Die Bildformen werden, da wo es sie wie bei Revolver, Zielscheibe, Sonnenbrille und Lächeln gibt, in ihrem idiomatisch sedimentierten Sinn malerisch realisiert und im Bild plaziert. Farbigkeit, Textur, Position, Konturtreue – all dies und mehr schaffen eine eigene Grammatik der Bildlichkeit, in der die festen Grenzen begrifflicher Zuordnungen in neue Verbindungen gebracht und dabei aus ihrer angestammten Eindeutigkeit herausgeführt werden. Nicht vage Assoziationen, sondern präzise Seh- und Denkverknüpfungen werden geschaffen, werden mit diesem und genau diesem Bild geschaffen, berufen sich nicht auf vorab festgelegte Regeln, folgen keinem wo auch immer geltenden Kanon, sondern erzeugen in diesem und genau diesem Bild ein individuelles Arrangement, eine – wie Max Imdahl zu sagen pflegte – planimetrische Konfiguration[22] und ein darin realisiertes koloristisches System. Dieses tritt als ein – jetzt mit einer Formulierung Max Webers – „historisches Individuum"[23] auf und fordert damit auch von uns eine individuelle Seharbeit ein, um sich in seiner eigenen Individualität zeigen zu können.

Ohne diese Seharbeit allerdings kann auch Polkes Bild in eine fugenlose Identität zu seinem Titel als bloßes Bildzeichen gelesen werden. So jedenfalls der Blick einer Tageszeitung, den sie in ihrem Bericht über die Polke-Ausstellung in der Londoner Tate Gallery festhält. Bündig und knapp heißt es dort: „I don't Really Think About Anything too Much' [...] zeigt einen grinsenden Revolvermann vor einer Zielscheibe in Form einer menschlichen Silhouette."[24]

Wo sich der Blick des Betrachters dagegen einläßt auf die individuelle Konfiguration des Bildes und damit auf eine bildliche Sinndimen-

---

22 Max Imdahl hat in vielen Arbeiten die planimetrische Bildkomposition, d. i. die Darstellung räumlicher Sichten in einer bestimmten Perspektive durch eine figurative Ordnung auf der Bildfläche, an Beispielen analysiert. Exemplarisch genannt seien hier nur die beiden Aufsätze „Überlegungen zur Identität des Bildes" und „Kontingenz – Komposition – Providenz" und „Zur Anschauung eines Bildes von Giotto". Beide Aufsätze in: Max Imdahl, *Reflexion, Theorie, Methode* (Gesammelte Schriften, Bd. 3), Frankfurt a. M. 1996, S. 381-423, 464-500.

23 Max Weber, „Die ‚Objektivität' sozialwissenschaftlicher und sozialpolitischer Erkenntnis" (1904), in: ders., *Gesammelte Aufsätze zur Wissenschaftslehre*, 3. Aufl., Tübingen 1968, S. 178.

24 Der Bericht (*Tiroler Tageszeitung* vom 2. Oktober 2003) bezieht sich auf eine Meldung der Austria Presse Agentur (APA).

sionierung und -verschränkung, da wird das Sehen zu einem Prozeß, in dem Ereignisse der Formwerdung Sichten entstehen lassen. Diese Sichten ergeben sich in unverhofften Seh-Ereignissen, treten auf als Augenblicke einer vieldimensionalen Formwahrnehmung. Durch ihre Verschränkung von sprachlichen und bildlichen Sinnmomenten treiben sie uns zu konkreten Fragen, zur Auflösung der mitgebrachten Erwartungen und Gewißheiten und zur gleichzeitigen Konkretisierung neuer Blickwinkel, denen die Bildlichkeit des Bildes so etwas wie eine Probe zur Versinnlichung anbietet.

Eben dies ist die Rolle der Kunst in der Welt der Bildzeichen: Sie, diese Bildzeichen, werden ins Bild gebannt – mit dem Bannzauber der gelingenden Form. Es ist schon wahr: Diese Transfiguration, dieser Bildzauber schafft die Bildzeichen nicht ab. Aber warum auch? Ändert sich doch unser Blick auf sie. Die Bildzeichen, durch die Bilder der Kunst betrachtet, bleiben nicht mehr nur ein Anspülen von Bildreizen. Die Bildreize werden dadurch in eine Anregung des Sehens verwandelt: zu einem Sehen, das durch die Kunstbilder hindurch das visuelle Theater einer logo- und emblemfixierten Welt als Material einer souveränen Sicht zu nutzen versteht. Diese Sicht läßt sich nicht bewirtschaften. Sie nimmt das gebotene Spektakel zur Kenntnis, genießt es manchmal auch und kann dabei jedenfalls ihre Freiheit bewahren.

Artur R. Boelderl

Experimentelle Bild-Gewalt.
Mystik und Medien im 20. Jahrhundert

> ... zur scheinbaren Unordnung meiner Gedanken habe ich zwar den Schlüssel, aber keine Zeit, ihn zu benutzen.
>
> Georges Bataille (IE, 60)

Dem Titel meines Beitrags kann ich hier nicht näher treten, als es mir, der ich kein Bild- und/oder Medientheoretiker bin, mit meinen Kenntnissen eben möglich sein wird. Indem ich mich als Philosoph und Kulturwissenschaftler im wesentlichen an jenen Autor halte, mit dessen Werk ich mich in den letzten Jahren mehr nolens als volens immer wieder eingehend beschäftigt habe, nämlich Georges Bataille (1897-1962), bemühe ich mich, gleichsam a priori auch sicherzustellen, daß die im Beitragstitel hervorstechenden Aspekte der Gewalt, der Bildlichkeit und des Experiments entsprechende Berücksichtigung finden, während der Aspekt der Medialität oder der Vermittlung von Bildern (der Gewalt) in den Hintergrund treten muß und nur eine untergeordnete Rolle spielen wird.

Zum Einstieg – und im Wege der Einlösung des soeben gegebenen Versprechens – jene Bilder, um die meine Ausführungen in der Folge kreisen werden:

Die chinesische Folter [Die Hinrichtung Fu-tschu-lis / Tod durch Leng-Tsch'e (Folter der hundert Teile)] (1905), aus: Bataille, Die Tränen des Eros (frz. Orig. 1961)

(2a-c) Chen Chieh-jen, Stills aus dem Film *Lingchi: Echoes of a Historical Photograph* (2002)

Das in dieser Auswahl zweifellos verstörendste Bild, die Fotografie der Hinrichtung Fu-tschu-lis, eines mutmaßlichen Räuberhäuptlings, welche durch Leng-Tsch'e erfolgte, also durch Zerschneiden des Verurteilten in hundert Teile, findet sich im letzten zu seinen Lebzeiten veröffentlichten Werk Georges Batailles, den *Tränen des Eros* aus 1961, wiedergegeben. Um den Stellenwert dieses Bildes im Denken Batailles – und damit die Bedeutung experimenteller Bild-Gewalt für diesen Autor – zu verdeutlichen, will ich in einem ersten Schritt einen knappen Überblick über dessen theoretischen Kontext geben, bevor ich in einem zweiten, kürzeren Schritt zwar immer noch von Bataille her, aber etwas allgemeiner auf den Themenkomplex Bild/Gewalt eingehe.

I.

„Ich verstehe unter *innerer Erfahrung* das, was man gewöhnlich *mystische Erfahrung* nennt", schreibt Bataille im Wege einer quasi-terminologischen Selbsterklärung zu Beginn seines großen einschlägigen Werkes *Die innere Erfahrung* (frz. Orig. 1954, dt. 1999), und er fügt, nachdem er die äußere Erscheinungsform dieser intim genannten Erfahrung als „Zustände der Ekstase, der Verzückung oder wenigstens einer meditativen Gemütsbewegung" präzisiert hat, auch noch dies hinzu: „Aber ich denke weniger an die *glaubensmäßige* Erfahrung, an die man sich bisher halten mußte, als an eine entblößte Erfahrung, die selbst ihrer Herkunft nach von Bindungen an einen beliebigen Glauben frei ist. Darum liebe ich das Wort *Mystik* nicht."[1]

Wohlgemerkt: Bataille diskreditiert die glaubensmäßige Erfahrung, wie er sie nennt, nicht, sondern erkennt sie ausdrücklich als eine Erscheinungsform der inneren Erfahrung an, wie sie innerhalb der jüdisch-christlichen und auch außereuropäischen religiösen Traditionen, die man für gewöhnlich unter dem Containerbegriff ‚Mystik' zusammenfaßt, gelebt und ausführlich beschrieben worden ist. Es kommt ihm jedoch offenbar darauf an, neben dieser mystischen Erfahrung – oder vielmehr unter ihr – eine sie ermöglichende oder jedenfalls tragende innere Erfahrung freizulegen, die nicht schon ihrerseits mystisch (und das heißt für Bataille eo ipso religiös) wäre: eine Erfahrung, die er just deswegen die innere (mitunter auch intime) nennt, weil es sich um eine ‚entblößte' handelt, eine nach außen gekehrte (also gerade das Gegenteil dessen, was man alltagssprachlich unter ‚innere Erfahrung', ‚Intimität' oder dergleichen verstehen würde – ein Umstand, den, was nur zu leicht geschieht, zunächst zu übersehen einen tröstlicherweise immerhin in die Gesellschaft von niemand Geringerem als Sartre bringt, der Bataille einen ‚neuen Mystiker' nannte). Batailles Intuition dieser entscheidenden, wenngleich subtilen Differenz zwischen ‚mystischer' und ‚innerer Erfahrung' trifft sich interessanterweise weitgehend mit jener Unterscheidung, die der nicht gerade als Batailleaffin bekannte Ernst Tugendhat in seinem Vortrag *Die anthropologischen Wurzeln der Mystik* aus Anlaß der Verleihung des Meister-Eckhart-Preises 2005 getroffen hat. Darin trennt Tugendhat Religion und Mystik begrifflich dadurch, daß er ersterer zwar den Status eines anthropologisch verankerten *Bedürfnisses* zuweist (welches seinerseits eine anthropologische Konstante sei), aber nur zweitere wirklich

---

1   Georges Bataille, *Die innere Erfahrung,* München 1999 (im folgenden IE), S. 13.

anthropologisch *verwurzelt* wissen will.[2] Damit soll, so Tugendhat,
„nicht gesagt sein, daß sich alle Menschen als Mystiker verstehen müß-
ten. Gemeint ist lediglich, daß bei der Mystik im Gegensatz zur Religion die entsprechende Haltung eine reale Möglichkeit ist, die sich aus
dem Menschsein selbst ergibt und keinen Rückgriff auf Offenbarung
oder Tradition erfordert"[3]; jeder solche Rückgriff sei der Mystik
„eigentlich fremd"[4] und habe seinen Grund lediglich in einer historischen „Vermischung [der Mystik] mit der Religion"[5]. Während
Tugendhat in der Folge dieses sein Mystikverständnis freilich anders
charakterisiert als Bataille, scheint es mir gleichwohl von Belang fest-
zustellen, daß die begriffliche Abgrenzung erstens beiden Autoren ein
Anliegen ist und zweitens mit durchaus vergleichbaren Gründen argu-
mentiert wird. Wo Tugendhat die Mystik als anthropologisch verankert
von der Religion als lediglich historisch kontingent unterscheidet (so
zwar, daß die Religion eine in ihrer Gültigkeit zeitlich begrenzte Antwort – im Sinne einer bloßen Bedürfnisbefriedigung – auf ein ungleich
tiefer sitzendes anthropologisches Merkmal darstellt), liegt Bataille
daran, seine innere Erfahrung von der glaubensmäßigen, vulgo mystischen Erfahrung zu unterscheiden: Wo erstere grundlegend und in diesem Sinne frei sei, begebe sich letztere sozusagen schutzsuchend in
bestimmte lehrmäßige Abhängigkeiten. Die innere Erfahrung, so
Bataille, ist so intim, daß sie – siehe Tugendhats Rede von der anthropologischen Verankerung – unverlierbar ist, so sehr ‚innen', daß sie
nicht einmal ‚meine' genannt werden darf (weshalb ich sie auch nicht
verlieren kann), zumal dieses Ich, dieses Mein, wie gerade die innere
Erfahrung lehrt, in nichts besteht als in der ‚Revolte' gegen dieses Ich,
dieses Mein: Sie lehrt, „nichts von dem zu akzeptieren, was er [sc. der
Mensch] ist, außer das Jenseits dessen anzustreben, was er ist. Dieses
Wesen, das ich bin, ist Revolte des Wesens, ist die unbestimmte
Begierde: Gott war es nur für eine Etappe …"[6] Was Tugendhat Mystik
nennt und gegenüber der Religion abgrenzt, nennt Bataille „innere
Erfahrung" und grenzt es gegenüber der Mystik ab, oder präziser: Das
Maß des Abstandes zwischen Mystik und Religion bei Tugendhat ent-

---

2   Vgl. Ernst Tugendhat, „Die anthropologischen Wurzeln der Mystik", in: *Information
    Philosophie* 2/2006, S. 7-17, S. 9.
3   Ebd., S. 9 f.
4   Ebd., S. 10.
5   Ebd.
6   Georges Bataille, *Sur Nietzsche* (Œuvres complètes, Bd. VI), S. 202. Zit. nach Bernd
    Mattheus, *Georges Bataille. Eine Thanatographie*, Bd. II, München 1988, S. 93 (Her-
    vorh. i. O.). Vgl. auch Peter Wiechens, *Bataille zur Einführung*, Hamburg 1995, S. 17 f.

spricht dem Maß des Abstandes zwischen ‚innerer Erfahrung‘ und Mystik bei Bataille.

Batailles großangelegtes Projekt einer Atheologie weist somit eingestandenermaßen zahlreiche Bezugspunkte zum Diskurs der negativen oder vielmehr apophatischen Theologie auf, ohne diesen jedoch einfachhin zu prolongieren oder gar zu erneuern. In einer Knappheit, deren Ungebührlichkeit nur durch den Hinweis auf den mangelnden Raum für eine ausführlichere Schilderung des gesamten, von Bataille aufgerufenen Problemkreises entschuldigt werden kann,[7] ließe sich sagen, daß jede Theologie ‚nach dem Tode Gottes‘ nicht anders denn atheologisch sein kann, insofern sie diesem Rechnung tragen muß und also nicht einfach Theologie sein kann. Die Mystik ist für Bataille von sich aus gleichsam eine bereits historische Erscheinungsweise eines im beschriebenen Sinn atheologischen Diskurses, einer Erfahrung, die die Grenzen der Theologie von innen aufsprengt – von einem ‚Innen‘ aber, das keinerlei Innerlichkeit im traditionellen, psychologisch-psychologisierenden Verständnis meint, sondern die der für dieses grundlegenden Dichotomie zwischen ‚innen‘ und ‚außen‘ voraufgegangen sein wird.

Der Schlüssel zu Batailles Atheologie liegt in seinem von Nietzsche beeinflußten Konzept der Souveränität, welche ihrerseits in einem „ÜberdenMenschenhinausgehen" (Eugen Fink) des Menschen besteht, dessen Möglichkeitsbedingung in der – auch von den zeitweiligen Weggefährten Batailles, den Surrealisten[8], in ihren Kunstwerken und Manifesten evozierten – Selbstaufgabe dieser Bindung des Subjekts an sich selbst liege, wie sie sich vor allem in den Grenzerfahrungen der Sexualität und des Todes, in Fest, Rausch und Orgie, aber eben auch in Marter, Leid und Agonie exemplarisch zeige. Die Extreme der beschriebenen Selbstaufgabe der Bindung des Subjekts an sich selbst – Extreme freilich, die, wie man Bataille kritisch entgegenhalten muß, den Teil des ‚Selbst‘ im Kompositum ‚Selbst-Aufgabe‘ mitunter sträf-

---

7 Vgl. dazu ein wenig ausführlicher Artur R. Boelderl, *Georges Bataille. Über Gottes-Verschwendung und andere Kopflosigkeiten*, Berlin 2005.

8 Dies wird deutlich etwa aus einer Bemerkung Batailles in seinem Aufsatz über Jean Genet, in dem er – André Bretons *Manifeste des Surrealismus* zitierend – schreibt: „… sein [Genets] Streben [ist] auf jenen Punkt gerichtet, den Breton in einer der besten Annäherungen an die Souveränität als den definierte, ‚von dem aus Leben und Tod, Reales und Imaginäres, Vergangenes und Zukünftiges, Mitteilbares und Nicht-Mitteilbares, Oben und Unten nicht mehr als widersprüchlich empfunden werden‘ …" (Georges Bataille, „Genet", in: ders., *Die Literatur und das Böse*, München 1987, S. 151-185, S. 185). – Die von Bataille zitierte Passage findet sich in: André Breton, *Die Manifeste des Surrealismus*, Reinbek bei Hamburg 1968, S. 55.

lich ignorieren – sind es denn auch, die Bataille vor diesem seinem theoretischen Hintergrund zeit seines Lebens auf durchaus obsessiv zu nennende Weise beschäftigt haben, sei es in seiner Existenz als Schriftsteller und Verfasser meist anonym bzw. pseudonym erschienener erotisch-pornographischer Romane, sei es in seiner philosophischen Entwicklung. So trug er etwa die erwähnte, ihm bereits im Jahr 1926 von seinem damaligen Analytiker Adrien Borel geschenkte Fotografie der eingangs gezeigten Verstümmelung des Fu-tschu-li stets bei sich und verwendete sie nach eigenem Bekunden als „Meditationsstütze". Während es müßig ist, gleichsam vulgär-psychoanalytisch über die Frage zu spekulieren, wieweit Bataille in seinem Denken wie in seinem Leben eigene Obsessionen erinnert, wiederholt und durchgearbeitet habe, steht auf der Ebene, auf der wir uns ihm nur verantwortbar nähern können – der philosophischen nämlich –, eines außer Frage: Bilder wie dasjenige der chinesischen Folter (und andere, die Bataille vor allem im erwähnten Spätwerk *Die Tränen des Eros* zusammengetragen hat) stehen bei ihm für die Allgegenwart des Zusammenhangs von Souveränität und Gewalt, den er als grundlegend für menschliche Erfahrung erkannte. „Die Sujets der Abbildungen sind Nacktheit, Entblößung, Erotik, Tod, ekstatische Zustände, Gewaltsamkeit usf., all jene Elemente, die Bataille in den philosophisch-anthropologischen Diskurs hineinholt und […] dem Denken aussetzt, der sich einheitlich wähnenden Vernunft, einem Bewußtsein, welches mit der Gewalt seines Ausgeschlossenen in Berührung zu treten gezwungen wird."[9]

Während es zutrifft, daß *Die Tränen des Eros* im Kontext der Schriften Batailles in der Tat eine „Akzentverschiebung"[10] bringt, insofern darin der „sprachliche Gestus zurückgenommen [ist] und dem Überborden visueller Eindrücke Platz [macht]",[11] kann diese Feststellung den Kenner von Batailles Denken doch nicht überraschen und markiert auch keine Neuerung oder Entwicklung desselben, spielen doch Bilder und Nicht-Diskursives darin von Anfang an eine mindestens ebenso entscheidende Rolle wie sprachphilosophische Überlegungen. Es spricht sogar vieles dafür, den Übergang vom Text zum Bild und vice versa als eine für Batailles Denken inhaltlich höchst relevante textuelle Strategie dieses Autors anzuerkennen – wobei der konkreten Verlaufsrichtung dieser Bewegung nur nachgeordnete Bedeutung zukommt.

---

9 Lars Steinmann, Besprechung der 3. Auflage (2005) von *Die Tränen des Eros*, in: *Marburger Forum. Beiträge zur geistigen Situation der Gegenwart* 7.3 (2006), [http://www.philosophia-online.de/mafo/heft2006-3/Stei_Er.htm.]
10 Ebd.
11 Ebd.

Was Bataille an Bildern der Gewalt (im doppelten Verständnis, das der Genitiv zuläßt: Bilder, die Gewalt als Gegenstand haben, und Bilder, die sozusagen mit Gewalt vermittelt werden – man denke an die Bilderflut an öffentlichen Plätzen der westlichen Welt einerseits, an bestimmte Techniken der medialen Aufbereitung von Bildern [rasante Schnittfolgen z. B. wie in Videoclips und Actionfilmen] andererseits) so fasziniert hat, und zwar ungeachtet der Frage, ob es sich nun um Bilder im Wortsinn wie die Fotografie der chinesischen Folter handelt oder deren textuelle Paraphrase bzw. schriftlich-meditative Periphrase (in seinen Texten ist das Bild ja schon lange präsent, bevor er es uns letztlich, am Ende seines Lebens und Werks, im Wortsinn „zeigt"), war ihre Tendenz zum Extrem, das „inständige Flehen"[12] des Menschen, das sie auf vielfältige, durchaus unterschiedliche Weise zum Ausdruck bringen (wobei Bataille keinerlei Bild-Kritik im Sinne der modernen Medientheorie seit Roland Barthes und anderen vertraut war, wie man ebenfalls kritisch anmerken muß). Dieses „inständige Flehen" oder mehr noch, das Angewiesensein der Kreatur auf es, das einem beizeiten die Hybris angesichts der eigenen menschlichen Fähigkeiten raubt und so einem so desillusionierten wie befreienden Lachen über sich selbst Platz macht, gründet einerseits in der abgrundtiefen Zerrissenheit des Subjekts (einer Zerrissenheit, freudianisch ausgedrückt, zwischen Primär- und Sekundärprozeß, zwischen Begehren und Vernunft, unbewußt und bewußt oder, wie Bataille selbst sagt, zwischen Kontinuität und Diskontinuität) und ist andererseits aber zugleich die Möglichkeitsbedingung der Souveränität, die Bataille definiert als „die Fähigkeit, sich unbekümmert um

---

12 Georges Bataille, *L'expérience intérieure*, Paris 1967, S. 71, dt. *Die innere Erfahrung*, München 1999, S. 64: „Hegel, denke ich, rührte an das Extrem. Er war noch jung und glaubte, verrückt zu werden. Ich denke mir sogar, daß er das System ausarbeitete, um dem zu entkommen (jede Art von Errungenschaft ist mit Sicherheit die Leistung eines einer Bedrohung entfliehenden Menschen). Am Ende erreicht Hegel die *Befriedigung*; er kehrt dem Extrem den Rücken. *Das inständige Flehen (supplication) ist in ihm gestorben.* Daß man das Heil sucht, geht noch an; man bleibt am Leben, man kann nicht sicher sein, man muß weiter flehen. Hegel indes gewann das Heil zu seinen Lebzeiten, tötete das inständige Flehen und *verstümmelte sich.* Es blieb von ihm nichts übrig als ein Spatenstiel, ein moderner Mensch. Aber bevor er sich verstümmelte, hat er freilich das Extrem berührt und das inständige Flehen erfahren: seine Erinnerung führt ihn an den erblickten Abgrund zurück, um ihn zu *annulieren.* Das System ist die Annullierung." – Die Textwiedergabe hier hält die Balance zwischen der Übersetzung von Gerd Bergfleth in der deutschen Ausgabe der *Inneren Erfahrung* und derjenigen des Übersetzers von Derridas „Von der beschränkten zur allgemeinen Ökonomie", Rodolphe Gasché, der Derridas Zitat der nämlichen Bataille-Stelle ebenfalls auf deutsch bringt; siehe Jacques Derrida, *Die Schrift und die Differenz*, 2. Aufl., Frankfurt a. M. 1985, S. 380-421, S. 383, Fn. 9.

den Tod über die Gesetze zu erheben, die die Erhaltung des Lebens gewährleisten"[13].

> Die vom Menschen unaufhörlich angestrebte Souveränität war niemals erreichbar, und es gibt keinen Grund zur Annahme, daß sie es würde. Nach der fraglichen Souveränität können wir trachten […], so der Augenblick es will, ohne daß eine vernunftbestimmte Bemühung wie die um unser Überleben vermöchte, uns ihr näher zu bringen. Niemals können wir souverän *sein*, doch wir unterscheiden zwischen den Momenten, in denen das Glück uns hold ist und uns göttlich mit dem flüchtigen Licht der Kommunikation erleuchtet, und jenen unglücklichen Momenten, in denen uns der Gedanke der Souveränität dazu treibt, sie wie ein Gut besitzen zu wollen.[14]

Der Souveränität des Menschen, die sich als solche erst nach dem geschichtlichen Ereignis des ‚Todes Gottes' zeigen kann, bleibt somit unweigerlich ein Moment der Gewalt eingeschrieben, insofern sie nicht, wie die Aufklärung sich erträumt hat, von der Seite eines (immer umfassenderen, immer profunderen) Wissens zu erwarten ist, sondern einen *Zufall* im wortwörtlichen Sinne meint,[15] dasjenige nämlich, was dem Menschen im Stande seines aller Wissenschaft zum Trotz abgrundtiefen Nichtwissens zufällt – sowohl an höchster Glückseligkeit, wie in den raren Augenblicken der erotischen Begegnung (oder der mystischen Verzückung), als auch an Leid, wie im Opfer oder der Marter. Erst durch dieses Moment der Gewalt aber wird ermöglicht oder vielmehr wieder ermöglicht, wofür die Religion in archaischen Zeiten noch ein tief empfundenes Bewußtsein bewahrt habe, das im Zuge der Geschichte der Religionen verloren gegangen sei: Kommunikation. In der *Inneren Erfahrung*, ohne uns das Bild zu zeigen, sondern nachdem er uns lediglich dessen Gegenstand beschrieben hat, führt Bataille aus:

> Den jungen und verführerischen Chinesen …, der der Arbeit des Henkers ausgeliefert ist, liebte ich mit einer Liebe, an der der sadistische Instinkt keinen Teil hatte: er kommunizierte mir seinen Schmerz oder vielmehr das Übermaß seines Schmerzes, und das war gerade das, was ich suchte, nicht um es zu genießen, sondern um in mir zu ruinieren, was sich dem Ruin entgegenstellt. (IE 168)

Worauf es ankommt, ist, wie Bataille an anderer Stelle, wo er m. W. zum ersten Mal und ohne sie näher auszuweisen, von der Fotografie und ihrer

---

13 Bataille, „Genet" (wie Anm. 8), S. 163.
14 Ebd., S. 174, Hervorh. i. O.
15 Vgl. Bataille, *Die Freundschaft*, München 2002, S. 121.

Wirkung auf ihn schreibt (in *Le coupable/L'amitié* 1944, dt. *Die Freund-schaft* 2002, im folgenden F) „die Unmöglichkeit der Gleichgültigkeit" (F 46) angesichts des Extrems der Gewalt – eine Störung der Gleichgül-tigkeit, die aber nicht mit der natürlichen Regung zur Empörung gegenü-ber dem „Übermaß der Graumsamkeit ... von Menschen oder ... des Geschicks" (IE 168) abgetan ist, sondern für Bataille weitaus tiefer reicht, tiefer auch als bis zur Aufstachelung eines politischen Bewußtseins im Sinne eines Handelns mit dem Ziel der Abschaffung solcher gewaltsamer Praktiken (wohl jene Ebene, auf der Sartre bereits – aus Batailles Sicht zu früh – halt macht mit seiner Philosophie). Die in derartigen Bildern repräsentierte und von ihnen zugleich ausgehende „Entstellung der gewöhnlichen Ordnung" (F 46) initiiert eine mit den Mitteln der Ver-nunft nicht bewältigbare und den Geist wie das diskursive Denken (und die Sprache) damit zerrüttende „Rückkehr zur ‚beweglichen, fragmen-tierten, ungreifbaren Realität'" (ebd.) – eine „Rückkehr", die sich als Ekstase äußert (vgl. ebd.): „Schwieriger [nämlich als die Empörung ange-sichts des Schreckens] ist es, sich zu sagen: was in mir weint und ver-dammt, das ist mein Bedürfnis, in Ruhe zu schlafen, meine Wut, gestört zu werden. Die Exzesse sind die plötzlich hervortretenden Anzeichen dessen, was die Welt in ihrer Souveränität ist" (IE 168f.).

Gewalt und Kommunikation hängen – und das ist wohl die für unse-ren heutigen Kontext maßgebliche Dimension des Batailleschen Den-kens, deren medientheoretische Konsequenz es gesondert zu ergrün-den gälte – unauflöslich zusammen. Grenzüberschreitungen nach oben wie nach unten sind für Bataille Vorbedingungen echter Kommunika-tion in dem Sinn, daß durch sie und in ihnen die Diskontinuität, in der das Subjekt jeweils für sich lebt, aufgehoben, ja zerstört wird; was sich da kommuniziert, sind freilich keine irgendwie angebbaren Inhalte, sondern ist – das nackte Sein selbst, das entblößte Sein, die ‚innere' Erfahrung. „Was ‚kommuniziert' wird zwischen diesem Punkt [sc. dem „Objekt in der Erfahrung als Projektion eines dramatischen Selbstver-lusts"; IE 164] und einem Wesen [sc. dem sich in der Betrachtung des Punkts ekstatisch verlierenden Subjekt; vgl. ebd.] ... ist ein aufleuch-tender Verlust." (F 50) „Auflösung, Zerstörung, Gewalt und Tod kön-nen daher als Medium der Kommunikation und Verständigung zwi-schen den vereinzelten Menschen aufgefaßt werden",[16] erläutert Peter Wiechens diesen Denkgestus Batailles und fügt hinzu: „[I]n einem übertragenen Sinne lassen sie sich sogar als eine Sprachform interpre-tieren, die weitaus effektiver, aber auch weitaus gefährlicher ist als

---

16 Wiechens, *Bataille zur Einführung* (wie Anm. 6), S. 91.

gewöhnliche Formen der Verständigung."[17] Ohne Zweifel ist das Bild dieser Sprachform näher als das diskursive Denken, auf welches es gleichwohl verwiesen bleibt, und sei es als negiertes – es gehört Souveränität im Batailleschen Sinn dazu, auf das diskursive Denken und damit auf das Wissen zu verzichten (vom einen zum anderen überzugehen) zugunsten des abgrundtiefen Nichtwissens und der Angst, welche nicht erst der Tod, sondern die Existenz als solche bereits repräsentiert. In gewisser Weise nämlich, so Bataille, ist nicht erst der Tod, sondern das Leben selbst bereits am Ursprung der Angst und Urgrund damit jener Erfahrung, die uns bis aufs reine Sein entblößt. „[D]ie Existenz [ist] *Kommunikation*" (IE 139, Herv. i. O.). Was sich kommuniziert, „[w]enn der Vorhang der Scheinbarkeiten zerreißt" (F 46), ist unsere Existenz oder vielmehr deren Chance – sind wir doch selbst zuerst ein solches Produkt des Zufalls, von dem oben die Rede war: Gegenstand eines abgrundtiefen Nichtwissens eher denn eines absoluten Wissens. Emblem dieses Nichtwissens ist, wie ausgerechnet Bataille, der „Thanatologe", uns belehrt, ungleich mehr die Geburt, *meine* Geburt, die Geburt *dieses* Subjekts, denn der Tod des einmal geborenen Subjekts. Letzterer entbehrt vielmehr gerade jener radikalen Kontingenz und Offenheit, die die Geburt kennzeichnen (das ist die erste – kürzere – Stelle): „Ich bemerke die Unsicherheit [auch: Widerruflichkeit] des Seins in mir. Nicht diese klassische Unsicherheit, die auf der Notwendigkeit zu sterben beruht, sondern eine neue, tiefere, die auf der geringen Aussicht beruht, die ich hatte, (überhaupt) geboren zu werden."[18] Und, gleichsinnig, aber ausführlicher:

---

17 Ebd.

18 Georges Bataille, *Œuvres complètes*, Bd. VI, S. 444: „J'aperçois la *précarité* de l'être en moi. Non cette précarité classique fondée sur la *nécessité* de mourir, mais une nouvelle, plus profonde, fondée sur le peu de chances que j'avais de *naître*." Hier zitiert nach Peter Bürger, *Das Verschwinden des Subjekts. Eine Geschichte der Subjektivität von Montaigne bis Barthes*, Frankfurt a. M. 1998, S. 156 (Übers. modifiziert). Bürger kommentiert diese Stelle seinerseits so: „Zwar vermag er (sc. Bataille) die Einheit des Ich (‚l'unité intime dont j'ai l'expérience'; OC VI, S. 444) nicht zu leugnen, denn andernfalls könnte er nicht von Erfahrung sprechen; aber er begreift das Ich nicht als Grundlage allen möglichen Wissens, sondern als Resultat einer unendlichen Zahl von Zufällen. Hat doch die Geburt eines unverwechselbaren Einzelwesens nicht nur die Begegnung seiner Eltern zur Voraussetzung, sondern auch das viel unwahrscheinlichere Zusammentreffen der Zellen, aus denen es und kein anderes entstanden ist." (Ebd.) – Ähnliches war im übrigen Hume schon 1757 aufgefallen: „Ich für meinen Teil finde, daß ich meine Geburt einer langen Kette von Ursachen verdanke, von denen viele auf den absichtlichen [lies: willkürlichen] Handlungen von Menschen beruhten." [David Hume, „Über Selbstmord", in: ders., *Die Naturgeschichte der Religion. Über Aberglaube und Schwärmerei. Über die Unsterblichkeit der Seele. Über Selbstmord* (Philosophische Bibliothek, Bd. 341), 2. Aufl., Hamburg 2000, 89-99, hier 96].

Ich existiere – um mich herum dehnt sich die Leere, die Dunkelheit der *realen* Welt –, ich existiere, ich verharre blind und in Angst: jeder der anderen ist ganz anders als ich, ich spüre nichts von dem, was er spürt. Wenn ich mein Auf-die-Welt-Kommen ins Auge fasse – gebunden an die Geburt eines Mannes und einer Frau, und dann an ihre Vereinigung, sogar an den Augenblick der Vereinigung –, entschied eine einzigartige Chance über die Möglichkeit dieses *Ichs*, das ich bin: in letzter Instanz die irre Unwahrscheinlichkeit dieses einzigen Wesens, ohne das *für mich* nichts vorhanden wäre. Die kleinste Abweichung in der Abfolge, deren Schluß-punkt ich bin, und anstelle des *Ichs*, das begierig ist, ein Ich zu sein, gäbe es, was *mich* betrifft, nur das Nichts, gleich als ob ich tot wäre.
Diese unendliche Unwahrscheinlichkeit, aus der ich komme, ist unterhalb von mir wie eine Leere: meine Anwesenheit oberhalb dieser Leere ist so etwas wie die Ausübung einer zerbrechlichen Macht, gleich als ob diese Leere die Herausforderung verlangte, die *ich* ihr entgegenbringe, ich, das heißt die unendliche, schmerzliche Unwahrscheinlichkeit des unersetzli-chen Wesens, das ich bin.
In der Verlassenheit, in der ich verloren bin, ist die empirische Erkenntnis meiner Ähnlichkeit mit anderen gleichgültig, denn das Wesen des Ichs besteht darin, daß nichts es jemals ersetzen kann: das Gefühl meiner fun-damentalen Unwahrscheinlichkeit macht meine Situation in der Welt aus ... (IE 97 f., kursiv i. O.)

Was Bataille „innere Erfahrung" nennt, ist hier präzise angegeben: das in seinen unterschiedlichen Erscheinungsformen jeweils gewaltsame Zerbrechen jener „zerbrechlichen Macht" des Ichs (oder zumindest die Verunmöglichung ihrer Ausübung – ein Motiv, das er im übrigen mit Levinas teilt), das Bild, das die Möglichkeit aller Bilder zerstört und die so unsagbare wie unsägliche Leere „zeigt", die „hinter" den Bildern (von uns selbst und der Welt) steckt – eine „undarstellbare Gemein-schaft" des Seins, wie Jean-Luc Nancy sie im Gefolge Batailles nennen wird, die „fundamentale Unwahrscheinlichkeit" des nackten Seins qua „klaffende[r] Bresche' zwischen dem einen und dem anderen", „Über-gehen, Kommunikation, aber nicht vom einen zum anderen" (IE 88), sondern gleichsam zwischen ihnen: zwischen uns. „Die innere Erfah-rung ist die Aufkündigung der Ruhe, sie ist das Sein ohne Aufschub" (IE 69), wohingegen „sprechen, denken, es sei denn scherzend oder ..., heißt, die Existenz zum Verschwinden zu bringen: es heißt nicht, zu sterben, sondern tot zu sein" (IE 68): „das Leben ist Verschiebung auf später, von Verschiebung zu Verschiebung ..." (Ebd.) „... verurteilt dazu, Mensch zu werden (oder mehr), muß ich jetzt (mir selbst) ster-ben, mich selbst gebären" (IE 50), denn: „Wer nicht daran ,stirbt', nur ein Mensch zu sein, wird immer nur ein Mensch sein" (IE 52). Im Sinne eines (Gedanken-)Experiments stellen sich für Bataille also, wie wir vor diesem Hintergrund sagen können, Bilder von Ekstase und Marter (seien sie textuell vermittelt oder Bilder im Wortsinn) als Indizes dessen dar, was wir mit dem Ausdruck Tugendhats als die anthropologische Wurzel der „inneren Erfahrung" begreifen können, die am Grund auch der mystischen Erfahrung liegt: das rohe Sein (Lévi-Strauss), ein „Sein ohne Aufschub", in das wir ebenso zufällig wie ungefragt geworfen sind – ein Bild der Gewalt resp. das Bild *als* Gewalt.

II.

Es liegt mir fern, die Schwierigkeiten, Unzulänglichkeiten und Inkonsistenzen, ja die Roheit des Batailleschen Zugangs zur „inneren Erfahrung" verschweigen oder bagatellisieren zu wollen. Das Spektrum der Kritikpunkte ist breit und reicht vom so peniblen wie müßigen Aufweis offensichtlicher logischer Probleme in Batailles Argumentation bis hin zum Vorwurf der Beförderung aller Vorurteile und theoretischen wie praktischen, nicht zuletzt sittlichen Verfehlungen, deren man sich schuldig machen kann – von Chauvinismus und Misogynie bis zum Orientalismus (Edward Said). Ich empfinde selbst nach wie vor das größte Unbehagen im Blick auf so manche These Batailles und ebenso im Blick auf die Art und Weise, wie er sie vorbringt. Gleichzeitig bleibt dieses Unbehagen unheimlicherweise gemischt mit einer ungebrochenen Faszination, die vom erratischen Werk dieses Autors ausgeht und die sich nicht zuletzt durch die ungeheure Tragweite bestätigt findet, welche einem Großteil von Batailles Ideen weit jenseits seiner unmittelbaren Themen nach wie vor zukommt. Am Beispiel des Problemkreises der Bildgewalt – der Gewalt im Bild bzw. des Bildes als Gewalt – will ich das im angekündigten zweiten Schritt verdeutlichen.

Bilder im Sinne der bildenden Kunst – etwa diejenigen, die Bataille in den *Tränen des Eros* versammelt – und auch diskursiv-narrative Bilder (als welche er seine literarischen Texte versteht) haben für Bataille wie Kunst insgesamt niemals „den Charakter reflexiver Wirklichkeitsverarbeitung"[19], sie dienen ihm vielmehr als Mittel zur Übersteigerung der Wirklichkeit im Sinne eines Bruchs mit deren scheinbarer Konsistenz, er begreift sie als „ästhetische Manifestation[en] der Grenzüberschreitung"[20]. Von daher ist es auch zuerst und zunächst der Bildge-

---

19 Steinmann (wie Anm. 9).
20 Ebd.

genstand selbst, auf den sich Batailles Aufmerksamkeit konzentriert und auf den er unsere Aufmerksamkeit lenkt, nicht der Urheber des Bildes noch die sozialen und/oder historischen Umstände seiner Entstehung, noch auch sein Platz in der Kunst- oder Weltgeschichte. Diesen Umstand kann man mit Recht bemängeln und Bataille zum Vorwurf machen, wie oben angedeutet; man kann es sich zweifellos auch unter den Prämissen einer avancierten Kunst- bzw. Bildtheorie nicht leisten, es bei Batailles diesbezüglicher Enthaltsamkeit oder Ignoranz bewenden zu lassen, sondern muß ihn kritisch weiterdenken, korrigieren, ergänzen usf. (Einen wichtigen Schritt in diese Richtung hat mit Bezug auf die ominöse Fotografie der Exekution des Fu-tschu-li der taiwanesische Fotokünstler Chen Chieh-jen mit seinem Film *Lingchi: Echoes of a Historical Photograph* gesetzt, in dem er etwa die Perspektive der ursprünglichen Fotografie variiert und damit den Blick vom Gemarterten auf die Szene und alle anderen an ihr Beteiligten, inklusive den unbekannten Fotografen, gelenkt hat;[21] den historischen Hintergründen bzw. Informationen über die Person des Hingerichteten ist zuletzt der französische Historiker Jérôme Bourgon nachgegangen.[22]) Diese Kritikpunkte aber einmal hintangestellt, bleibt als sachlicher Grund von Batailles Konzentration auf den Bildgegenstand in allen Fällen, von denen er uns berichtet bzw. die er uns zeigt, der Umstand, daß dieser Gegenstand etwas repräsentiert, was im Prinzip nicht repräsentierbar ist, etwas, was „die Repräsentationsfähigkeit des Bewusstseins strapaziert, überschreitet"[23]. Mit einem Vorblick auf den von Bataille immens beeinflußten Michel Foucault könnte man daher in der Fotografie von der Hinrichtung Fu-tschu-lis Batailles Pendant dazu sehen, wofür am berühmten Anfang von Foucaults *Ordnung der Dinge* das Zitat aus der von Borges in *Die analytische Sprache von John Wilkins* kolportierten (fiktiven) – und vielleicht nicht zufällig chinesischen – Enzyklopädie steht:

Auf (den) [fernen] Blättern einer gewissen chinesischen Enzyklopädie, die sich betitelt: *Himmlischer Warenschatz wohltätiger Erkenntnisse*, steht geschrieben, daß die Tiere sich wie folgt unterteilen:

---

21 Vgl. dazu v. a. Joyce C. H. Liu, *The Gaze of Revolt: Chen Chieh-Jen's historical images and his aesthetic of horror*, [http://www.srcs.nctu.edu.tw/joyceliu/mworks/mw-interart/GazeOfRevolt/GazeOfRevolt.htm].
22 Vgl. Jérôme Bourgon, *Bataille et le supplicié chinois: erreurs sur la personne*, [http://turandot.ish-lyon.cnrs.fr/Essay.php?ID=27].
23 Steinmann (wie Anm. 9).

a) dem Kaiser gehörige,
b) einbalsamierte,
c) gezähmte,
d) Milchschweine,
e) Sirenen,
f) Fabeltiere,
g) streunende Hunde,
h) in diese Einteilung aufgenommene,
i) die sich wie toll gebärden,
j) unzählbare,
k) mit feinstem Kamelhaarpinsel gezeichnete,
l) und so weiter,
m) die den Wasserkrug zerbrochen haben,
n) die von weitem wie Fliegen aussehen.

Foucault kommentiert die Logik dieser Enzyklopädie bekanntlich wie folgt: „Bei dem Erstaunen über diese Taxinomie erreicht man mit einem Sprung, was in dieser Aufzählung uns als der exotische Zauber eines anderen Denkens bezeichnet wird – die Grenze unseres Denkens: die schiere Unmöglichkeit, *das* zu denken."[24] Insofern hier nur der Logik Gewalt angetan wird, ist Foucaults Beispiel vielleicht leichter verträglich als Batailles fotografische „Meditationsstütze", deren Wirkung man mit Recht als „ästhetischen Terror"[25] beschreiben könnte, die Richtung der Argumentation ist aber unverkennbar dieselbe – es geht darum, die Vernunft dazu zu bringen, „ihre Grenzen auszumessen"[26], wie Bataille im Vorwort zu den *Tränen des Eros* sagt; der Vorteil von Batailles (sich selbst wie dem Leser gegenüber) rücksichtsloserer Wahl liegt jedoch ebenso auf der Hand: Sie läßt ungleich deutlicher den Konnex zwischen Kommunikation, Bildlichkeit (auch Foucaults Exempel kommt ja nicht ohne bildliche Vorstellungskraft aus) und Gewalt hervortreten. Eine entwicklungspsychologisch-neurologische Antwort auf die entscheidende Frage, inwiefern das Bild selbst Träger von Gewalt sein kann,[27]

---

24 Michel Foucault, *Die Ordnung der Dinge. Eine Archäologie der Humanwissenschaften*, Frankfurt a. M. 1971, 17 (kursiv i. O.).
25 Vgl. Steinmann (wie Anm. 9).
26 Georges Bataille, *Die Tränen des Eros*, München 1981, S. 22. Wenn Bataille hinzusetzt: „Diese Grenzen sind mit dem Tatbestand gegeben, daß der *Zweck* der Vernunft … zugleich eine *Überschreitung* der Vernunft beinhaltet" (ebd., kursiv i. O.), dann sind Nähe und Distanz der Batailleschen Atheologie zum kantischen Projekt der Selbstaufklärung der Vernunft gleichsam mit Händen greifbar.
27 Vgl. Friedrich Weltzien, „Das Bild als Spediteur der Gewalt. Anmerkungen zum Medium Malerei", in: *kunsttexte.de* Nr. 3 (2002), 11 S., S. 1, [http://www.kunsttexte.de/ download/kume/weltzien. PDF].

habe ich andernorts zu geben versucht;[28] die entsprechende Argumentation – Überflutung eines aufgrund seiner neokortikalen Unreife zur Herausbildung von Ich-Repräsentanzen noch völlig unfähigen Neugeborenen mit Bildern, die es eo ipso nicht bewußtseinsmäßig verarbeiten kann und die daher traumatisch (gewaltsam) wirken, bis in die Zeit nach der neokortikalen Neustrukturierung bzw. Versprachlichung des Gedächtnisses im Alter ab etwa eineinhalb Jahren – ließe sich zweifellos auch fruchtbringend zum Verständnis von Batailles Konzeption der aller bewußtseinsmäßigen Zugänglichkeit entratenden ‚inneren Erfahrung‘ heranziehen, muß aber hier zugunsten der von Bataille vorgegebenen Schwerpunktsetzung auf den Bildgegenstand vernachlässigt werden. Dabei unterscheidet Bataille in den oben teils zitierten Passagen über Bilder der Marter und des Leids nicht zwischen zwei Dimensionen bildlicher Gewalt, die analytisch gleichwohl auseinandergehalten zu werden verdienen: nämlich (1) die Darstellung von Gewalt im Sinne des Sujets eines Bildes und (2) die potentiell gewalt(tät)ige Wirkung eines Bildes, man könnte sagen: die werkästhetische versus die wirkungsästhetische Dimension. Im ersten Fall zeigt das Bild eine gewalttätige Handlung, im zweiten wird es selbst zu einer Quelle von Gewalt.[29] Beide Aspekte scheinen mir auf die Fotografie des gemarterten Chinesen ebenso zuzutreffen wie beispielsweise auf die TV-Bilder vom Anschlag des 11. September 2001, die sich in unser aller Gedächtnis eingebrannt haben. Anhand der letzteren hätte Bataille wohl seine grundlegende These von der abgrundtiefen Zufälligkeit bzw. Sinnlosigkeit der Existenz bestätigt gefunden, die er stets gegen die mystische Annahme eines Weltengrunds oder Gottes im Sinne einer tröstlichen *ultima ratio* ins Treffen geführt hat:

> Wenn das Bild einer Marter mir in die Augen fällt, kann ich mich in meinem Entsetzen davon abwenden. Wenn ich es aber betrachte, bin ich *außer mir* ... Der schreckliche Anblick einer Marter öffnet die Sphäre, in der meine persönliche Partikularität sich einschloß (auf die sie sich beschränkte), sie öffnet sie gewaltsam, reißt sie auf.
> Es folgt nicht daraus, daß ich durch den Riß Zugang erlange zu einem Jenseits, das ich mit einem vagen Terminus den „WELTENGRUND" nenne. (F 51, Herv. i. O.)

---

28 Vgl. Artur R. Boelderl, *Von Geburts wegen. Unterwegs zu einer philosophischen Natologie*, Würzburg 2006, S. 158-162, bes. S. 160.

29 Vgl. Weltzien, „Das Bild als Spediteur der Gewalt" (wie Anm. 27), S. 2. Der dritte Aspekt, den Weltzien anführt: daß die Entstehung eines Bildes sich einem Gewaltakt verdanken kann, bleibt für unseren Zusammenhang ausgespart.

Die *ultima ratio*, die äußerste Vernunft, ist die Vernunft im Zustand ihres Außer-sich-seins, die Ekstase, das Leben, das sich im Tod behauptet, letztlich *irratio* – von der aber nur die *ratio* künden kann. Bataille weist alle Bestrebungen, die in der inneren Erfahrung gegebene, subjektzersetzende Gewalt der Realität mit vernünftigen oder auch sprachlichen Mitteln zu kalmieren, sie in die Ordnung des Bewußtseins zu integrieren, als eitel zurück und besteht auf der Wirklichkeit der in Bildern körperlicher Traumata repräsentierten Fragilität und Zerrissenheit des Subjekts. Wie er in seiner Lesart der Texte von Mystikerinnen wie Angela von Foligno zu erkennen gibt, besteht die in seinem Sinn „geglückte" innere Erfahrung – jene, die zu Ekstase und Kommunikation führt –, wenn es sie denn überhaupt gibt, in einer gescheiterten mystischen Erfahrung in der Hinsicht, daß, während die mystische Versenkung mit einer Reflexion auf den Gekreuzigten (ebenfalls das Bild einer Marter, das einen Großteil der Kunstgeschichte des Abendlands geprägt hat) anhebt, um an ihr zwar als Subjekt zugrundezugehen, jedoch mit der Perspektive auf eine Vereinigung mit dem bzw. ein Eingehen in den Weltengrund, das Bild extremer Marter bei der von Bataille anvisierten inneren Erfahrung nur als Projektionsfläche dient, durch welche das Subjekt seine Selbstauflösung erfährt – sein nacktes Sein als Unwahrscheinlichkeit und Sinnlosigkeit der eigenen Existenz. Der Bataillesche Ekstatiker, so könnten wir resümieren, teilt seinen Schmerz mit niemandem, sondern in seinem Schmerz teilt er sich bzw. sein Sein anderen mit, so wie er durch den Schmerz anderer (resp. dessen Bild) deren fragile Existenz mitgeteilt bekommen hat, welcher Mitteilung sich seine Ekstase verdankt. Demgegenüber teilt eine Mystikerin wie Angela, wenn sie sich im Gekreuzigten verliert, dessen Leiden vor der dogmatischen Folie der Erlösung von demselben – hier sind Selbstverlust des Subjekts und Erlösungsgewinn der Menschheit insgesamt auf unauflösliche Weise zusammengespannt.[30] In dieser Perspektive zeigt die lange Reihe christlicher Gewaltdarstellungen in der Kunst des Abendlands für Bataille ebenso wie die Tradition der apophatischen Theologie oder Mystik zwar einerseits die Wirklichkeit der inneren Erfahrung an, kündet aber zugleich vom Zurückschrecken vor der eigentlichen Wahrheit des Seins, das mit der Vernunft auch alle religiösen Sinnangebote übersteigt und als schalen Schein desavouiert. Dabei bleibt ungeachtet allen Hangs zum Extrem in der Theorie für Bataille als Grenze bestehen, was einige historische Mystiker und Mystikerin-

---

30 Vgl. zu diesem Themenkomplex v. a. Amy Hollywood, *Sensible Ecstasy. Mysticism, Sexual Difference, and the Demands of History*, Chicago/London 2002, bes. Kap. 1 u. 2.

nen aber in ihrer Praxis sehr wohl überschritten haben: „Das Bild der Gewalt ersetzt [konkrete] Gewalt"[31], und insofern ist auch Batailles Meditation über der Fotografie der chinesischen Folter keine Annäherung an blutige rituelle Praktiken, sondern unterliegt dem psychologischen Mechanismus der Sublimation – es ist, nicht anders als bei massenmedialen Produkten wie Horror- oder Splatter-Movies (wobei man, um in Batailles zeitlichem Horizont zu bleiben, auch an Buñuel/Dalís *Chien andalou* denken könnte), unter der Prämisse einer Krise der Bildreferentialität fraglich, ob der Umstand, daß die von Bataille unhinterfragt angenommene Authentizität des Bildes als Kriterium seither durch die technische wie theoretische Fortentwicklung weiter an Bedeutung verloren hat, nicht in letzter Instanz die behauptete Radikalität der Überlegungen Batailles zu Gewalt und Tod als Katalysatoren der inneren Erfahrung doch maßgeblich relativiert.

---

31 Weltzien, „Das Bild als Spediteur der Gewalt" (wie Anm. 27), S. 3.

CAI WERNTGEN

Neuro-Iconography? Anmerkungen zum Bildkult im Zeitalter bildgebender Verfahren

Vorbemerkung: bildtheologische Lektüre der bildgebenden Verfahren der Neurowissenschaft

Nicht das Staunen markiert die Grundstimmung großer Teile der Gegenwartsphilosophie, sondern eine seltsame Mischung aus Hybris und Ohnmacht, Übertreibung und Überforderung. Das jedenfalls ist der Eindruck, der sich dem Beobachter der zeitgenössischen Philosophie aufdrängt, besonders, wenn er sich dem Rhizom der kultur- und diskurstheoretischen Fraktionen zuwendet, die sich dieser Tage in den Sedimenten des einstigen Monoliths *Philosophie* herauszubilden begonnen haben. Tatsächlich springt gerade hier ein Gestus ins Auge, den man durchaus als Tendenz zur großen, strategischen Lagebesprechung bezeichnen könnte: ein Navigieren in Hyper-Kontexten und -Konstellationen, ein Operieren in megalomanen Übersichten, Zeitfenstern, Perspektiven, in denen ganze Epochen, Kulturen, Archive und Diskurssysteme auf eine Handzahl von Koordinaten, Figuren und Muster zusammenschießen. Die interdisziplinäre Themenstellung rührt in gestischer Hinsicht offenkundig an eben diesen hyperkartographischen Puls, wenn sie einen Parcours absteckt, der nicht weniger als sechs Sonderforschungsbereiche kurzschließt: 1. *Erfahrung*, 2. *Bild*, 3. *Mystik*, 4. *Wissenschaft* und dazu 5. und 6. das doppelte *und* dazwischen, zwischen Erfahrung und Bild, zwischen Mystik und Wissenschaft.

Angesichts solcher Überforderung bleibt an dieser Stelle nur das Verfahren pragmatischer Reduktion. So werde ich versuchen, den heterogenen Mega-Komplex unserer Fragestellung durch Einführung eines operativen Analogons aufzuschlüsseln, nämlich mithilfe des byzantinischen Ikonen-Konzepts aus dem 6. Jahrhundert, den sog. *acheiropoieta*, also jenen heiligen Kult-Bildern der Spätantike, in denen sich der Legende nach die Präsenz des Heiligen und Absoluten gerade dadurch realisiert, daß sie nicht vermittelt, nicht von Menschenhand gemacht sind, sondern durch Selbstpräsentation, Selbstoffenbarung, Selbsterschaffung des Heiligen, Absoluten, Göttlichen selbst, und zwar am Subjekt als Autor und Medium vorbei. Die Tradition spricht hier vom

Werk der *unsichtbaren Hand*, vom *Bild ohne Bild*, vom *Werk ohne Werk*. Ihren charismatischen Autoritäts- und Authentizitätsnimbus reklamieren die spätantiken *acheiropoieta* durch eine Strategie der „doppelten Evidenz",[1] d. h. dadurch, daß sie das klassische Register der ikonologischen Evidenz qua Ähnlichkeit und des daran geknüpften zweistelligen metaphysischen Bild-Konzepts mit seiner mimetischen Urbild-Abbild- und Substanz-Zeichen-Dichotomie um das somatisch-mechanische Register des *Abdrucks*, also eine physiologische Evidenz erweitern. In den *acheiropoieta* soll der gordische Knoten der paradoxen Repräsentation des Heiligen – systemtheoretisch gesprochen: die Kommunikation des Inkommunikablen, die Beobachtung des Unbeobachtbaren, also das „Re-entry der Unterscheidung von Immanenz und Transzendenz in die Immanenz"[2] – durch Einführung eines zweiten, somatischen Arguments in die semiotische Bildpraxis durchschlagen sein: Das *acheiropoieton* – etwa das *Schweißtuch der Veronika* oder die Tuchreliquie *Schleier von Manoppello*, die im Jahr 2006 als Reiseziel von Papst Benedikt XVI. für Furore sorgte, oder eben das *Turiner Grabtuch*[3] – ist zugleich Bild und Index, Bild- und Kontaktmedium, Bild und heiliges Objekt-Ding alias Reliquie, Bild und Beweis. Der Idee nach direkt vom Urbild entnommen, bewahren die *acheiropoieta* buchstäblich Tuchfühlung zum Urbild, genauer: Sie postulieren eine semiotische Umstellung vom Modell der Repräsentation auf das Modell der Translatio. Übertragung geschieht hier qua direkter, unmittelbarer Berührung, durch welche sich das Zeichenfeld in ein auratisches Kraft- und Präsenzfeld magischer, charismatischer Energien verwandelt. Die *visio beatifica* als *contagio beatifica*.

Vor diesem Hintergrund des *acheiropoieta*-Mythos möchte ich im folgenden zu einem Assoziationsexperiment ansetzen, das sich als bild-theologische Lektüre der sog. funktionellen *bildgebenden Verfahren* der kognitiven Hirnforschung bezeichnen ließe. Das „Authentifizierungsmodell"[4] der *acheiropoieta* soll dabei als heuristische Folie fungieren, um jene hypertrophe Rhetorik der Authentizität aufzuschlüsseln, die in der neurologischen Bildpraxis am Werk ist, und zwar auf

---

1   Vgl. hier und im folgenden exemplarisch die herausragende Studie *Das echte Bild* von Hans Belting, in der er die Kernspur seiner wegweisenden Monographie *Bild und Kult* von 1991 noch einmal zuspitzt: Hans Belting, *Das echte Bild. Bildfragen als Glaubensfragen*, München 2005, S. 47 ff.

2   Vgl. exemplarisch Peter Fuchs, „Von der Beobachtung des Unbeobachtbaren", in: Niklas Luhmann u. Peter Fuchs, *Reden und Schweigen*, Frankfurt a. M. 1989, S. 75 ff.

3   *Frankfurter Allgemeine Zeitung* vom 3. August 2006.

4   Vgl. hier und im folgenden Volker Wortmann, *Authentisches Bild und authentisierende Form*, Köln 2003, S. 25 ff.

Produzenten- wie Rezipientenseite. Denn der rasante Aufstieg der Hirnforschung zur aktuellen Leitwissenschaft und Frontspitze innerhalb der von Frank Schirrmacher beschworenen biotechnologischen „Darwin AG"[5] verdankt sich zu einem gar nicht zu überschätzenden Teil eben jenem Evidenzeffekt, der von den Bildern ausgeht, in denen die sog. *funktionell bildgebenden Methoden* die kognitiven Leistungen im menschlichen Gehirn in vivo kartieren und die sog. „neuronalen Korrelate der kognitiven Funktionen"[6] anatomisch entziffern. Mehr noch: Wer die ebenso gebannte wie willfährige Faszination beobachtet, mit der v. a. im Kontext der massenmedialen Verwertung des neurologischen Expertenwissens – etwa im Feuilleton die mittlerweile in einem eigenen Suhrkamp-Bändchen dokumentierte Debatte um die „Willensfreiheit"[7] – durch die Bildfenster der Neuroforschung auf die „neuronalen Grundlagen unserer geistigen Leistungen"[8] blickt, der fühlt sich in der Tat an auratische, ja idolatrische Effekte und Reflexe erinnert. Das High-Tech-Labor der kognitiven Hirnforschung also als Theater eines geheimen naturwissenschaftlichen Bilderkultes? Das neurologische Sakrament der bildgebenden Verfahren? Rückkehr der totgesagten Aura auf der Spitze der Hyper-Moderne, ausgerechnet im Zyklon technologischer Bildproduktion? Neuro-Iconography? Woher aber rührt diese Authentizitäts- und Autoritätssuggestion der Neurobilder? Was ist es, das beim Rezipienten der Neurobilder den Regressions- und Naivitätsreflex auslöst, daß dieser dort, wo lediglich eine visualisierte Messung vorliegt, die in sich selbst extrem voraussetzungsreich und komplex ist, in eine präkopernikanische Substanz-Optik zurückfällt und auf den Neuroscreens „das Denken, das Fühlen, das Sehen" in realer Gegenwart"[9] zu erleben meint, und dies nahezu konsekratorisch: *Dies ist mein Denken!*, *Dies ist mein Fühlen!*, *Dies ist mein Sehen!*? Welche sirenischen Kräfte also sind hier am Werk, die derart zum „Kniefall"[10] ver-

---

5 Frank Schirrmacher, *Die Darwin AG. Wie Nanotechnologie, Biotechnologie und Computer den neuen Menschen träumen*, Köln 2001.

6 Kai Vogeley, „Neurowissenschaft", in: *Bildwissenschaft. Disziplinen, Themen, Methoden*, hg. v. Klaus Sachs-Hombach, Frankfurt a. M. 2005, S. 97 ff.

7 Christian Geyer (Hg.), *Hirnforschung und Willensfreiheit. Zur Deutung der neuesten Experimente*, Frankfurt a. M. 2004.

8 Kai Vogeley, „Neurowissenschaft" (wie Anm. 6).

9 George Steiner, *Von realer Gegenwart*, München 1998. Vgl. auch den Präsenzdiskurs, der neuerdings wieder erhoben wird – etwa Hans Ulrich Gumbrecht, *Diesseits der Hermeneutik. Die Produktion von Präsenz*, Frankfurt a. M. 2004.

10 Hegel: „Es hilft nichts, unsere Knie beugen wir nicht mehr!" – Dieses Diktum, das Hegel eigentlich auf die verlorene Aura der griechischen Götterstatuen gemünzt hatte, insofern diese in der Moderne vom Kultobjekt zum Genuß-Objekt ästhetischer Betrachtung mutiert sind, gewinnt in diesem Neurobild-Kontext neu Kontur.

führen – zur Entlastung und Entfesselung vom Mastbaum kopernikanischer Reflexivität und Komplexität?

Auf diese Fragen möchte ich eine spekulativ-assoziative Antwort
andeuten, indem ich den wirkungsästhetischen Code der *bildgebenden
Verfahren* mit Hilfe der Authentifizierungs-Rhetorik der *acheiropoieta*
ikonographisch aufschlüssele. Insgesamt könnte man vielleicht von
einer erweiterten Illustrationsübung des Bredekampschen „Disjunktionsprinzips technisch produzierter Bilder"[11] sprechen. Und zwar
erweitert in dem Sinne, daß wir mit unserem bildtheologischen Fall-
beispiel quasi die wirkungs- und rezeptionsästhetische Rückseite des
bildanalytischen Axioms ausleuchten. Wenn Bredekamp postuliert, daß
ein „Gegenstand in der Wiedergabe desto natürlicher erscheint, je stärker sein Bild konstruiert wurde"[12], dann verspricht die heuristische
Analogie zwischen der Authentizitäts-Suggestion der neurologischen
Bildgebung und der byzantinischen Bildtheologie des *Echten Bildes*
eine Komparatistik der Authentifizierungs-Strategien, die den Blick in
das komplexe, psychohistorische Kräftefeld öffnet, in dem noch die
hyper-technologische Bildpraxis und Evidenztechnik der Naturwissenschaften dieser Tage operiert. Denn der latent auratische Präsenz-
und Realitäts-Effekt, den das Neuro-Pathos unmittelbarer Datenerhe-
bung – *direkt und unmittelbar an der Synapse* – konsumiert, könnte
von weit her kommen – nämlich aus dem metaphysisch-theologischen
und ästhetischen Unbewußten der Moderne, das Hans Belting als die
eigentliche Hypothek und Herausforderung für eine Bild-Theorie der
Zukunft markiert hat.[13] Zugleich mag auf diese Weise evident werden,
daß der von Christian Geyer, dem Leiter der großen Neuro-Debatte in
der FAZ, beschworene „Streit ums menschliche Erleben"[14] an mindestens zwei Fronten stattfindet – nämlich nicht nur auf der Ebene der
Argumente, also in der sachlichen Auswertung der revolutionären
Befunde der Neurowissenschaft, sondern immer auch auf der medialen
Ebene, d. h. vor den Bildern, also auf der bildästhetischen und bildpsy-
chologischen Ebene, die den Bildbenutzer, den Betrachter ebenso

---

11 Horst Bredekamp, „Drehmomente – Merkmale und Ansprüche des iconic turn", in:
   Iconic turn. Die neue Macht der Bilder, hg. v. Christa Maar u. Hubert Burda, Köln
   2005, S. 20 ff.
12 Ebd.
13 Vgl. Belting, *Das echte Bild* (wie Anm. 1), der überhaupt die ästhetische Moderne als
   (unverstandenes) Asyl der unbewältigten Komplikationen und Komplexität versteht,
   die sich aus der christlichen Bildtheologie ergeben haben; Belting erblickt darin die
   eigentliche bildtheoretische Hypothek einer zukünftigen Bild-Theorie, die auf dem
   Niveau ihres Gegenstandes operiert – vgl. ders., *Bild-Anthropologie*, München 2001.
14 Geyer (Hg.), *Hirnforschung und Willensfreiheit* (wie Anm. 7), S. 9.

umfaßt wie den vermeintlichen Bildproduzenten, und deren Spur bis in die metaphysische Bildtheologie der Spätantike zurückreicht.

Für die folgenden Ausführungen ergibt sich daraus ein operativer Dreischritt: zunächst die bildtheologische Exposition der *acheiropoieta*-Strategie (I.), dann von dort der analogisch-metaphorische Brückenschlag in die Bild- und Evidenzfabrik der funktionellen bildgebenden Verfahren der Neuroforschung (II.) und schließlich ein abschließender Kontextwechsel ins Feld der ästhetischen Moderne: zum einen Duchamps Ready-Made-Technik und zum anderen das transdisziplinäre Projekt *The appearance of Cerebration Courtesy* des Retrogradisten und Konzeptkünstlers Adi Hoesle in Kooperation mit dem neurologischen Institut von Prof. Birbaumer in Tübingen (III.).

Sollten sich die folgenden Anmerkungen in die mittlerweile unübersehbare Karte der aktuellen wissenschafts- und kulturgeschichtlichen Bildforschung eintragen, dann wären aus inhaltlicher Sicht primär zwei Koordinaten zu nennen: zum einen *Olaf Breidbach*, der mit seinen umfangreichen Publikationen der letzten Jahre die systemische Befangenheit der Neurowissenschaftler in historischen Bild- und Vorstellungsmustern[15] erschlossen hat. Bezeichnenderweise liegt die Konsequenz für Breidbach in einer Umstellung vom „naturwissenschaftlichen Bilder-Monolog"[16] auf einen transdisziplinären Trialog mit den Künstlern und den Kunstwissenschaftlern. Und zum anderen *Hans Belting*, dessen „Bild-Anthropologie"[17] als Ort für diese transdisziplinäre Bildforschung den Menschen in den Blick nimmt – den „Menschen als Ort der Bilder". Aus verfahrenstechnischer Hinsicht wäre als Theoriepate *Benjamins Technik des „dialektischen Bildes"* anzuführen. In diesem Sinne fungiert das *acheiropoieton* durchaus als systematischer Anachronismus, der „noch nicht zur Lesbarkeit der Geschichte gelangt ist"[18], der aber im Moment seiner Erinnerung sprunghaft ein Blitz-Bild konfigu-

---

15 Vgl. etwa Olaf Breidbach, „Hirninnenweltenbilder", in: *Unsichtbares. Algorithmen als Schnittstellen zwischen Kunst und Wissenschaft*, hg. v. Barbara Könches u. Peter Weibel, Bern 2005, S. 36-63, sowie grundsätzlich ders., *Bilder des Wissens. Zur Kulturgeschichte der wissenschaftlichen Wahrnehmung*, München 2005.

16 Ebd., S. 59 ff.

17 Belting, *Bild-Anthropologie* (wie Anm. 13).

18 „Bild ist dasjenige worin das Gewesene mit dem Jetzt blitzhaft zu einer Konstellation zusammentritt. Bild ist Dialektik im Stillstand … Nur dialektische Bilder sind echt geschichtliche, d. h. nicht archaische Bilder. Das gelesene Bild, will sagen das Bild im Jetzt der Erkennbarkeit trägt im höchsten Grade den Stempel des kritischen, gefährlichen Moments, welcher allem Lesen zugrunde liegt." Vgl. Walter Benjamin, „Das Passagen-Werk", in: ders., *Gesammelte Schriften*, Bd. V, 1, Frankfurt a. M. 1982, S. 577 ff.

riert, in dem sich Vergangenheit und Gegenwart gegenseitig umorientieren, verwandeln, kritisieren können[19]. Freilich bleibt der materialistisch-messianische Aspekt der Benjaminschen Konstellationentheorie dabei neutralisiert, so daß man am Ende vielleicht doch eher von einem parallelpoetischen Exerzitium in Luhmannscher Provenienz sprechen sollte: also einer Kunst „für anspruchsvolle Theorieleistungen, die alles noch einmal anders sagt und damit die Wissenschaftssprache in die Grenzen ihres Funktionssystems zurückweist."[20]

I. „Nicht von Menschenhand gemacht" – Die byzantinische Legende der *acheiropoieta*

> Immer, lieber Herr, habe ich eine so quälende Lust, die Dinge so zu sehen, wie sie sich geben mögen, ehe sie sich mir zeigen. Sie sind da wohl schön und ruhig. Es muß so sein, denn ich höre oft Leute in dieser Weise von ihnen reden.
>
> Franz Kafka, *Beschreibung eines Kampfes*

Der Mythos der *acheiropoieta* gibt die Antwort auf eine Frage, deren Dringlichkeit heute mühsam rekonstruiert werden muß, obwohl diese Frage gleichermaßen die Hypothek wie Bedingung nicht nur der christlichen Kunst, sondern der westlich-abendländischen Ästhetik überhaupt markiert, und dies umso mehr, seit sich diese Gegenwart selbst im Zeichen eines *iconic turn* versteht. Diese Frage ist das Problem des *echten, authentischen Bildes*, das sich im Kontext des Ringens der spätantiken Theologie mit dem Problem des *Bildnisses und Antlitz Christi* erstmals stellte, also das Paradox, eine göttlich-menschliche Doppelnatur – *forma dei* + *forma hominis* – zur Darstellung zu bringen, die sich der Darstellung konstitutiv entzieht. Im großen bildpolitischen Ringen zwischen Jerusalem und Athen, zwischen mosaischem Bilderverbot und griechisch-römischer Idolatrie, zwischen Unsichtbarkeit und Sichtbarkeit erfüllt der *acheiropoieta-Mythos* gewisser-

---

19 Ebd.
20 Niklas Luhmann, *Soziologische Aufklärung*, Bd. 3, Opladen 1981. Vgl. hierzu vom Verfasser „Die kybernetische Moderne als Friedhof der Mystik – Über Cybermystiker und letzte Menschen", in: *Cybermystik*, hg. v. Luca Di Blasi, München 2006, S. 179 ff.

maßen die Funktion des tertium datur, der gesuchten „dritten Kategorie",[21] wie Hans Belting treffend formuliert. Und zwar eines tertiums in dem Sinne, daß mit ihm ein neuartiges Abbild-Versprechen auf den Plan tritt, ein Referenzmodell, das das paradoxe Skandalon trinitarischer Gleichzeitigkeit – *ganz Mensch, ganz Gott*, und das impliziert ja: zugleich sterblicher und auferstandener Körper, in der ikonoklastischen Terminologie von Kirchenvater Eusebius (260-337): zugleich „nicht darstellungswürdig und nicht darstellbar"[22] – durch die Umstellung auf ein zweites, „indexikalisches Referenzversprechen"[23] ikonographisch auffängt. Denn der so vielzitierte Triumph der bildfixierten Antike über das ikonoklastische Judentum[24] ist weniger einfach Triumph der idolatrischen Fraktion denn vielmehr subtile Ausdifferenzierung der Bildkritik, insofern sich die christliche Bild-Kunst nur zu den Bedingungen einer internalisierten, aber nunmehr apologetisch kontrollierbaren Selbst-Negation etabliert. Eben diese Selbst-Negation wird im *acheiropoieton* als „bildlosem Bild"[25] quasi prototypisch manifest, insofern sich der acheiropoietische *Evidenz- und Bildmodus*, der hier das mosaische Tabu des Gottes-Bildes bricht, eben nur als Nicht-Bild oder Gegen-Bild inszenieren kann, d. h. in direkter Abgrenzung gegen die heidnische Bilderpraxis der menschgemachten Götzenbilder. Formelhaft gesprochen: das *acheiropoieton* firmiert als bildtheologische Implementierung des paulinischen *ut non*, als Paradox gleichzeitiger Radikalisierung und Dementierung des platonisch-metaphysischen Bilddiskurses: Radikalisierung, insofern sich das Problem der platonischen *homoiosis* in der Frage nach dem *echten Bild* dramatisch zuspitzt (nicht mehr Wahrheit als Ähnlichkeit, sondern Wahrheit als Echtheit, Authentizität). Und Dementierung, insofern sich diese Zuspitzung zugleich in einem Medienwechsel oder besser: in einer Medienerweiterung vollzieht, nämlich qua Umstellung auf ein zweites semiotisches Parallel-Register, durch ein strategisches Upgrade des Bild-Mediums

---

21 Belting, *Das echte Bild* (wie Anm. 1), S. 48 ff.

22 Ebd., S. 53.

23 Wortmann, *Authentisches Bild* (wie Anm. 4), S. 222 ff.

24 Vgl. etwa Horst Bredekamp, „Bilderkult als Bildkritik", in: *Was hat uns das Christentum gebracht?*, hg. v. Richard Schröder u. Johannes Zachhuber, Münster 2003, S. 201 ff.

25 Vgl. hierzu Bernhard Uhde, „Alles Vergängliche ist nur ein Gleichnis – Des Bildlosen Bild: Religion als Grenzüberschreitung", in: *Jahrbuch für Religionsphilosophie 2004*, hg. v. Markus Enders, Frankfurt a. M. 2004, S. 205 ff. – Dies ist eben auch die Formel, die Meister Eckhart für das Scheitern der Kommunikation implementiert: „bilde ane bilde/weiselose weise" (Predigten 52, 59, 62) – Vgl. hierzu Reinhard Margreiter, *Erfahrung und Mystik. Grenzen der Symbolisierung*, Berlin 1997, S. 102 ff.

zum „Kontaktmedium"[26]. Von hier aus wäre überhaupt zu fragen, ob nicht die *acheiropoieta*-Konzeption als bildpraktische Antizipation und Lösungsvariante des Grundproblems mystischer Symbolisierung lesbar wäre, etwa im Sinne der Margreiterschen „Implosion der Symbolisierung"[27]. Dies allerdings mit dem Unterschied, daß das *acheiropoietische Körper- oder Tuchbild* seine mediale Differenz in andere – positivere?, weniger aporetische? – Formen der Negation, des Schweigens, Verstummens umsetzt und ausreizt.

Wie auch immer: Das *acheiropoieta*-Modell unterläuft damit die neuralgischen Bruchstellen der klassischen platonisch-zweistelligen Abbild-Ontologie: 1. den *chorismos*, also das genealogische Gefälle zwischen Urbild und Abbild, 2. das Stigma der bloßen Stellvertretung, der schwachen Repräsentation und 3. den Makel der Mediatisierung, also den anthropologischen Faktor, sei es im Modus Handwerker oder Künstler. Dieses Unterlaufen gelingt, weil es vom Referenzmodell mimetischer Ähnlichkeit auf das mechanische, indexikalische Abdruckverfahren umstellt. Der Idee nach firmiert das *acheiropoieton* weniger als Bild, also Objekt der Anschauung denn als Wahrheitsbeweis[28]. Sein authentifizierender Mehrwert besteht darin, daß es die physiognomische Ähnlichkeit ergänzt um den direkten, unmittelbaren Körperkontakt zum Ursprung, Urbild. Die Strategie der *doppelten Evidenz* impliziert ein Upgrade des mimetischen Körperbildes zur physiologisch-somatischen Realität des/eines Körpers. Die semiotisch-ikonologische Stärke des *acheiropoieton* besteht darin, daß es kein Zeichen im klassischen Sinne ist, sondern Repräsentation in Realisation aufhebt, Repräsentation in Präsenz zurücknimmt. Die Kopula mutiert zum „realen Prädikat": Das Dargestellte, und das heißt in diesem Fall: *Christus*, der *Gottessohn*, der *Nicht-Darstellbare* ist das Bild. Die somatische Spur, die der *Gottessohn* qua Abdruck, und das heißt: unmittelbar, in direkter Berührung in und mit der Materie – in der Regel einem Tuch nach Apg. 19.11 (*apo chrotou*) – hinterläßt, verbürgt – so die Idee – reale Gegenwart. Eben buchstäblich Tuchfühlung zum Ursprung, zum Urbild, eine berührend-berührbare Nähe, die genau in dem Maße authentischer ist als jedes Bild, wie sie gerade nicht mediatisiert, also ohne medialen-künstlerisch-handwerklichen, menschlichen Zwischenschritt hervorgebracht ist. Eben *nicht von Menschenhand gemacht*, sondern

---

26 Belting, *Das echte Bild* (wie Anm. 1), S. 57 ff.

27 Margreiter, *Erfahrung und Mystik* (wie Anm. 25), S. 103.

28 Vgl. Gerhard Wolf, „From Mandylion to Veronica", in: *The Holy Face and the Paradox of Representation*, hg. v. Herbert L. Kessler u. Gerhard Wolf, Bologna 1998, S. 156.

hervorgebracht mit dem bloßen Körper des Gottessohnes, reklamiert das *acheiropoieton* die Aura maximaler Authentizität. Es firmiert als sanktionierter Selbstausdruck des Absoluten, Heiligen.

Und genau dieser authentifizierende Chiasmus im acheiropoietischen „Übersprung vom Körper ins Bild und aus dem Bild ins Körperliche"[29] ist es, der auch das genealogische Gefälle zwischen Urbild und Abbild aufhebt. Der direkt vom Körper entnommene Abdruck ist als somatischer Index des Absoluten dessen Gefäß – ein Energiespeicher und reiner Kanal, in den die *paterna substantia* quasi unmittelbar, also in maximaler Übertragungsqualität und Auflösung, ohne Energieverluste über- und eingegangen ist. In diesem Sinne inszeniert der *acheiropoieta*-Mythos ein heiliges Reproduktionsverfahren, bei dem die Aura im Übergang vom Original zur Kopie nicht schwächer wird, sondern erhalten bleibt, ja sogar zunimmt. Auf dem Zweiten Konzil von Nicäa 787 etwa wird das *Mandylion* als acheiropoietische Gründungs-Ikone, als Archetyp des Christusbildes offiziell ratifiziert. Also eine acheiropoietische Umwertung der Vorzeichenregelung okzidentaler Ontologie und Semiotik: Die Kopie als Speicher und Tresor, als ebenbürtige Potenz der heilsbringenden Aura und Gnadenmacht der Substanz![30] Die zweistellig konfrontative Distanz-Konstellation mit ihrem Hiatus zwischen Urbild und Abbild löst sich auf in ein übertragungsmagisches[31] Präsenzfeld, in ein mystisches Kontinuum realer Gegenwart des Heiligen, in dem das Paradox der Inkarnation bildtheologisch Ereignis wird, in dem die Aura und Gnadenmacht ohne Reibungsverluste zirkuliert.

Allerdings bleibt die acheiropoietische Aura der Authentizität kontextinduziert, sie funktioniert im Wesentlichen als „Effekt der Bildlegendisierung", sei es als Wunder-, Visions- oder Entstehungslegende.[32] Das heißt: Die Umstellung von Ikon auf Index, der Chiasmus des

---

29 Bredekamp, „Bilderkult als Bildkritik" (wie Anm. 24), S. 212.

30 Ebd., S. 207 ff. Bredekamp geht sogar so weit, daß er die auf der Basis dieses Reproduktions-Credos blühende Devotionalien- und Reliquien-Industrie im Ausgang des Mittelalters als Impulsgeber für den Aufbruch in die Gutenberg-Galaxie versteht: „Gutenberg, was immer übersehen wird, hat mit der Produktion von Devotionsbildern begonnen."

31 Vgl. auch: 1.) James George Frazer, *Der goldene Zweig. Das Geheimnis von Glauben und Sitten der Völker*, Reinbek bei Hamburg 2004, 2.) Marshall McLuhan, *Die magischen Kanäle. Understanding Media*, Dresden 1994 und 3.) Erich Hörl, *Die heiligen Kanäle*, Zürich/Berlin 2005, S. 21 ff.

32 Wortmann, *Authentisches Bild* (wie Anm. 4), S. 80. Belting unterscheidet drei klassische Modi der Legendisierung als Äquivalente für den Traditionsbeweis: 1. Wunderlegende, 2. Visionslegende, 3. Entstehungslegende: ders., *Bild und Kult* (wie Anm. 1), S. 16 ff.

Übersprungs des Körpers ins Bild und des Bildes ins Körperliche, das charismatische Präsenzfeld der Gnaden-Übertragung funktionieren als rhetorisch-symbolische Effekte und Produkte eines sinngebenden Rahmennarrativs. Gerade weil sie die mimetische Leitreferenz der Ähnlichkeit suspendiert, bleibt die Aura acheiropoietischer Authentizität ein apologetisches Versprechen, das selbst auf die diskursive Vermittlung der allein authentifizierenden Bildentstehung angewiesen bleibt. Dabei läßt sich diese Rhetorik grundsätzlich als Strategie der behaupteten medialen Selbstinvisibilisierung schematisieren oder auch als „Selbstüberschreitung"[33], ja Selbsttranszendenz des Mediums, welche in einer kategorischen De-Anthropologisierung bzw. Exklusion des Subjekts aus dem Darstellungs- und Produktionsprozeß terminiert. Der für den mystischen Stufenweg konstitutive Prozeß der Anonymität und Niemandwerdung vollzieht sich hier im und als Bildmedium: der Subjektwechsel, die asketische Mutation des Subjekts zum transparenten Nullmedium. Die einschlägigen Formeln, die die *acheiropoieta*-Rhetorik hierfür entwickelt hat, lauten: das *autographe Bild*, das *Werk unsichtbarer Hände*, das *werklose Werk*, *Bild ohne Bild*, also McLuhan ante litteram: „Das Medium ist die Botschaft."

II. Iconography? – Die geheime Legende der bildgebenden Verfahren der Neurowissenschaft

> Lasst uns tiefgebeugt verehren
> dies erhab'ne Sacrament,
> und der Brauch der alten Lehren
> weich' dem neuen Testament.
> Frommer Glaube wird gewähren,
> was der Sinn hier nicht erkennt.
>
> Thomas von Aquin, *Pange Lingua –
> eucharistische Sequenz*

---

33 Martin Andree, *Archäologie der Medienwirkung. Faszinationstypen von der Antike bis heute*, München 2005, S. 14 ff. – Eine Pionierarbeit, weil sie mit der wirkungsästhetischen Optik einen weiteren blinden Fleck nicht nur der Medientheorie, sondern vielleicht sogar überhaupt des sog. *nachmetaphysischen Denkens* schließt, insofern hier ein Angebot entwickelt wird, um das Moment des *Emphatischen* für einen abgeklärten theoretischen Diskurs zurück zu gewinnen, ja erstmals zu erschließen. Zeichnet sich hier tatsächlich ein dritter Ort für eine Metaphysikkritik zweiter Ordnung ab? Man ist versucht, geradezu von einer „Medienwirkungsvergessenheit" zu sprechen (vgl. ebd. S. 19).

Vor diesem Hintergrund möchte ich nun vorschlagen, den Code der
Faszinationskraft und den Code des sirenischen Banns, in den die Bilder der funktionell bildgebenden Verfahren der Neurowissenschaft ihre
Betrachter offenkundig reflexartig verstricken, acheiropoietisch-bild-
theologisch aufzuschlüsseln. Übertragen in die Terminologie des Bredekampschen „Disjunktionsprinzips technisch produzierter Bilder"
heißt das: Die Invisibilisierung der technologischen Konstruktivität und
Mediatisierung in einer hypertrophen Suggestion des Objektiven,
Natürlichen, Authentischen soll als acheiropoietischer Effekt lesbar
werden, und der Kontext der neurologischen Bildpraxis überhaupt als
psychodynamisches Kräftefeld einer Transformation, ja eines Gestalt-
wandels uralter theologischer Authentifizierungsrhetoriken, eines uralten, scheinbar unstillbaren auratischen Begehrens in der Moderne.
Wiederkehr der Aura an scheinbar unmöglichster Stelle: nämlich im
Labor der technologisch-naturwissenschaftlichen Avantgarde der „Darwin AG"? Die Bilder der bildgebenden Verfahren der Neuroforschung
als *Schweißtuch*, als *vera icon*, als *Ikone des Realen* der Techno-
Moderne? – Ich werde diesen ikonographischen Verdacht in drei Schrit-
ten entfalten: zunächst als Explikation der *acheiropoietischen Analogie*
(a.), dann zweitens als Explikation der invisibilisierten Apparatur technologischer und experimenteller Vermittlung und Konstruktion der
bildgebenden Verfahren (b.) und schließlich drittens in Form einer kri-
tischer Auswertung und Deutung dieses ikonographischen Experiments als Anlauf für den angekündigten Schlußsprung ins Feld
ästhetischer Praxis (c.).

a.

Die formale und strukturelle Analogie für einen solchen rezeptions-
und wirkungsästhetischen Verdacht liegt auf der Hand: Die Aura der
Neuro-Bilder wäre die Aura des echten, authentischen Bildes, das die
direkte Entnahme vom Ursprung, Urbild, direkt vom Körper alias
Gehirn oder Synapse suggeriert. Ihr auratischer Effekt entspränge dann
der emphatischen Suggestion einer Rückkehr zum Ursprung, einer
unmittelbaren Nähe zur Substanz im Sinne des oben markierten
acheiropoietischen „Übersprungs des Körpers ins Bild und des Bildes
ins Körperliche". Die Produkte der bildgebenden Verfahren wären
weniger *nur* Bilder als vielmehr zugleich oder primär heilige, magische,
reliquienartige Objekte. Ihr Mehrwert ergäbe sich aus einer *acheiropoietischen* Doppel-Evidenz, welche die mimetische Abbild-Referenz

in den Index-Beweis des vermeintlich direkten, unmittelbaren Körper-Abdrucks zurücknimmt und so zur somatisch-physiologischen Präsenz des Abwesenden potenziert. Als Index der Substanz und nicht nur als deren Abbild wären sie Gefäße realer Gegenwart der Substanz, also des Gehirns als Speicher der kognitiven Funktionen, (und dies geradezu in einem plastisch-skulpturalen Sinne). Und mit dieser Umstellung von Repräsentation auf Selbst-Präsentation wäre auch hier quasi ein Feld magisch-charismatischer Übertragung am Werk, ein suggestives Kontinuum reiner Unmittelbarkeit bzw. genauer: die Suggestion jener Selbstüberschreitung des Mediums, jener Null-Mediatisierung, in welcher die anthropologischen und technisch-instrumentellen Vermittlungsrelais invisibilisiert sind. Als unmittelbarer Abdruck der kognitiven Funktionen – sei es des Sehens, des Fühlens, der Wahrnehmung …– firmierten die Neuro-Bilder der funktionell bildgebenden Verfahren als Nicht-Werke, in denen sich die acheiropoietischen Authentizitätspostulate erfüllt hätten: als *autographe Bilder*, als *Werke der unsichtbaren Hand*, eben als *Bilder ohne Bild*, als Spuren und Ereigniszonen quasi spontaner Selbstpräsentation. Und auch die neurographische De-Anthropologisierung und De-Mediatisierung, d. h. die Suggestion der Null-Medialität, der Abwesenheit des Subjekts funktionierte dann kontextinduziert, also durch eine authentifizierende Zusatzstrategie. Man könnte sogar von einer doppelten *Bildlegendisierung* sprechen. Zunächst im Sinne einer Rhetorik der technologischen Apparatur, insofern die Funktion der *Bildlegendisierung* hier quasi bereits im Medium des bloßen Settings der technischen Experimental- und Bild-Apparatur erfüllt wäre, so daß im Terminus *bildgebende Verfahren* eine durchaus explizit magisch-acheiropoietische Ladung hörbar würde. Der Hinweis auf die authentische Bildentstehung qua Rahmennarrativ wäre strukturanalog quasi durch die bloße Faktizität des technischen High-Tech-Verfahrens der Bildproduktion erfüllt. Hinzu träte verstärkend zweitens als explizit-diskursives Rahmennarrativ der designatorische Akt des Neuroforschers – etwa die Bilderläuterung in der Unterzeile –, in dem die dargestellten Verteilungsmuster den jeweiligen kognitiven Funktionen zugeordnet werden. Dies wie gesagt in einem durchaus konsekratorischen Gestus ontologischer Substanz-Suggestion – „Dies ist das X …!" –, der seinen Kitzel und Nimbus nicht zuletzt aus dem gebrochenen Darstellungstabu einer materialisierten Präsenz des vermeintlich Undarstellbaren, des *Geistes* bezieht. Ein visuell induzierter ontologischer Existenzbeweis?

Auf diese Weise konstituiert sich insgesamt ein acheiropoietisches Überwältigungspotential, das den digitalen Neuro-Screen zu einem

High-Tech-Mandylion avancieren läßt, zu einem elektronischen Schleier- und Tuchbild-Äquivalent im Sinne der *Tuchbild-Bilder* aus der Werkstatt von Zurbarán: Noch im Modus eines digitalisierten Visualisierungs-Bildes einer als Abdruck erscheinenden Messung ist die Index-Suggestion derart obsessiv, daß es zur Auslösung jenes Naivitätsreflexes kommt, der die Komplexität der operationalen Vermittlungskette ausblendet, um sich naiv der Evidenz hinzugeben, die direkt ins Auge zu springen scheint. Paradoxerweise wäre es demnach also gerade die extreme Künstlichkeit und Technizität, die das technische Gitter der neurologischen Bildproduktion, das sich zwischen Betrachter-Subjekt und Objekt schiebt, als Prozessor eines apologetischen Versprechens sanktioniert; eines Authentizitätsversprechens, in dem die digitale Visualisierung eines Meßkontaktes zum Indikator maximaler Natürlichkeit und Objektivität avanciert und so die die acheiropoietische Index-Dialektik zwischen *fast-nichts* – bloße Bildflecken anatomischer Aktivitäts- und Verteilungsmuster – und *beinahe-alles – das Denken, das Fühlen, das Sehen* etc. – in Gang setzt. Eben das Reflexmuster jener acheiropoietischen Index-Rhetorik, die den Betrachter überredet, in purer Visualität, im Rauschen indifferenter Bildpunkte auf den Neuro-Screens, in der Armseligkeit purer Verteilungsmuster die pure Fülle, die authentische Gegenwart und Substanz des *Geistes* in vivo zu erfahren.

b.

Der blinde Fleck dieses ikonographischen Verdachts besteht nun freilich darin, daß das Authentizitätsprogramm im Fall des neurologischen Bilderkinos primär im Kopf des Rezipienten abgerufen wird. Ideologiekritisch anachronistisch formuliert: Das apologetische Authentizitätsversprechen, der acheiropoietische Existenzbeweis-Reflex ist hier weniger Ergebnis priester-, also forschergesteuerter Manipulation als vielmehr beobachterintern generiert. Die ikonologische Herleitung und Sanktionierung geschieht hier als Beobachter-Reflex, die acheiropoietische Aura als Projektionsleistung des Beobachters, indem dieser die *ostentio* affirmativ antizipiert. Wie immer man nun diese wirkungsästhetische Verschiebung deuten mag – ob als Indikator eines internalisierten Autoritätsmusters, eines kulturellen Handlungs- oder Reflexschemas oder aber als Spur eines tiefsitzenden auratischen Begehrens in der Moderne, einer Sehnsucht nach authentischen, nicht codierten, unberührten Null-Zeichen: In jedem Fall wird deutlich, daß selbst die

High-Tech-Bilderfabrik der Neuroforschung ein psychodynamisches Kräftefeld markiert. Wenn Dieter Mersch davon spricht, daß jedes Zeigen „durch ein intransitives Zeigen grundiert bleibt, das sich im ostentativen und performativen Zeigen nicht intentional mitzeigt",[34] so könnte der spezielle Fall der neurologischen Evidenztechnik eine weitere Dimension dieses intransitiven Unbewußten andeuten – nämlich die bildtheologische Dimension, die Frage, ob nicht vielmehr mit einer technisch induzierten Transformation, einem Gestaltwandel des auratischen Komplexes zu rechnen wäre, der die gängige Figur des *Verlusts der Aura* kompliziert. Ebenso frappierend wie informativ scheint mir im Fall der bildgebenden Verfahren der Neuroforschung vor allem der extreme Grad der Bredekampschen Disjunktionsschere, die hier sowohl am Authentizitäts-Pol wie auch am Pol technisch-artifizieller Vermittlung ins Maximum stößt. Die naive Suggestion der direkten Berührung, kurzgeschlossen mit dem *corpus mysticum* des Gehirns als *Sitz des Geistes* läßt das indexikalisch-acheiropoietische Reflexprogramm offenkundig sogar das stählerne Gehäuse maximaler High-Tech-Konstitution ebenso durchstoßen wie es von diesem zugleich ausgelöst, potenziert und getragen wird.

Innerhalb der diachronen Transformationskette des acheiropoeitischen Authentifizierungs-Strategems in das jeweils akute medien- und wissenschaftshistorische Bild-Format markiert der Fall der neurologischen Bildverfahren einen gewissen Höhepunkt. Das Paradox gleichzeitiger Affirmation und Verdrängung des medialen Settings setzt sich nach der Umstellung von Tuch auf Bild und von Bild auf Photo[35] auch im digital-virtuellen Bildverfahren durch, und zwar in neuer Intensität. Sprach 1878 etwa der Bakteriologe Robert Koch noch davon, daß „das photographische Bild eines mikroskopischen Gegenstands unter Umständen wichtiger ist als dieses selbst",[36] so potenziert sich die Index-Suggestion eben genau dort, wo im Grunde gar keine Bilder mehr vor-

---

34 Dieter Mersch, „Naturwissenschaftliches Wissen und bildliche Logik", in: *Konstruierte Sichtbarkeiten*, hg. v. Martina Heßler, München 2006, S. 415.

35 Vgl. hierzu die geradezu magische Koinzidenz, wonach die öffentliche Präsentation der Photographie durch Daguerre in Paris 1839 zeitgleich mit der Wiederentdeckung des „Malerbuchs vom Berg Athos" durch den Kunsthistoriker Didron erfolgt. Dieses „Malerbuch" firmiert als Initiationsdokument eines byzantinisch-ikonologisch inspirierten Authentizitäts-Kultes post 1850, insofern hier für die krypto-acheiropoietische Argumentation zur Deutung der Photographie als *kunstlosem Medium* adaptiert und transponiert wird. Freilich ist der Buchfund längst als Kompilation des 18. Jahrhunderts enttarnt (vgl. Belting und Wortmann, *Authentisches Bild* (wie Anm. 4), S. 135 ff.).

36 Zit. nach Bredekamp, „Drehmomente" (wie Anm. 11), S. 19.

liegen, sondern lediglich „ikonische Konstrukte"[37] (G. Boehm) oder
„errechnete Bilder"[38] (F. Kittler). Tatsächlich markiert das neuro-ana-
tomische Bild der (kognitiven) Neuroforschung lediglich das kontingente Abschlußglied einer langen experimentell-technischen Ablei-
tungskette, an deren Anfang immer die adäquate Operationalisierung
eines psychologischen Konstrukts steht, das als kognitive Leistung in
einem Experiment abgefragt werden kann, und zwar so, daß die algo-
rithmische Modellierung dieser Hypothese in einem Modell Gestalt
annimmt, das sich dann qua Visualisierung mit Hilfe des Computers
virtuell studieren läßt. Also eine Transformationskette: Theorie in
Programm, Programm in Visualisierung, an deren Anfang kein Wahr-
nehmbares, sondern mathematische Funktion[39] steht. Das gilt prinzipiell für alle funktionell bildgebenden Verfahren: Also für die Positro-
nen-Emissions-Tomographie (PET), wo metabolische und physiologische Prozesse mittels Markierungen mit radioaktiven Nukliden
erfaßt werden, ebenso wie für die funktionelle Magnet-Resonanz-
Tomographie (fMRT), wo hämodynamische Veränderungen als Derivate neuronaler Signalverarbeitung erfaßt werden, aber auch für elek-
trophysiologische Verfahren wie die Elektroenzephalographie (EEG)
und Magnetoenzephalographie (MEG)[40]. In jedem dieser aufgezählten
Modi gilt: Das produzierte Bild ist ein extremes digitales High-Tech-
Produkt, die Visualisierung das Resultat vielfacher numerischer und
mechanischer Prozesse, eben das Resultat einer Serie von Überschrei-
bungen und Transformationen. Der Prozeß der Sichtbarmachung
beruht auf mathematischen Algorithmen[41], die tendenziell mit keinem
Sichtbaren mehr korrelieren. Die suggestive Evidenz der räumlich
hochauflösenden anatomischen Neuro-Topographien, in denen die
kognitiven Funktionen topisch aufgeschlüsselt erscheinen, angeordnet
zu visuell-topologischen Musterbildungen, wird aus Zahlenreihen

---

37 Gottfried Böhm, „Zwischen Auge und Hand: Bilder als Instrumente der Erkenntnis",
   in: *Mit dem Auge denken. Strategien der Sichtbarmachung in wissenschaftlichen und
   virtuellen Welten*, hg. v. Bettina Heintz u. Jörg Huber, Zürich/Wien 2001, S. 43-54,
   S. 44, 51.
38 Friedrich Kittler, „Schrift und Zahl: Die Geschichte des errechneten Bildes", in: *Iconic turn* (wie Anm. 11), S. 186 ff.
39 Vgl. Mersch, „Naturwissenschaftliches Wissen und bildliche Logik" (wie Anm. 34),
   S. 408 ff.
40 Vgl. die hilfreiche und kompakte Karte zur Übersicht der funktionell bildgebenden
   Verfahren aus bildtheoretischer Hinsicht, die Kai Vogeley vorgelegt hat: ders., „Neurowissenschaft" (wie Anm. 6), S. 99 ff.
41 Ebd., S. 99: „Die vielfältigen Datensätze werden mittels Koregistrierungs-Algorith-
   men auf die Anatomie bezogen und [in Form von räumlich hochauflösenden anatomischen Bildern – C. W.] dargestellt."

generiert und modelliert. Die Bilder der funktionell bildgebenden Verfahren der kognitiven Neuroforschung sind daher weniger Bilder denn „Medien einer Modellierung und Werkzeug eines internen wissenschaftlichen Konstruktivismus".[42]

c. Fazit und Ausblick

Als „Medien arithmetischer Modellierung", als „ikonische Konstrukte" fungieren die neuro-topologischen Funktionskarten der bildgebenden Verfahren also als Werkzeuge eines „internen wissenschaftlichen Konstruktivismus"[43], die jeden Ursprung im Anschaulichen verloren haben. Sie zeigen „Dinge, die es nicht gibt" und rühren damit an eine Dimension, die traditionell als Domäne der Ästhetik gilt. Die Frage nach der Referenz, nach dem Wovon neurographischer Darstellung rührt daher gleichermaßen ontologisch an eine Verschiebung im „Geltungsanspruch des Wissens" wie rezeptionsästhetisch, also praktisch an das Problem eines adäquaten Umgangs mit den funktionell bildgebenden Verfahren der Neuroforschung (und grundsätzlich erweitert: eines Umgangs mit den technischen Bildverfahren naturwissenschaftlicher Forschung überhaupt), und zwar zugespitzt auf das Paradox, daß diese – die Neurobilder – als Bilder rezipiert werden, ohne doch als solche zu fungieren.[44] So kursorisch und assoziativ auch immer, die acheiropoietisch-bildtheologische Lektüre deutet das Pensum der Komplikationen und die Reichweite an, welche das Postulat einer transdisziplinären, trialogischen Bildforschung von Naturwissenschaft, Kultur- und Kunstwissenschaft impliziert. Sie deutet an, wie sehr wir es hier mit einem psychodynamisch aufgeladenen Kräftefeld zu tun haben, dessen Spur tief in das theologisch-spirituelle Unbewußte der Moderne zurückführt.[45] Die neurographische Lektüre der neurologischen Bildertechnik spitzt die epistemologische Fragilität des suggestiven Status

---

42 Mersch, „Naturwissenschaftliches Wissen und bildliche Logik" (wie Anm. 34), S. 410.
43 Ebd.
44 Ebd. Und vgl. dazu den Vorschlag von Hans-Jörg Rheinberger, der hier den Begriff der *Repräsentation* durch „Prozesse der Sichtbarmachung" ersetzt und dabei die Unterscheidung „Bild-Präparat-Modell" einführt: ders. „Objekt und Repräsentation", in: *Mit dem Auge denken* (wie Anm. 37), S. 55-61, S. 57 ff.
45 In diesem Sinne ließe sich die acheiropoietische Lektüre als Erweiterung und Zuspitzung der bisherigen Operationen auf diesem Feld verstehen. Vgl. exemplarisch etwa Karl Clausberg, *Neuronale Kunstgeschichte. Selbstdarstellung als Gestaltungsprinzip*, Wien/New York 1999, oder Barbara Stafford, „Neuronale Ästhetik. Auf dem Weg zu einer kognitiven Bildgeschichte", in: *Iconic turn* (wie Anm. 11), S. 103-25.

der Neurobilder als *Beweismittel* zu, indem sie die Frage stellt nach einem Gestaltwandel archetypisch-metaphysischer Reflexprogramme der Bildwirkung im Technolabor der Moderne, in diesem Fall die Spur des acheiropoietischen Bildwunders. Die schwere und lange Schule derer es bedurfte, um auf der Schwelle zur Moderne „vom magischen Gebrauch zu einem educativen Gebrauch von Bildwerken im Kontext der christlichen Religion"[46] umzustellen, findet in der Technomoderne ihre Neuauflage im Kontext naturwissenschaftlicher Bildpraxis und -technik. Unser Experiment deutet somit an, mit welchen Kräften die Forderungen nach einem „Naivitätsabbau im Umgang mit den Bildern" (Florian Rötzer) auch im Technolabor der Darwin AG zu rechnen haben: Hier das Postulat kopernikanischer Reflexions-Komplexität, d. h. eine Archäologie der Geltungsfrage, wo Bilder als Kontext-Effekte komplexer logischer, diskursiver, performativer Argumentationen entziffert werden, und dort die präkopernikanische Resistenz, der Entlastungs- und Regressionsreflex, das unendliche auratische Begehren mit einer fast trotzigen Bereitschaft zum Schritt zurück in den Utopos realer Gegenwart, emphatischer, unvermittelter Präsenz. Werden wir nie modern gewesen sein?[47] Denn auch wenn wir nicht definitiv sagen können, was sie bedeutet, so ist doch unstrittig, was die reflexive Moderne ist: nämlich anstrengend. Modern wird sein, wer Abstraktion nicht nur erleidet, sondern als Stimulans empfindet.

III. Additum: Zur Aktualität der *acheiropoieta*-Legende in der ästhetischen Praxis der Gegenwart

Zur Anreicherung und Illustration meiner assoziativen Anmerkungen möchte ich zum Abschluß einen kursorischen Ausblick in Form eines Kontextwechsel in das Feld ästhetischer Praxis andeuten. Auf diese Weise soll die Aktualität des acheiropoietischen Problemkomplexes in der Gegenwart an einigen Fallbeispielen sondiert und damit zugleich eine ästhetische Option angedeutet werden, wie ein strategischer Umgang mit dem auratisch-acheiropoietischen Unbewußten in der Technomoderne aussehen könnte. Dabei ist der Hinweis auf die Aktualität indexikalischer Authentizität im Kunstdiskurs an sich nicht neu. Im

---

46 Vgl. Luhmann, *Die Kunst der Gesellschaft*, Frankfurt a. M. 1995, S. 255 ff.
47 Vgl. den Ansatz von Reisinger, der die kopernikanische Wende und ihr Überforderungspotential aus einer nicht verstandenen, vergessen-verdrängten bildtheoretischen Implikation der *kopernikanischen Wende* ableitet: Peter Reisinger, *Idealismus als Bildtheorie*, Stuttgart 1979.

Gegenteil, Beat Wyss etwa markiert das „Indexikalische" als den tragenden Unterbau der Bildauffassungen der Klassischen Moderne überhaupt[48]. So wäre die acheiropoietische Spur etwa einschlägig in den Anthropometrien von Yves Klein, im plastischen Werk von Joseph Beuys, in den Pop-Ikonen Warhols zu verfolgen; und vor allem auch im Werk von Duchamp, dessen Ready-Made-Konzept[49] überhaupt als moderne *acheiropoieta*-Reformulierung lesbar scheint,[50] insofern sich das Ready-Made durchaus als metaironische *Ikone des Realen* aufschlüsseln läßt, die das Indexikalische de-mythisiert und de-auratisiert, also banalisiert, aber zugleich auch re-auratisiert, indem der Glaubensakt als Medium hier von der *apparition* der ästhetischen Form abgelöst wird, und deren Suggestion der puren Realität eben maßgeblich durch eine quasi acheiropoietische Askese des Künstler-Subjekts als Null-Medium genährt wird, dessen Genius sich stattdessen vom Kunst-Metier auf den Satz, auf die konsekratorische Zuschreibung, also indirekte Negations- und Kontextkompetenz verschiebt. Stattdessen möchte ich auf das Werk des Konzeptkünstlers und Retrogradisten Adi Hoesle[51] hinweisen, in dem die Auseinandersetzung mit dem Komplex der neuro-bildgebenden Verfahren seit einigen Jahren einen Schwerpunkt bildet – dies seit einiger Zeit in transdisziplinärer Kooperation mit dem neurologischen Institut von Prof. Niels Birbaumer an der Universität Tübingen. Gemäß seiner programmatischen Selbsttitulierung – *retrograd* lat. „rückläufig, in zurückliegende Situationen zurückreichend" – geht es Hoesle dabei darum, im Sinne eines strategischen Anachronismus Benjamins das *Zurückliegende*, das Unbewußte der neurologischen Bildtechnik in Bildern, Konzepten, Inszenierungen, Performances freizulegen. Aus einer Vielzahl von Projekten seien an dieser Stelle abschließend nur drei rhapsodisch erwähnt, die alle dem Werkkomplex mit der Generalüberschrift „THE APPEARANCE OF CEREBRATION" zugehören. Dieser eröffnet ein inspirierendes Panorama von Optionen und Strategien, die acheiropoietischen Implikationen der Neuroforschung auszuloten, die Aktualität des ästhetisch Uralten in der Hypermoderne zu deren Bedingungen sichtbar zu machen, in Form zu bringen: den indexikalischen Chiasmus von Kör-

48 Beat Wyss, *Vom Bild zum Kunstsystem*, Köln 2006, S. 39.
49 Vgl. Boris Groys, „Marcel Duchamps Ready-Made", in: ders. *Über das Neue. Versuch einer Kulturökonomie*, Frankfurt a. M. 1999, S. 73 ff, und ders., *Kunst-Kommentare*, Wien 1997, S. 131 ff.
50 Vgl. Georges Didi-Huberman, *Ähnlichkeit und Berührung*, Köln 1999, S. 108 ff.
51 Vgl. www.retrogradist.de. Das Bildmaterial zur Illustration ist mir dabei dankenswerterweise vom Künstler persönlich zur Verfügung gestellt worden.

per und Bild, die Suggestion der Nullvermittlung, der asketischen Transparenz des Künstlermediums, die Bildwunder-Postulate *Werk ohne Werk/Bild ohne Bild/Werk unsichtbarer Hände.* Die acheiropoietische Magie wird hier ebenso kritisch expliziert wie zugleich re-inszeniert und radikalisiert, und zwar dadurch, daß Hoesle die Bildgebung der Neuroforschung als ästhetisches Bild und das Verfahren als ästhetisches Verfahren beim Wort nimmt:

Grafik 1: EEG – Wall Paper, 2004; Digitaltapete, 2800 x 4500 mm; SIGGRAPH, Los Angeles, 2004; © Adi Hoesle

Grafik 2: Brain Painting, 2008; BCI, Matrix;
Künstlerbund Tübingen e. V., 2008; © Adi Hoesle

Grafik 3: JI 256 – 82 – 3, 2006;
CNC Fräse, Holz, 500 x 500 x 250 mm; © Adi Hoesle

1. Das Projekt *Wallpaper*, als Aktion, die die Rede von Neuro-Mustern ästhetisch beim Wort nimmt: Aufzeichnung von EEG von Probanden während bestimmter geistiger Tätigkeit: Nietzsche-Lesen, Kunst-Reflexion –, dann Übertragung auf Tapete, die dann auch vertapeziert wird.

2. Das Projekt *Brain Painting*, bei dem der Vorgang des Malens sowie auch die Rezeption des „Gemalten" als zerebrale Ereignisse fokussiert, untersucht und mit künstlerischen Mitteln interpretiert werden: Es wird der Versuch unternommen, kraft des Willens Bilder zu malen. Die Erkennung des Willens erfolgt über eine eigens zu diesem Zweck entwickelte Software, die Transformation des „Willensbildes" mittels EEG.

3. Das Projekt *Courtesy* – Das Kabinett 2005, wo die Frage nach dem Entstehungsort bzw. nach dem Entstehungsmechanismus des Werkes gestellt wird, also die Frage nach dem Medium und Subjekt des künstlerischen Prozesses. Zu diesem Zweck erfolgt eine Ableitung eines EEG bei 10 renommierten Gegenwartskünstlern – darunter Jörg Immendorff – und zwar exakt in der Spanne, da diese sich mit ihrer eigenen Kunst beschäftigen. Auf der Basis eines Biofeedbacks werden die EEG dann als Graphiken künstlerisch analysiert und eine bestimmte Sequenz – deren Gedankeninhalt der betreffende Künstler jeweils preisgibt – dann über eine entsprechende Software in eine dreidimensionale Skulptur modelliert. Das EEG avanciert so zu einer Art *geistigem Archiv*, der Produktionsort des Werkes selbst wird zum Werk.

Personenregister

Angela von Foligno 208
Angelus Silesius 55
Aristoteles 24, 87, 180
Arnd, Johann 19
Assmann, Aleida 34
Assmann, Jan 155
Augustinus, Aurelius 39, 126

Bachofen, Johann Jakob 151
Bacon, Francis 87
Barthes, Roland 10, 23, 199
Bataille, Georges 15, 132, 193-209
Belting, Hans 215, 217
Benedikt XVI. 212
Benjamin, Walter 188, 215, 228
Bergson, Henri 180, 182
Bernhard von Clairvaux 41
Berossos 21
Beuys, Joseph 228
Birbaumer, Niels 215, 228
Blake, Catharine 111
Blake, Robert 111
Blake, William 13, 111-132
Boehm, Gottfried 225
Böhme, Jakob 19, 20, 23, 38, 124-126, 154
Bohr, Niels 17, 83
Bonaventura von Bagnoregio 48
Borel, Adrien 198
Borges, Jorge Luis 205
Bourgon, Jérôme 205
Bredekamp, Horst 214, 221, 224
Breidbach, Olaf 215
Bruno, Giordano 120, 177
Buñuel, Luis 209
Burke, Edmund 115, 132

Canetti, Veza 143
Cardenal, Ernesto 27
Cassirer, Ernst 10, 18
Champollion, Jean-François 155
Chen Chieh-jen 205
Cohen, I. Bernard 85
Crick, Francis H. C. 78-80
Cusanus siehe Nikolaus von Kues

Dalí, Salvador 209

Darwin, Charles 11, 78, 80
Davenant, William 100-109
de Bèze, Théodore 51
Derrida, Jacques 21, 70
Descartes, René 17, 107
Deuterojesaja 22
Diotima 25-26
Duchamp, Marcel 228
Dürer, Albrecht 188

Eckhart 11, 16, 23, 40, 42, 73, 154, 195
Einstein, Albert 12, 78, 80
Eliade, Mircea 23
Esposito, Elena 118, 120
Eusebius von Caesarea 217

Fellmann, Ferdinand 163
Fink, Eugen 197
Finkelstein, Israel 21
Flusser, Vilém 13, 51, 153, 160, 162, 171-172
Foucault, Michel 205-206
Fu-tschu-li 194, 198, 205

Galilei, Galileo 11, 17
George III. 117, 129
Gerber, Gustav 135
Geyer, Christian 214
Goethe, Johann Wolfgang von 19, 79
Greiffenberg, Catharina Regina von 26
Günther, Gotthard 13, 153, 162, 167-171
Gumbrecht, Hans Ulrich 10

Handke, Peter 13
Hegel, Georg Wilhelm Friedrich 166-167, 183-184
Heidegger, Martin 13, 161-163, 165-166, 170, 182
Heider, Fritz 10
Heisenberg, Werner 10, 12, 28-30, 80-85
Heraklit 185
Herder, Johann Gottfried 53
Herodot 21, 119
Hesse, Hermann 133-134
Hobbes, Thomas 12, 87-109, 113, 115, 132

Hobsbawm, Eric J. 112
Hölderlin, Friedrich 13
Hoesle, Adi 215, 228-229
Holland, Philemon 103
Hüther, Gerald 88

Imdahl, Max 190
Immendorff, Jörg 231

Jauß, Hans Robert 126
Johns, Adrian 90
Jünger, Ernst 165
Jung, Carl Gustav 84, 152

Kafka, Franz 216
Kant, Immanuel 124, 161, 182
Karl I. 100
Kepler, Johannes 12, 17, 84
Kittler, Friedrich 225
Klages, Ludwig 165
Klein, Yves 228
Klettenberg, Susanne von 19
Koch, Robert 224
Köselitz, Peter 147
Kofman, Sarah 139, 145
Kolumbus, Christoph 80
Krauss, Karl 143

Langer, Susanne K. 181
Lao-Tse 61
Lefort, Claude 114
Leonardo da Vinci 186
Lévi-Strauss, Claude 204
Locke, John 107, 113, 123, 124
Lotman, Jurij 118
Luhmann, Niklas 10, 12, 36, 93, 116, 118, 161, 216
Lullus, Raimundus 120
Lyotard, Jean-François 18

Machiavelli, Niccolò 107
Margreiter, Reinhard 175, 218
McLuhan, Marshall 10, 220
Mechthild von Magdeburg 44-45
Mersch, Dieter 224
Merswin, Rulman 38, 43, 45-47
Moses 21
Müller, Ernst 115
Musil, Robert 9

Nancy, Jean-Luc 203
Nehamas, Aledander 144

Newton, Isaac 17
Nietzsche, Friedrich 13, 133-148, 159, 197, 231
Nikolaus von Kues 28, 120, 175-78

Origenes 39

Paine, Thomas 115, 132
Pauli, Wolfgang 10, 12, 17-18, 24, 29-30, 83-84
Peirce, Charles Sanders 31
Picasso, Pablo 44
Pico della Mirandola, Giovanni 120
Platon 10, 17, 24-27, 30, 84, 119
Plotin 13, 16, 24, 27, 153-160, 166, 169, 171
Plutarch 103
Polke, Sigmar 15, 188, 190
Porphyrius 24
Pythagoras 17

Quintilian, Marcus Fabius 92

Richter, Samuel 19
Rötzer, Florian 227
Rosenberg, Alfred 23
Rosch, Eleanor 180
Russell, Bertrand 162
Rutherford, Ernest 99

Said, Edward 204
Sartre, Jean-Paul 195
Schimmel, Annemarie 27
Schirrmacher, Frank 213
Schönberg, Arnold 82-83
Schopenhauer, Arthur 137-138
Seneca, Lucius Annaeus d. Ä. 92
Seuse, Heinrich 32-35, 38, 41, 43-44, 49-50
Sidney, Philip 98-101
Silberman, Neil Asher 21
Skinner, Quentin 102
Sloterdijk, Peter 13, 153, 156, 168
Sokrates 25
Spencer-Brown, George 60, 63
Steiner, George 78

Tatham, Frederick 112
Teresa von Avila 26
Thomas von Aquin 87, 220
Thukydides 21
Tipler, Frank J. 29-30

Tugendhat, Ernst 195-196
Twombly, Cy 186

Voegelin, Eric 20

Wagner, Richard 147
Warhol, Andy 228
Washington, George 127
Watson, James D. 78-80
Weber, Max 190

Weizsäcker, Carl Friedrich von 10, 24, 29
Welling, Georg von 19
Wiechens, Peter 201
Wilamowitz-Moellendorff, Ulrich von 139
Wittgenstein, Ludwig 9, 157, 162
Wyss, Beat 228

Zurbarán, Francisco de 223

Über die Autoren

Martin Andree studierte Germanistik, Philosophie und Geschichte in Münster, Cambridge (England) und Köln; Promotion 2003. Buchveröffentlichungen: *Archäologie der Medienwirkung: Faszinationstypen von der Antike bis heute* (München: Fink 2005); *Wenn Texte töten: Über Werther, Medienwirkung und Mediengewalt* (München: Fink 2006); weitere Publikationen zu Simulation, Medientheorie und Mediengeschichte. Tätigkeit als Internationaler Marketing-Direktor für die Henkel KGaA, Düsseldorf.

Ingo Berensmeyer ist Professor für Englische Literatur und Kultur an der Universität Gent (Belgien). Seine Arbeitsschwerpunkte sind die englische und irische Literatur und Kultur der frühen Neuzeit und der Gegenwart. Buchveröffentlichungen: *John Banville: Fictions of Order* (Heidelberg 2000), *„Angles of Contingency": Literarische Kultur im England des 17. Jahrhunderts* (Tübingen 2007), *Shakespeare: Hamlet* (Stuttgart 2007).

Benjamin Biebuyck ist Professor für Neuere Deutsche Literaturwissenschaft an der Universität Gent (Belgien). Sein Forschungsinteresse gilt der deutschen Literatur und Philosophie des 19. und des 20. Jahrhunderts, insbesondere Friedrich Nietzsche, und der Figürlichkeitstheorie (vgl. *Die poietische Metapher. Ein Beitrag zur Theorie der Figürlichkeit* (Würzburg 1998)). Weitere Veröffentlichungen hierzu sowie zur Literaturtheorie in u. a. *Philologus*, *Nietzsche-Studien*, *Style* und *Germano-Slavica*.

Artur R. Boelderl, Dr. phil. s.a.p., ist Universitätsdozent am Institut für Philosophie der Kath.-Theol. Privatuniversität Linz. Seine Arbeitsschwerpunkte liegen in den Bereichen Phänomenologie, Geschichte der Philosophie, Philosophie der Psychoanalyse, Philosophische Natologie. Monographien: *Alchimie, Postmoderne und der arme Hölderlin* (1995), *Literarische Hermetik* (1997), *Georges Bataille* (2005), *Von Geburts wegen* (2006), *Jean-Luc Nancy: Eine Einführung* (in Vorbereitung).

Ernst Peter Fischer ist Professor für Wissenschaftsgeschichte an der Universität Konstanz und Autor zahlreicher Bücher, u. a. *Die aufschimmernde Nachtseite der Wissenschaft* (2003), *Am Anfang war die*

Doppelhelix (2003), *Die andere Bildung: Was man von den Naturwissenschaften wissen sollte* (2003), *Einstein für die Westentasche* (2005), *Der Physiker: Max Planck und das Zerfallen der Welt* (2007).

Peter Fuchs ist Professor emeritus für Soziologie an der Hochschule Neubrandenburg. Forschungsschwerpunkte: Allgemeine und spezielle Systemtheorie, Kommunikationstheorie, Kultursoziologie. Jüngere Buchveröffentlichungen: *Theorie als Lehrgedicht* (2004), *Konturen der Modernität* (2005), *Das Gehirn ist genauso doof wie die Milz* (2005), *Die Psyche: Studien zur Innenwelt der Außenwelt der Innenwelt* (2005), *Das Maß aller Dinge: Eine Abhandlung zur Metaphysik des Menschen* (2007).

Marc Jongen ist wissenschaftlicher Mitarbeiter für Philosophie und Ästhetik sowie Assistent des Rektors an der Staatlichen Hochschule für Gestaltung Karlsruhe. Er arbeitet an einer philosophischen Deutung der gegenwärtigen technischen Zivilisation vor dem Hintergrund spiritueller Überlieferung. Buchveröffentlichungen: *Das Wesen spiritueller Erkenntnis: Eine Reise ins Innere des Geistes* (1998), *Nichtvergessenheit. Tradition und Wahrheit in der Hypermoderne* (in Vorbereitung).

Roger Lüdeke studierte Englische, Spanische, Allgemeine und Vergleichende Literaturwissenschaft in München, Sevilla, Mexico-Stadt, London und Paris. Promotion 1999 zu Henry James, Habilitation 2006 mit einer Arbeit zu William Blake („Ästhetische Souveränität und das politische Imaginäre des 18. Jahrhunderts. Zur Schreibkunst von William Blake"). Seit 2006 ist er Mitglied der DFG-Forschergruppe „Anfänge (in) der Moderne" und seit 2007 Vertretungsprofessor für Englische Literaturwissenschaft und Komparatistik an der Ludwig-Maximilians-Universität München. Publikationen zum Drama der frühen Neuzeit und der Gegenwart, zu Literatur- und Medientheorie, Weltliteratur-Konzepten, Film und Intermedialität. Als (Mit-)Herausgeber: *Texte zur Theorie des Textes* (2004), *Intermedium Literatur: Beiträge zu einer Medientheorie der Literaturwissenschaft* (2004), *Von Pilgerwegen, Schriftspuren und Blickpunkten: Raumpraktiken in medienhistorischer Perspektive* (2004), *Wiederholen: Literarische Funktionen und Verfahren* (2006), *Theater im Aufbruch: Das europäische Theater der Frühen Neuzeit* (2008).

Oswald Schwemmer ist Inhaber des Lehrstuhls für Philosophische Anthropologie und Kulturphilosophie, einschließlich der Wissenschaftstheorie der Kulturwissenschaften, an der Humboldt-Universität zu Berlin. Buchveröffentlichungen u. a. *Theorie der rationalen Erklärung* (1976), *Handlung und Struktur* (1987), *Die Philosophie und die Wissenschaften* (1990), *Die kulturelle Existenz des Menschen* (1997), *Kulturphilosophie: Eine medientheoretische Grundlegung* (2005).

Klaus Vondung war bis zu seiner Emeritierung 2006 Professor für Germanistik/Neuere Literaturwissenschaft an der Universität Siegen; er war Gastprofessor an mehreren US-amerikanischen und japanischen Universitäten und ist ständiger Gastprofessor ehrenhalber der Zhejiang Universität, Hangzhou. Letzte Buchveröffentlichungen: *The Apocalypse in Germany* (2000), *Anfang offen. Literarische Übergänge ins 21. Jahrhundert*, mit N. Binczek u. N. Glaubitz (2002), *Jenseits der entzauberten Welt. Naturwissenschaft und Mystik in der Moderne*, Hg. mit K. L. Pfeiffer (2006).

Cai Werntgen, Dr. phil., Studium der Philosophie, Literaturwissenschaft, Religionsphilosophie und Medientheorie in Freiburg, Tübingen und Karlsruhe. Lehrbeauftragter für Philosophie an der Hochschule für Gestaltung in Karlsruhe sowie Geschäftsführer und Vorstand der Udo-Keller-Stiftung FORUM HUMANUM (Hamburg). Zuletzt erschienen: *Kehren – Martin Heidegger und Gotthard Günther* (2006); „Die Moderne als Friedhof der Mystik" in: Di Blasi (Hg.), *Cybermystik* (2006); Mitherausgeber der *Festschrift für Peter Sloterdijk zum 60. Geburtstag* (2007).

Reihe Mystik und Moderne

Herausgegeben von K. Ludwig Pfeiffer und Klaus Vondung

Klaus Vondung
K. Ludwig Pfeiffer, Hrsg.
Jenseits der entzauberten Welt
Naturwissenschaft und Mystik in der Moderne
2006. 176 Seiten, Kart.
978-3-7705-4220-8
Reihe: Mystik und Moderne 1

Mystik und Moderne scheinen Gegensätze zu sein. Doch mit dem Siegeszug der modernen Naturwissenschaften im 19. und 20 Jahrhundert ist der Einfluß des Mystischen keineswegs versiegt. Es erscheint gerade auch innerhalb von Denkbewegungen und Weltbildern, die man üblicherweise der rationalistisch entzauberten Welt der Moderne zuordnet: in ‚holistischen' Weltbildern der Physik, in Spekulationen über die Vereinigung des Bewußtseins mit dem Datenuniversum des ‚Cyberspace', in neurowissenschaftlich veränderten Menschenbildern.

Luca Di Blasi, Hrsg.
Cybermystik
2006. 216 Seiten, Kart.
ISBN 978-3-7705-4218-5
Reihe: Mystik und Moderne 2

Zum Computer gehört eine Überschuß an Imaginationen, die seine Entwicklung nicht nur von Beginn an begleiteten, sondern auch voranzogen wie der Lenkdrachen den Kite-Surfer. Das gilt besonders für die Vorstellung einer uns allmählich überragenden Computerintelligenz, die sich zum Herrn zu erheben beginnt und den Menschen zu seinem User-Knecht degradiert. Vorstellungen dieser Art erneuerten und intensivierten sich mit dem Internet, das zugleich Visionen einer vernetzten, menschlichen Einheit oder der Emergenz eines planetarischen Gehirns beflügelte. Damit wiederholten sich auf dem Boden avancierter Technik Hoffnungen und Ängste, wie wir sie aus der mystischen gnostischen Tradition kennen.
Zur mystischen Dimension der Computertechnik versammelt der vorliegende Band elf Studien aus unterschiedlichen Disziplinen und liefert damit einen Beitrag zur Faszinationsgeschichte neuer Medien und Kulturtechniken.

Christoph F. E. Holzhey, Hrsg.
Biomystik
Natur – Gehirn – Geist
2007. 226 Seiten, Kart.
ISBN 978-3-7705-4372-4
Reihe: Mystik und Moderne 3

Seit einigen Jahrzehnten machen die Neuro- und Kognitionswissenschaften das
‚Organ' der Erkenntnis – das Gehirn und damit auch das Bewusstsein oder den
‚Geist' – zum Erkenntnisobjekt empirischer Analysen. Nur scheinbar unter-
liegen damit traditionelle und insbesondere mystische Welt- und Menschenbilder endgültig der wissenschaftlichen Entzauberung.
Im Gegensatz zur mystischen setzt die wissenschaftliche Erkenntnis die Trennung von erkennendem Subjekt und Erkenntnisobjekt voraus und abstrahiert
von der Leiblichkeit und den subjektiven Erlebnisgehalten des Erkennenden.
Gerade in der Hirnforschung wird aber die Trennung von Subjekt und Objekt
erneut problematisch, verstrickt sich das naturwissenschaftliche Projekt in
Schwindel erregende Paradoxien, zu deren Bereinigung wiederum neue Theorien und Symboliken eingeführt werden müssen. Inwieweit sich hier Konstruktionen ergeben, die der Mystik ähnlich sind, erkundet der vorliegende
Band aus unterschiedlichen Perspektiven.